Introduction à la sociologie par sept grands auteurs

Bourdieu
Durkheim
Godbout
Goffman
Sennett
Tönnies
Weber

Ouvertures **sociologiques**

Collection dirigée par Olgierd Kuty
Conseil éditorial de Didier Vrancken

ALBARELLO Luc, *Stratifier le social*

BAJOIT Guy, DIGNEFFE Françoise, JASPARD Jean-Marie, NOLLET DE BRAUWERE Quentin (Éds), *Jeunesse et société. La socialisation des jeunes dans un monde en mutation*

BARTHÉLÉMY Fabienne (sous la direction de), *Sociologie de l'action organisée. Nouvelles études de cas*

BASTENIER Albert, DASSETTO Felice (Éds), *Immigrations et nouveaux pluralismes. Une confrontation de sociétés*

BAWIN-LEGROS Bernadette, VOYÉ Liliane, DOBBELAERE Karel, ELCHARDUS Mark (sous la direction de), *Belge toujours. Fidélité, stabilité, tolérance. Les valeurs des Belges en l'an 2000*

BAWIN-LEGROS Bernadette (Éds), *Familles, modes d'emploi. Étude sociologique des ménages belges*

BAWIN-LEGROS Bernadette, *Sociologie de la famille. Le lien familial sous questions*

BELIN Emmanuel, *Une sociologie des espaces potentiels. Logique dispositive et expérience ordinaire*

BUSCA Didier, TOUTAIN Stéphanie (sous la direction de), *Analyse factorielle simple en sociologie. Méthodes d'interprétation et études de cas*

DE COSTER Michel, BAWIN-LEGROS Bernadette, PONCELET Marc, *Introduction à la sociologie*, 6e édition

DE COSTER Michel, *Sociologie de la liberté. Mise en perspective d'un discours voilé*

DE COSTER Michel, PICHAULT François, *Traité de sociologie du travail*, 2e édition

DELIÈGE Robert, *Anthropologie sociale et culturelle*

DE MUNCK Jean, VERHOEVEN Marie (Éds), *Les mutations du rapport à la norme. Un changement dans la modernité ?*

DURAND Claude, PICHON Alain (sous la coordination de), *Temps de travail et temps libre*

FOUCART Jean, *Sociologie de la souffrance*

HAMMAN Philippe, *Sociologie urbaine et développement durable*

JACQUEMAIN Marc, FRÈRE Bruno (sous la direction de), *Épistémologie de la sociologie. Paradigmes pour le XXIe siècle.*

JAVEAU Claude, *La société au jour le jour. Écrits sur la vie quotidienne*

KUTY Olgierd, *La négociation des valeurs. Introduction à la sociologie*, 2e édition

MERCURE Daniel (sous la coordination de), *Une société-monde ? Les dynamiques sociales de la mondialisation*

PICHAULT François, *Le conflit informatique. Conduire l'informatisation dans l'entreprise*

PRONOVOST Gilles, *Sociologie du temps*

REMY Jean, VOYÉ Liliane, SERVAIS Emile, *Produire ou reproduire. Une sociologie de la vie quotidienne*
Volume 1 : *Conflits et transaction sociale*
Volume 2 : *Transaction sociale et dynamique culturelle*

RIGAUX Natalie, *Introduction à la sociologie par sept grands auteurs. Bourdieu, Durkheim, Godbout, Goffman, Sennett, Tönnies, Weber*, 2e édition

VAN HAECHT Anne, *L'école à l'épreuve de la sociologie. La sociologie de l'éducation et ses évolutions*, 3e édition

VOYÉ Liliane, BAWIN-LEGROS Bernadette, DOBBELAERE Karel, KERKHOFS Jan, *Belges, heureux et satisfaits. Les valeurs des Belges dans les années 90* (épuisé)

VOYÉ Liliane, *Sociologie. Construction du monde. Construction d'une discipline*

VOYÉ Liliane, *Figures des dieux. Rites et mouvements religieux. Hommage à Jean Remy*

VRANCKEN Didier, KUTY Olgierd, *La sociologie et l'intervention. Enjeux et perspectives*

VRANCKEN Didier, DUBOIS Christophe, SCHOENAERS Frédéric (sous la direction de), *Penser la négociation. Mélanges en hommage à Olgierd Kuty*

Commission Travail et Non-Travail, *Travail et non-travail. Vers la pleine participation*

Ouvertures **sociologiques**

Natalie Rigaux

Introduction à la sociologie par sept grands auteurs

Bourdieu
Durkheim
Godbout
Goffman
Sennett
Tönnies
Weber

2e édition revue et augmentée

Licence
Master
Doctorat

de boeck

Pour toute information sur notre fonds et les nouveautés dans votre domaine de spécialisation, consultez notre site web : **www.deboeck.com**

Maquette de couverture : Cerise.be
Mise en page : Microcompo

Éditions De Boeck Université
rue des Minimes 39, B-1000 Bruxelles

2e édition
3e tirage 2013

Imprimé en Belgique

Dépôt légal:
Bibliothèque nationale, Paris : janvier 2011
Bibliothèque royale de Belgique, Bruxelles : 2011/0074/104

ISSN 0777-5235
ISBN 978-2-8041-6370-9

Remerciements

Ce livre, issu d'une pratique d'enseignement aux FUNDP, doit beaucoup aux étudiants ayant suivi le cours d'introduction à la sociologie dont il constitue une étape, et aux assistants qui y ont collaboré : Anne-Marie Dieu, Caroline Etienne, Johan Tirtiaux, Amélie Pierre et Anne Piret. Anne a en outre travaillé de façon spécifique sur le site d'exercices dont il sera abondamment question, relayée ensuite par Amélie Pierre.

Mes collègues et amis aux FUNDP (Anne Wallemacq, Jean Nizet, Michel Legrand †) et en dehors de cette institution (Etienne Leclercq et Luc Van Campenhoudt) m'ont éclairée de leurs avis.

Sans les suggestions (et la bibliothèque !) de Jean-Marc Bodson, photographe et anthropologue, je n'aurais pu rassembler le corpus de photos présenté ici. Marc Vausort, conservateur du Musée de la photographie de Charleroi m'y a également aidé.

Jean Delvaux et Didier Van Acker (du SAVÉ, FUNDP) ont beaucoup contribué à la mise en forme des données et des photos.

Les FUNDP ont soutenu cette publication et le travail en amont de celle-ci (en particulier le site web d'exercices).

Elise Lamand et Nicole Desneux ont donné forme aux différentes versions de ce texte. Cécile Wéry a magnifiquement relu l'ensemble.

Sommaire

Introduction générale

«Je confesse ici que j'ai toujours soupçonné dans cette grande tâche, qui paraît si importante, du "Connais-toi toi-même" la ruse d'une cabale de prêtres qui voulaient désorienter l'homme par des exigences impossibles à satisfaire et le détourner de l'action sur le monde extérieur vers une fausse contemplation intérieure. L'homme ne se connaît lui-même que dans la mesure où il connaît le monde, il ne connaît le monde qu'en lui et ne se connaît que dans le monde.»

Goethe, cité par R. Sennett

« L'homme ne se connaît lui-même que dans la mesure où il connaît le monde (...) »

Cette phrase de Goethe pourrait à la fois définir le projet de cet ouvrage et la perspective propre à la sociologie. Il s'agit bien de mieux se connaître : c'est là un objectif, une valeur même, partagé par beaucoup dans le monde occidental contemporain. Mais de le faire en s'inscrivant dans le projet de la sociologie, c'est-à-dire en considérant que la connaissance de soi passe par une meilleure connaissance du monde et de sa place dans celui-ci. Nous allons donc tenter de mieux nous connaître, ce qui suppose aussi de mieux connaître le monde. Dans la perspective sociologique en effet, l'individu et la société peuvent être considérés comme deux notions limites, l'une ne pouvant être pensée sans l'autre. Comme l'explique bien T. Todorov [in «*La vie commune*», pp. 19-28] :

> *«Il n'y a pas lieu de se demander à la manière de Hobbes pourquoi les hommes choisissent-ils de vivre en société ? ou de Schopenhauer : d'où vient le besoin de société ? parce que les hommes n'accomplissent jamais un tel passage à la vie commune : la relation précède l'élément isolé. Ils ne vivent pas en société par intérêt, ou*

par vertu, ou par la force d'une raison autre, quelle qu'elle soit ; ils le font parce qu'il n'y a pas pour eux d'autre forme d'existence possible. (...). La sociabilité n'est pas un accident ou une contingence ; c'est la définition même de la condition humaine. »

D'autres perspectives que celle de la sociologie sont bien sûr possibles pour connaître l'humain : mais le connaître en tant qu'il vit en société n'est pas un projet marginal puisque cela le définit. Ce projet est particulièrement pertinent dans le contexte du monde contemporain où l'individu se pense souvent comme la seule valeur, méconnaissant l'importance de son inscription dans des collectifs. Le projet de la sociologie, dans ce contexte qui est le nôtre, constitue donc un véritable décentrement par rapport aux manières habituelles de se penser.

Dire que l'individu ne peut être connu en dehors du monde qui le constitue ne signifie pas nécessairement que l'on pense que ce monde le détermine, qu'il n'en est que le jouet : ce sont les « **effets réciproques** de l'homme sur la société, de la biographie sur l'histoire, du moi sur le monde » [C. Wright Mills, 1967, c'est moi qui souligne] qu'il s'agit de mieux comprendre.

Explorons quelque peu ce que pourrait recouvrir le projet de la sociologie. « Se connaître dans le monde », c'est par exemple prendre en compte la dimension historique du monde, qui nous inscrit d'emblée au sein d'une génération particulière, avec par exemple des chances spécifiques d'accéder à l'emploi : les individus entrés sur le marché du travail depuis les années 1980 sont ainsi en position plus difficile que les générations les précédant.

C'est aussi avoir une chance particulière de disposer d'une certaine aisance financière : les générations du baby-boom – 1945-1965 – ont ainsi eu un niveau de revenus jamais égalé jusque-là. C'est aussi avoir accès à un certain niveau et type d'éducation, de valeurs culturelles...

Une autre manière d'illustrer la perspective sociologique peut passer par la prise en considération des effets des groupes auxquels appartient cet individu, groupe défini par le sexe, l'âge, le statut socio-professionnel, l'appartenance communautaire...

Si l'on s'intéresse par exemple au comportement sexuel des jeunes [in : *La Libre Belgique*, 2001], on observe un abaissement régulier de l'âge du premier rapport sexuel, l'âge médian en 2001 étant en Belgique de 15,8 ans (ce qui signifie que 50 % des jeunes le connaissent avant cet âge, 50 % des jeunes après). Cet abaissement signe un effet de la génération. Mais pour une génération donnée, on observe aussi des différences selon les groupes auxquels appartiennent les individus. Ainsi, les garçons sont, en la matière, plus précoces que les filles (19 % des garçons contre 8 % des filles ont leur premier rapport avant 15 ans) ; les élèves de l'enseignement professionnel plus précoces que ceux de l'enseignement général, ce qui renvoie selon toute vraisemblance essentiellement à la différence de milieu social entre les jeunes de ces deux types d'enseignement, ceux de l'enseignement professionnel appartenant davantage aux classes populaires, chez lesquelles l'entrée dans la vie adulte se fait plus tôt, alors que ceux de l'enseignement général appartiennent plus souvent aux classes moyennes et supérieures.

En faisant varier les périodes et les situations, cet ouvrage donnera quelques clés pour se comprendre «en tant qu'être social», introduisant ainsi à la perspective sociologique.

En vue d'une «action sur le monde extérieur»

À quoi bon se connaître soi? Si l'on veut connaître le monde, se connaître est un passage obligé, indissociable de l'accès au savoir sur le monde. Au-delà de cet enjeu de savoir, Goethe craint que la connaissance de soi nous «détourne de l'action sur le monde extérieur».

Dans le contexte de sociétés comme les nôtres, valorisant le travail sur soi au point d'en faire une fin en soi, le risque doit être pris au sérieux (on y reviendra au chapitre 4 avec le sociologue R. Sennett). Or, cette connaissance peut aussi, comme le suggère M. Foucault [2001], être le moyen par lequel une action juste dans le monde va pouvoir être menée. Le savoir, amenant à une transformation de soi, prend alors une portée éthique, visant l'action droite dans et pour la cité, donc en ce sens, une portée également politique. C'est dans cette visée que se situe cet ouvrage, le proposant comme horizon à ses lecteurs.

Les deux questions traitées

Deux thématiques sont proposées pour introduire à la sociologie: l'individu et la société. On les trouvera analysées dans les deux premières parties de l'ouvrage, la première étant consacrée à l'identité individuelle (on y découvrira comment deux sociologues aux propos très contrastés, P. Bourdieu et E. Goffman, répondent à la question de savoir «qui suis-je?»), la seconde au lien social (où l'on décrira différentes modalités du vivre ensemble). Cette seconde partie traitera des formes prises par le lien social à partir de sociologues appartenant à deux périodes très différentes: le tournant des XIXe-XXe siècles (avec M. Weber et F. Tönnies, sociologues de la modernité) et la seconde moitié du XXe siècle (J. Godbout et R. Sennett, analystes de la modernité avancée).

Comme on peut s'y attendre vu ce que l'on a dit du projet sociologique, on verra qu'en se posant la question de l'identité individuelle, on va découvrir les visions du social qui y sont associées; en partant de la question des formes de lien social, on verra apparaître des figures différentes de l'individu. L'articulation, dans l'œuvre des sociologues étudiés, entre figures de l'individu et formes du lien social, sera élaborée dans les conclusions générales.

Une démarche active

Pour initier à la sociologie, le choix de cet ouvrage est de viser une ***appropriation active*** de la discipline, permettant d'acquérir progressivement les compétences requises pour être capable d'***utiliser*** les théories sociologiques et ce, afin de mieux se comprendre dans le monde. La notion d'activité est centrale, à la fois en tant que moyen par lequel découvrir une théorie, faire l'expérience de ses limites et de ses forces, et comme finalité de l'enseignement de la sociologie qui est d'apprendre à penser par soi-même. Or, l'acquisition d'une pensée progressivement autonome et riche sur le monde et sur soi passe par la capacité à s'approprier la pensée des grands prédécesseurs, à regarder le monde et soi-même à leur manière : le dialogue avec la pensée de ceux qui avant nous s'y sont exercés est indispensable. Ce manuel se situe dans le premier moment de cette acquisition, où l'enjeu est moins de prétendre d'emblée à « un avis personnel » que de savoir penser à la lumière de ce que telle théorie permet de voir qui ne tombait pas sous le sens. Cet apprentissage, que l'on fera ici avec la sociologie, est transposable à toutes les disciplines. À ce titre, il propose une formation générale utile pour tous les étudiants du premier cycle, quelle que soit leur orientation d'étude.

Une démarche critique

En présentant à propos d'une même question le point de vue de deux auteurs différents et en élaborant une comparaison de ces points de vue (voir note aux enseignants), le projet de ce manuel est de situer le savoir, dès le premier contact avec la discipline, comme une construction dont les apports et les limites doivent être évalués.

Si l'on compare la connaissance scientifique à un spot mettant en lumière les objets du monde pour nous permettre de mieux les voir, l'on comprend d'emblée que, éclairant l'objet à partir d'un angle particulier, le savoir laisse nécessairement dans l'ombre les autres faces de la réalité. C'est donc à la plus claire conscience de ce que permet spécifiquement de comprendre chaque sociologue étudié et de ce que, par là même, il ne donne pas à voir que visent les différentes formes de mise à distance proposées. On renonce ainsi à la prétention d'une vision absolue qui dirait le tout de l'objet étudié ; on propose une conception du savoir comme vérité relative au point de vue adopté («[l'homme] ne connaît le monde qu'en lui» nous rappelait Goethe), permettant de faire voir ce qui jusque-là n'apparaissait pas ou pas si clairement.

Même si la démarche critique est difficile à adopter lorsque l'on vient de découvrir un savoir, c'est dès ce moment qu'il faut avoir le souci d'adopter un rapport juste au savoir, sachant apprécier sa saveur sans prétention excessive : au lieu de viser une position d'expertise, se situer d'emblée dans une position ouverte au dialogue à plusieurs voix, voix différentes issues de la même discipline, d'autres disciplines, ou extérieures au champ scientifique.

Note aux enseignants

Les moyens de la démarche active

Des activités d'apprentissage d'un niveau croissant de complexité sont proposées, amenant progressivement l'étudiant à savoir utiliser les concepts :

- les «illustrations» que l'on retrouvera au sein de chaque chapitre permettent de découvrir, de façon immédiate et explicite, comment une théorie favorise la compréhension de certains phénomènes faisant l'objet de l'illustration : celle-ci peut prendre la forme de statistiques, d'extraits de presse ou d'œuvres de fiction ;
- les photographies, les consignes qui y sont associées et les corrigés proposés en fin de chapitre permettent au lecteur de s'entraîner à faire une analyse d'un point de vue sur la réalité (celui du photographe choisi pour sa proximité de regard avec le sociologue étudié[1]) à partir d'un concept précis, identifié par la consigne. Ce faisant, il a l'occasion d'apprendre à voir le monde sous un nouveau jour, indissociablement celui du photographe et du sociologue étudié ; utilisées lors de l'exposé oral, ces photographies peuvent aider l'étudiant à entrer dans l'univers de l'auteur ;
- les exercices, accessibles sur le site www.sociolog.be[2] (au minimum une dizaine par auteur) et vers lesquels on renverra régulièrement dans cet ouvrage par le sigle ♣, consistent en un matériau (compte rendu de la réalité individuelle et/ou sociale) et une consigne précisant ce qu'il y a lieu de comprendre et avec quel(s) concept(s). Pouvant être considérée comme l'aboutissement de la démarche à laquelle initie ce manuel (et à ce titre, être utilisé pour évaluer l'étudiant), la réalisation d'exercices mérite qu'on s'y arrête pour en décrire le processus.

1 Chaque photographe est présenté en fin d'ouvrage afin de mettre en évidence les éléments de son parcours professionnel entrant en résonance avec le sociologue auquel il est associé dans l'ouvrage et de donner des précisions sur le travail par lequel il est présenté ici.

2 Ce site en libre accès, dont le développement a été rendu possible grâce au soutien des FUNDP, reprend une centaine d'exercices, initialement conçus par les assistants ayant travaillé avec moi et moi-même. Nous bénéficions aujourd'hui de l'aide d'autres contributeurs.

La démarche proposée pour réaliser un exercice est d'utiliser le(s) concept(s) identifié(s) dans la consigne comme idéaltype (voir p. 131) auquel comparer la réalité faisant l'objet du matériau pour rendre celle-ci plus intelligible. La théorie est ainsi sollicitée pour susciter de nouvelles questions, des réponses en forme d'hypothèse, permettant de faire voir ce qui restait inaperçu. Dés lors, un critère d'auto-évaluation crucial pour celui qui réalise un exercice est de se demander si, grâce à son usage de la théorie sociologique, il a fait apparaître ce qui était jusque-là voilé. S'il n'a que reformulé en mots savants des choses qui se trouvaient déjà dites plus simplement, sans rien gagner en compréhension, c'est qu'il n'a pas pu faire un usage fécond de la théorie.

S'il y parvient, au contraire, il pourra faire l'expérience de la pertinence de la théorie utilisée. Il pourra aussi aller plus loin dans la compréhension de celle-ci, rien ne permettant mieux de tester sa compréhension en profondeur d'un concept que de le confronter au réel. D'où un second critère de correction (hélas par définition non accessible directement à l'étudiant mais seulement à l'enseignant), consistant à vérifier qu'en faisant travailler le concept pour comprendre le réel, l'étudiant ne commet pas de contresens, d'erreurs manifestant une compréhension superficielle, voire erronée de celui-ci.

Utiliser la théorie pour éclairer un aspect de la réalité permet aussi d'adopter un premier recul critique par rapport à elle : si elle permet de faire voir du neuf, elle laisse aussi dans l'ombre certains éléments, ou les interprète de façon discutable. Du point de vue de ce recul critique, les exercices proposant, dans la consigne, une lecture du matériau par deux auteurs différents sont particulièrement intéressants (ils seront mentionnés explicitement dans le texte, dans les parties consacrées aux comparaisons entre auteurs), puisqu'ils stimulent la réflexion critique en donnant à voir comment un même matériau peut être vu sous deux angles relativement différents, parfois complémentaires, parfois plus contradictoires.

Tout en étant conçus pour des lecteurs s'initiant à la démarche sociologique, les exercices supposent donc une démarche intellectuelle exigeante, favorisant à la fois une compréhension en profondeur des concepts et une disposition critique à leur égard.

Il s'agit bien de faire découvrir une démarche scientifique à des lecteurs ne s'y étant jamais frottés, non de former des chercheurs en sociologie, qui maîtriseraient déjà les bases de la discipline.

Tout en étant exigeants, en effet, les exercices se situent très en amont dans le niveau d'élaboration, de l'usage de la théorie que fait le chercheur qui construit une problématique pour comprendre tel objet suscitant son interrogation. Dans ce contexte de recherche, en effet, le chercheur (ou l'apprenti chercheur) doit choisir, sur la base de sa culture sociologique, les apports multiples qui, joints à des apports originaux le cas échéant, vont lui permettre de construire un questionnement pertinent pour comprendre un matériau nécessairement complexe. C'est à la fois du point de vue de la construction de la problématique et de la sélection du matériau que les exercices proposés se distinguent de la démarche de recherche : un seul auteur (et même l'un ou l'autre concept particulier dans son œuvre) est proposé au lecteur via la consigne sans qu'il ne lui soit demandé d'opérer au choix de la théorie pertinente, cette limitation ayant son sens vu que le matériau lui-même a été choisi pour sa capacité à être éclairé par telle théorie (ce qui n'est pertinent que dans la perspective d'un premier apprentissage qui est la nôtre). Est ainsi isolé, par l'exercice, le premier problème qui se pose à celui qui découvre une nouvelle discipline : la comprendre suffisamment en profondeur que pour être capable de se l'approprier pour penser sa propre vie et le monde qui l'entoure.

À propos d'un nombre limité d'auteurs et de questions

Pour atteindre une maîtrise des concepts de nature à permettre leur usage actif, on ne peut augmenter exagérément le nombre de ceux-ci et, dès lors, des questions abordées. Introduire à la discipline en proposant de le faire par son usage actif limite nécessairement le nombre des auteurs qui pourront être proposés. Même pour les auteurs retenus, ce ne sera pas toute l'œuvre mais un volet significatif de celle-ci qui sera présenté. Pour pouvoir le situer au sein de l'ensemble de l'œuvre, un encadré proposera chaque fois une présentation de celle-ci, et un parcours biographique de l'auteur.

Comment permettre au lecteur de se faire une idée de la façon dont se situent les auteurs étudiés par rapport à l'ensemble des auteurs et des courants ayant marqué la sociologie ?

La diversité des questions et des auteurs retenus est une première réponse à cette préoccupation (*cf.* paragraphe suivant) ; le dernier chapitre (cinq), d'ordre plus épistémologique permet quant à lui de situer les théories présentées par rapport à une polarité classique de la sociologie, allant de E. Durkheim à M. Weber, donnant à la fois des balises par rapport auxquelles situer toute théorie et, en particulier, une manière de positionner les unes par rapport aux autres les théories présentées ici.

En veillant à la diversité des auteurs et des approches présentés

Tout en choisissant de limiter le nombre d'auteurs et de questions présentés, on a veillé, pour chacune des deux grandes questions sélectionnées (l'identité, le lien social, faisant l'objet de la première et de la seconde partie), à diversifier les auteurs et les courants de pensée où ils s'inscrivent, ainsi que leur origine géographique (France et Allemagne pour l'Europe, États-unis et Canada pour l'Amérique). On a aussi, au sein des deuxième et troisième parties, diversifié les époques auxquelles appartiennent les sociologues étudiés, ce qui permet de contraster deux moments de la société et de la sociologie : le tournant des XIXe-XXe siècles (avec M. Weber et F. Tönnies dans la seconde partie, M. Weber et E. Durkheim dans la troisième) et la deuxième moitié du XXe siècle (avec P. Bourdieu, E. Goffman, J. Godbout et R. Sennett, par ordre d'entrée en scène).

Cette diversité permet de donner des repères balisant différentes périodes et différents courants de pensée. Elle stimule aussi une disposition critique à l'égard des auteurs étudiés en permettant de comparer des points de vue divers sur une même question.

Les moyens de la démarche critique

Plusieurs pistes sont proposées pour susciter une mise à distance réflexive des auteurs étudiés :

- chaque partie présentant un auteur s'achève par un premier recul critique qui, sans prétendre à l'exhaustivité dans la revue des commentaires, est là pour éveiller une vigilance, une perplexité par rapport à la théorie qui vient d'être étudiée ;
- dans la mesure où, pour toute question présentée, le point de vue de deux sociologues différents est proposé, ces deux points de vue sont comparés de façon systématique à la fin de chaque partie (la première) ou chapitre (troisième et quatrième) ;
- certains exercices permettant des interprétations croisées de deux auteurs seront annoncés dans les moments de comparaison, leur réalisation par le lecteur donnant la possibilité de concrétiser l'effet des différences des points de vue ;
- des questions permettent d'établir des comparaisons entre auteurs travaillés dans des parties différentes ; intitulées « questions croisées identité/ lien social », elles permettent de réfléchir à la façon dont les questions posées sur l'identité peuvent être envisagées sous un jour nouveau à la lumière de celles posées sur le lien social, et inversement ;
- la troisième partie est toute entière consacrée à l'élaboration d'un point de vue critique, d'abord par un chapitre (le cinquième) de nature plus épistémologique caractérisant les différents courants de pensée auxquels appartiennent les auteurs présentés (on parlera alors de paradigme) en les situant par rapport aux deux pôles qu'incarnent, du point de vue de la conception de la sociologie, E. Durkheim et M. Weber, ensuite dans les conclusions, explicitant la vision de l'homme et du social propre à chacun des sociologues étudiés.

1

L'identité

Introduction

Analysée par les sociologues, l'identité individuelle va apparaître comme ayant un contenu socialement construit. L'idée même que l'unité de base soit l'individu ne va pas de soi dans toutes les sociétés : dans la société kanak par exemple, il n'y a pas de pronom personnel singulier, il est toujours au pluriel, plus précisément au «duel» [S. Breton, 2006]. À une femme seule, même non mariée, on s'adresse en utilisant le duel, pour inclure son enfant à venir ; à un homme, on s'adresse de la même manière, cette fois en tant qu'on l'identifie comme neveu de son oncle. La parité, non l'individu, est ainsi l'unité de base. Chaque personne est reliée à beaucoup d'autres, par le biais de parités multiples socialement constituées.

Au sein d'une société comme la nôtre où c'est bien l'individu isolé qui est l'unité de base – ce que nous explorerons davantage dans la seconde partie – de multiples représentations de ce qu'il est coexistent. Les théories sociologiques sont parmi les instances qui à la fois véhiculent et systématisent ces représentations de l'individu.

Dans le cadre de cette première partie, nous ferons varier ces conceptions selon deux paramètres : l'identité est-elle stable et continue dans le temps ou labile et multiple ? Est-ce d'abord par l'intériorité qu'est définie l'identité, et, dans ce cas, comment est-elle liée et éventuellement marquée par ce qui est extérieur à elle ?

On verra que les conceptions de l'identité des deux sociologues retenus dans cette partie vont nous proposer des réponses à ces questions très contrastées, nous permettant de découvrir le caractère culturellement constitué de la notion d'identité.

1
Identité et habitus de classe

« Le courage, c'est de comprendre sa propre vie, de la préciser, de l'approfondir, de l'établir et de la coordonner cependant à la vie générale. »

Jean Jaurès, *Discours à la jeunesse*, Lycée d'Albi, 1903, cité par P. Corcuff [2002]

Introduction

À la question « qui suis-je ? », Pierre Bourdieu ne va pas répondre, comme on aurait tendance à le faire, en jetant un regard tourné vers l'intérieur de soi, de son intimité. Il va chercher à l'extérieur de soi, hors de soi, les éléments qui permettent de situer le sujet dans le groupe auquel il appartient et celui-ci dans l'ensemble social.

Ce faisant, il nous entraîne loin de la vision commune de l'identité : ce qui d'ordinaire est vu comme un goût personnel de l'individu, ou comme une réussite due à ses talents, va être expliqué par sa position dans l'espace social et le type de ressources auxquelles celle-ci donne accès.

Il nous propose ainsi une manière de nous « coordonner à la vie générale » (selon les mots de J. Jaurès).

La vie

Pierre Bourdieu naît dans un petit village du Béarn (Sud-Ouest de la France) le premier août 1930, d'un père devenu facteur (après avoir été métayer) et d'une mère fille d'agriculteurs. Issu d'un milieu modeste, P. Bourdieu va effectuer un parcours scolaire marqué de réussites successives, le menant jusqu'à un des sommets de la hiérarchie scolaire française, l'École Normale Supérieure. P. Bourdieu se dira durablement marqué par ce « très fort décalage entre une haute considération scolaire et une basse extraction sociale » [p. 127, 2004].

Après des études de philosophie et de premières expériences d'enseignement dans cette discipline, ce n'est que progressivement qu'il va orienter ses recherches vers l'ethnologie (d'abord en Algérie), puis se reconnaître comme sociologue.

Après avoir été directeur d'études à l'École des hautes études en sciences sociales (EHESS), il va connaître une forte reconnaissance en devenant titulaire de la chaire de sociologie au « Collège de France », une des institutions scientifiques françaises les plus prestigieuses (1982-2001) et en recevant une série de distinctions scientifiques.

Il développe une activité éditoriale importante, dirigeant la collection « Le sens commun » aux éditions de Minuit (de 1964 à 1992), lançant puis dirigeant la revue « Actes de la recherche en sciences sociales » (de 1975 à sa mort), puis en créant la collection « Liber », aux éditions du Seuil (de 1997 à sa mort).

Les commentateurs de son œuvre considèrent qu'à partir du milieu des années 1990, P. Bourdieu modifie considérablement son rapport au politique : alors que jusque-là, il n'est intervenu dans le débat politique qu'indirectement à travers le contenu de son œuvre scientifique, il devient un acteur politique à partir de 1995 dans la mouvance du mouvement altermondialiste, soutenant l'action de l'État-providence et contestant les politiques néo-libérales. Il contribue également à créer des collectifs d'intellectuels défendant la liberté d'expression à travers le monde.

Il s'éteint en janvier 2002.

Pour aborder la question de l'identité telle que la pose P. Bourdieu, nous allons travailler à partir d'un de ses livres majeurs, *La distinction* [1979].

L'œuvre

Les premiers travaux de P. Bourdieu portent sur l'**Algérie** où il a un poste à l'Université d'Alger, en pleine guerre de décolonisation ; il y observe le passage de la société traditionnelle à une économie capitaliste [*Travail et travailleurs en Algérie* 1963, *Le déracinement* 1964].

Dans *Les héritiers* [1964], il aborde pour la première fois une thématique sur laquelle il reviendra à plusieurs reprises, celle de **l'institution scolaire** dans son rapport à la reproduction sociale : il s'agit alors d'une enquête sur les inégalités sociales des étudiants face à la culture au moment de la « démocratisation » de l'accès à l'université. Il y revient en 1970 (avec J.Cl. Passeron) dans *La reproduction*, en 1984 avec *Homo Academicus* (qui est une analyse du monde universitaire), en 1989 avec *Noblesse d'État* dans lequel il étudie le système des grandes écoles.

Autre thématique qui traverse son œuvre, celle de **la culture,** avec une analyse de différentes pratiques culturelles comme celle de la photographie [*Un art moyen*, 1965], de la fréquentation des musées [*L'amour de l'art*, 1966] et les conditions de production de l'art, telles qu'il les a étudiées en ce qui concerne Manet et Flaubert dans *Les règles de l'art* [en 1992].

Avec *La distinction* [1979], P. Bourdieu systématise sa théorie des capitaux et propose des analyses empiriques des styles de vie. Cet ouvrage peut être considéré comme une œuvre maîtresse, dans la mesure où elle intègre beaucoup de ses travaux antérieurs, tant sur l'école que sur la culture.

Des livres plus méthodologiques [comme *Le métier de sociologue*, avec J.Cl. Passeron, 1968] ou épistémologiques [comme les *Méditations pascaliennes*, 1997] ponctuent également son œuvre.

La misère du monde [1993], livre qui connut un large succès, étudie les effets du désengagement de l'État-providence et annonce la transformation de son rapport au politique évoqué dans l'encadré qui précède.

« La distinction »

Pour préparer ce livre, P. Bourdieu va simultanément mener des enquêtes quantitatives sur les styles de vie des français (en l'occurrence, à la fin des années 1960) en faisant passer des questionnaires auprès de 1200 individus et réaliser une approche plus qualitative par 700 entretiens approfondis et des observations sur le terrain permettant d'aller jusqu'à l'étude de cas.

La perspective théorique qu'il y développe s'est donc construite par aller-retour entre des observations statistiques à grande échelle et des études de cas individuel approfondies. Les exercices du site sociolog.be issus de *La distinction* (« un contremaître qui a beaucoup travaillé pour les autres », « une infirmière qui vit avec passion », « un grand bourgeois unique en son genre », « un technicien qui essaie de grimper ») relèvent de ces études de cas.

Quelle est la logique générale du raisonnement tenu dans *La distinction* ? Elle articule trois niveaux d'observation et d'analyse.

À un premier niveau s'observe la grande diversité des goûts et des choix des individus, par lesquels ils manifestent leur identité. Pour rendre compte de cette apparente diversité, P. Bourdieu va introduire un deuxième niveau, d'analyse celui-là : celui de principes unificateurs qui permettent de ramener la diversité des goûts d'un individu à une matrice commune, un fil rouge qu'il va appeler l'habitus. Or, cet habitus individuel va apparaître comme étant commun à tous les individus occupant des positions proches dans l'espace social : c'est là le troisième niveau d'observation et d'analyse introduit par P. Bourdieu, caractérisant chaque position dans l'espace social par un certain type d'accès aux capitaux (les différents types de ressources utiles dans le jeu social).

L'identité d'un individu (observée à partir des goûts qu'il manifeste dans de multiples domaines, des plus triviaux – alimentation, vêtements… – aux plus élevés – choix des amis et des amours, orientation professionnelle…) peut être décrite par un habitus, qui met en évidence ce qui unifie des pratiques n'étant diverses qu'en apparence, cet habitus lui-même s'expliquant par l'accès aux capitaux caractérisant son porteur.

Par ce raisonnement, l'identité apparaît comme la forme incorporée de structures externes, définissant un accès inégal aux capitaux.

Logique du raisonnement de La distinction

Notre position dans la structure sociale =

notre accès aux capitaux

↓↓ ***génère***

Notre habitus – un habitus de classe

↓↓ ***détermine***

Nos goûts (révélant notre identité)

Plan du chapitre

L'accès aux capitaux étant le niveau le plus déterminant, c'est par lui que nous commencerons la description des caractéristiques retenues par P. Bourdieu pour décrire l'identité de quelqu'un (1.1), revenant ensuite au concept d'habitus (1.2). On s'interrogera alors sur le processus par lequel est produite l'identité (2) pour prendre enfin un recul critique par rapport à l'approche de l'identité proposée par P. Bourdieu (3).

Objectifs d'apprentissage

Il s'agit de savoir articuler les trois niveaux d'observation et d'analyse identifiés ci-dessus pour chaque cas singulier proposé dans les exercices du site : au départ de goûts singuliers, pouvoir retrouver le principe générateur de ces goûts (= l'habitus) et expliquer celui-ci par la position dans l'espace social (i.e. l'accès aux capitaux).

1 Les caractéristiques pertinentes pour définir l'identité

1.1 La structure sociale objectivée : volume, structure et évolution temporelle des capitaux

1.1.1 *Les capitaux*

La position sociale est définie par l'accès qu'elle rend possible aux différents types de biens, que P. Bourdieu va appeler des capitaux. Il s'agit de propriétés « objectivées » dans la mesure où elles existent à l'extérieur de l'individu, sous forme de biens matériels (capital économique par ex.), de liens sociaux (capital social) ou de prestige (capital symbolique) et pouvant faire l'objet d'une mesure[1]. La structure sociale, construite comme ensemble de positions définies par l'accès différencié à ces capitaux sera dès lors qualifiée elle aussi d'objectivée.

Un « capital » est tout type de ressources qui, mis en œuvre dans les pratiques des agents, peut avoir des effets utiles pour lui dans un champ déterminé. Le terme a pour origine le champ économique : P. Bourdieu l'utilise de façon analogique pour nommer toute ressource, dans n'importe quel champ, pouvant s'accumuler, se transmettre et permettre de tirer des profits pour son possesseur. On peut ainsi identifier les différents types de capitaux en fonction de *leur objet* (économique bien sûr, mais aussi culturel, social, symbolique, corporel...). On peut aussi les distinguer selon leur *mode d'acquisition* : hérité (ce qui donne en règle générale plus d'aisance à son porteur pour en tirer parti) ou acquis.

L'enjeu pour les agents sociaux, selon P. Bourdieu, est de s'approprier un maximum de ces biens rares que sont les capitaux.

On va décrire les principaux d'entre eux.

Le capital économique

Il est constitué des différents facteurs de production (terre, usine, travail...), de l'ensemble des biens économiques (e.a : de consommation), des revenus (leur volume et leur type : salaire, rente, valeurs immobilières, bénéfices commerciaux...). La capacité de faire-valoir de ces biens dépendra d'un type de société à l'autre (ex : différente dans une société agraire et dans une société (post)-industrielle). On distinguera le capital économique hérité du capital acquis. P. Bourdieu a moins travaillé sur ce type de capital dont le poids dans

1 La seule exception est celle du capital culturel incorporé qui, comme son nom l'indique, renvoie à ce qui marque le corps même de l'individu ; sa présence au niveau objectivé peut néanmoins se justifier dans la mesure où l'on envisage cette propriété en tant qu'elle peut être une ressource mobilisable dans le jeu social.

nos sociétés n'est plus à démontrer, que sur les autres formes de capital, en particulier le capital culturel.

Illustration 1.1 L'inégale répartition des capitaux économiques en Belgique : un indice de disparité des revenus

Dans un article de la *Revue Nouvelle* [1998, n° 3, Tome 109, pp. 80-95] intitulé « La fortune et les revenus », Jos Schoonbroodt a repris les résultats des enquêtes menées par l'I.N.S. en 1995-1996 sur les revenus disponibles des ménages. En dépit de l'absence dans cette enquête des plus riches et des plus démunis (ceux qui sont dépourvus d'un domicile fixe) et d'une sous-estimation des revenus immobiliers et mobiliers, cette enquête permet d'avoir un aperçu de la disparité des revenus existant en Belgique (une des formes du capital économique).

« La disparité des revenus est très différente selon les régions. Pour l'ensemble du pays, la moyenne des revenus (hors des revenus fictifs des logements occupés par leur propriétaire) des ménages les plus aisés (ceux du dixième décile) est de (...) 6,4 fois supérieure à celle des ménages les plus modestes (premier décile) (...). Le rapport est de 1 à 7,85 en région bruxelloise (...), de 1 à 6,8 en Wallonie (...) et de 1 à 5,9 en Flandre (...). On peut considérer que les ménages du premier décile connaissent la pauvreté, ceux du quatrième vivent modestement, ceux du septième ont une certaine aisance, et ceux du dixième sont très aisés. »

En ramenant les revenus moyens annuels donnés par l'auteur en revenus mensuels et en les convertissant en euros, on a, en moyenne pour les ménages du premier décile, 700 euros par mois contre 5000 euros pour les ménages du dixième décile

N.B. :

- **un ménage**, au sens statistique du terme, comprend l'ensemble des personnes vivant sous le même toit,
- pour comprendre intuitivement ce à quoi correspond **un décile**, il faut envisager deux opérations :
  1. on classe tous les ménages par ordre croissant de revenus,
  2. on divise le classement obtenu en 10 groupes d'égale importance, correspondant aux 10 déciles ; le 1er décile rassemble ainsi les 10 % de ménages les plus pauvres, le dernier décile les 10 % de ménages les plus riches.

Un écart croissant entre les capitaux économiques

Sous le titre « Un fossé qui se creuse », *La Libre Belgique* du 5.10.98 publiait les résultats suivants d'une enquête menée par J. VUCHELEN (VUB), tenant compte des actifs financiers et des biens immobiliers.

Cet éclairage, complémentaire de celui qui précède, est important vu que l'on sait que l'inégalité de la répartition de ces biens (financiers et immobiliers) est beaucoup plus grande que celle qui existe entre les autres types de revenus (ceux du travail en particulier).

«Si les 10 % de Belges les plus fortunés possédaient 46,8 % de toutes les richesses du pays en 1984, ils en détenaient 49,6 % dix ans plus tard, relève l'étude, ajoutant que les personnes appartenant à ce groupe possèdent en moyenne 41,2 millions de francs. En revanche, les 50 % "les plus pauvres" de la population ont perdu 1,7 % de leur part de richesse, tombée à 13,4 %. Ce groupe posséderait en moyenne 811.989 francs. Le travail universitaire indique encore que les familles les plus riches voient leur patrimoine augmenter plus vite que celui des familles pauvres (185 % en dix ans pour les "riches", contre 76 % pour les "pauvres").»

Le capital culturel

Il peut exister sous trois formes : à l'état incorporé, objectivé et institutionnalisé.

À l'état incorporé, le capital culturel est une disposition durable, marquant le corps (c'est-à-dire un habitus) : savoir se tenir, parler et se mouvoir en public, mais aussi, avoir le «flair» pour reconnaître une œuvre d'art sans nécessairement avoir de compétences spécifiques en relèvent. Ce type de capital culturel est acquis par familiarité, dans les apprentissages familiaux les plus précoces. Le travail d'assimilation, d'inculcation qu'il suppose coûte du temps (d'où le lien au capital économique) mais il en fait gagner à l'individu qui en est porteur : il détermine l'aisance avec laquelle seront mis en œuvre les autres capitaux.

On peut montrer par exemple que, dès le début de la scolarité, les enfants manifestent des performances très inégales suivant leur milieu social : les enfants des classes dominantes ont déjà bénéficié plus que les autres, dès la prime éducation familiale, du travail d'inculcation des dispositions culturelles valorisées par l'école (étendue du vocabulaire, capacité d'abstraction, maîtrise de soi...). On sait aussi que la pratique d'un art chez les jeunes, qui varie considérablement suivant la classe d'origine, modifiera durablement le rapport aux arts. L'apprentissage tardif, méthodique, accéléré, ne pourra pas rattraper dans ses effets cette «incorporation» dès le plus jeune âge du capital culturel.

Exercice 1.2 Se présenter au photographe

Consigne

Laquelle de ces deux personnes a le plus de capital culturel ? Pour le dire, décrivez les différences dans les manières de se tenir ; comment ces dispositions marquant le corps peuvent-elles être mises en œuvre dans la pratique sociale, c'est-à-dire, être un capital (imaginez des contextes différents, comme trouver un emploi, un conjoint...) ?

S. Ristelbueber [Intérieurs]

C. Noël [Grandes familles]

À l'état objectivé, le capital culturel prend la forme de biens culturels (tableaux, livres, dictionnaires, instruments de musique, meubles...). Dans sa matérialité, ce capital peut être acquis par des non-héritiers. Mais pour être « consommé » (apprécié, utilisé) sur le mode qui lui sied, ce capital suppose les dispositions incorporées mentionnées plus haut.

Exercice 1.3 Observation du capital culturel à l'état objectivé

Consigne

1. Repérez les objets pouvant être considérés comme du capital culturel à l'état objectivé.
2. Quels aspects du capital culturel incorporé par cette famille apparaissent ?

C. Noël [Grandes familles]

À l'état institutionnalisé, le capital culturel correspond à la reconnaissance légitime de la compétence culturelle par l'institution désignée pour ce faire (essentiellement l'école à ses différents niveaux). L'exemple-type est celui du titre scolaire (du diplôme) qui institue, par une magie collective, la compétence culturelle de son porteur, sans qu'il ait à en faire sans cesse les preuves. P. Bourdieu parle aussi de ce capital comme du capital scolaire.

Les profits qui pourront être tirés du capital scolaire seront fonction de l'importance du capital incorporé et au-delà, de l'ensemble des autres capitaux dont dispose un individu.

Ex. : Sur le marché du travail, avant d'engager un cadre, certaines grosses entreprises demandent aux candidats (et à leur épouse) de recevoir le patron (ce qui permet d'estimer et de prendre en compte le capital culturel incorporé des postulants) ; des études ont montré que à diplôme égal, les cadres de l'industrie occupent d'autant plus des fonctions de direction et d'administration (*vs* des fonctions de production, de fabrication) et gagnent d'autant plus qu'ils sont issus des classes supérieures.

Si le capital culturel sous sa forme institutionnalisée par l'école est un prérequis (à l'exception près d'une fraction de la grande bourgeoisie d'affaires), il n'est donc pas suffisant.

Illustration 1.4 Inégale répartition du capital scolaire en Belgique

Pour bien rendre compte de l'inégale répartition du capital scolaire, il faut distinguer *l'inégalité d'accès* aux différents types et niveaux d'enseignement de *l'inégalité de réussite*. C'est l'effet combiné de ces deux types d'inégalité qui donne toute son ampleur aux différences de répartition du capital scolaire.

L'inégalité d'accès aux différents niveaux d'enseignement se marque, en Belgique, dès l'orientation dans l'enseignement secondaire. La probabilité d'accès à l'enseignement secondaire général est d'autant plus forte que l'on appartient aux classes supérieures, d'autant plus faible que l'on appartient aux milieux populaires, l'inverse étant vrai en ce qui concerne l'enseignement professionnel.

Le tableau suivant [d'après O. DONNI et P. PESTIEAU, « Peut-on parler de démocratisation de l'enseignement supérieur ? », in *Reflets et perspectives de la vie économique*, Tome XXXIV, 1995, pp. 415-427, ©] nous donne des éléments en ce qui concerne l'accès à l'enseignement universitaire (en le comparant à l'enseignement supérieur de type court).

Inégalité d'accès à l'université				
Inscription dans l'enseignement supérieur selon la catégorie socio-professionnelle				
Profession du père	**Ensemble des ménages**	**Ensemble des ménages de l'enquête**	**Étudiants dans le sup. court**	**Étudiants universitaires**
Inactif	20,79	15,02	11,75	17,18
Ouvrier	29,83	14,32	24,22	7,29
Employé	21,57	35,29	33,57	37,76
Indépendant	12,80	13,35	45,41	10,37
Prof. lib. ou cadre sup.	15,00	22,02	12,59	27,39

L'inégalité de réussite se marque dès l'école primaire, la proportion d'enfants ayant doublé une année augmentant lorsque l'on descend dans l'échelle sociale. Le même constat est observable dans l'enseignement secondaire, prenant la forme du redoublement, de la réorientation vers des filières placées plus bas dans la hiérarchie des études ou de l'abandon.

En ce qui concerne l'enseignement universitaire, la probabilité de réussite en première année est de quasi 50 % pour les jeunes dont le père a lui-même un diplôme universitaire, de seulement 30 % pour ceux dont le père n'a qu'un diplôme d'étude primaire [cf. « les Belges inégaux face à l'université », sociolog.be].

♣ ***L'exercice « Les belges inégaux face à l'université » permet d'analyser des données intéressantes sur les inégalités d'accès et de réussite à l'université selon le niveau d'études des parents.***

Le capital social

Il est constitué de l'ensemble des ressources actuelles ou potentielles liées à la possession d'un réseau durable de relations, c'est-à-dire, à l'appartenance à un groupe. Il ne s'agit pas ici seulement d'un ensemble d'agents liés par des propriétés communes (indépendantes de leur volonté) mais de liaisons, permanentes et utiles qui supposent d'être « entretenues » par des échanges inséparablement matériels et symboliques. Un certain nombre d'institutions visent ainsi à favoriser les échanges légitimes (entre gens de même condition, pouvant être utiles les uns aux autres) en créant des occasions (soirées, rallyes, réceptions, croisières...), des lieux (écoles bon genre, clubs sélects...), des pratiques (sports chic, jeux de société, cérémonies culturelles) rassemblant, de manière apparemment fortuite, les agents du même groupe.

Le capital social ne se définit donc pas uniquement par le volume des relations mais aussi par la valeur relative de ces relations (en termes des différents capitaux, le critère étant ici l'importance d'une relation, non son intimité), ces deux dimensions permettant de définir ce qu'on pourrait appeler la «surface sociale» d'un individu. Cette surface a d'autant plus d'utilité qu'elle est répartie dans différents champs: économique, culturel, politique...

La femme joue traditionnellement un rôle important dans l'entretien des relations, tâche qui demande non seulement du temps, un capital économique, mais aussi des dispositions (capital culturel). Le rendement de ce travail d'entretien est d'autant plus grand que le capital est plus important, le cas-limite étant celui de l'héritage que constitue un «grand nom» qui permet de ne pas avoir à «faire connaissance» avec tous ceux qui vous connaissent ou ont intérêt à vous connaître.

♣ ***L'exercice «Association d'anciens étudiants» permet de travailler le concept de capital social***

Le capital symbolique

Il est constitué par le crédit, l'autorité que confère à un agent la possession des autres capitaux.

Autrement dit, il n'est pas une espèce particulière de capital mais la reconnaissance sociale que confère la possession de toute espèce de capital.

> *«(...) Le capital symbolique arrache à l'insignifiance, comme absence d'importance et de sens.*
>
> *Etre connu et reconnu, c'est aussi détenir le pouvoir de reconnaître, de consacrer, de dire, avec succès, ce qui mérite d'être connu et reconnu et, plus généralement, de dire ce qui est, ou mieux, ce qu'il en est de ce qui est, ce qu'il faut en penser (...).»* [P. Bourdieu, 1997, p. 285]

Il confère ainsi à un agent le pouvoir de faire passer ses goûts pour le (bon) goût, ses manières comme les (bonnes) manières, de donner du prestige, de la légitimité, à tout ce qu'il fait, de faire douter l'autre de la valeur de ses pratiques et de ses goûts.

Celui qui est porteur de capital symbolique est «reconnu» socialement, apparaissant aux yeux des autres comme plein de charme, de grâce... sans que ceux-ci n'attribuent ce charme à ce qui en est son principe, la position occupée dans l'espace des capitaux.

> *Ex.* : Les dominants ont initialement fait de Saint-Tropez le lieu chic de vacances par le seul choix de cette destination, cet attribut disparaissant à mesure que les classes moyennes envahissent le lieu.

Cette importance sociale que confère le capital symbolique offre le privilège de ne pas avoir à douter de l'importance et du sens de sa propre existence. En témoignent les sollicitations, les invitations, les attentes des autres à l'égard de celui qui en est richement doté.

Illustration 1.5 Le capital symbolique de Saint-Loup décrit par Proust

Dans cet extrait de *À la recherche du temps perdu* [Quarto, Gallimard, Paris 1999, pp. 816-817], M. Proust décrit comment les « jeunes bourgeois riches » perçoivent Saint-Loup (membre de la « haute aristocratie »). Le « prestige » qu'ils lui reconnaissent donne, à leurs yeux, du « chic » à tout ce qu'il fait.

Ce prestige révèle l'importance du capital symbolique dont dispose Saint-Loup : il tient moins, ici, à une force particulière de capital économique – M. Proust nous signale que ces jeunes bourgeois « appartenaient à une classe qui (...) ne diffère pas de l'aristocratie dans l'expérience de toutes celles des élégances qui peuvent s'acheter » – qu' à l'importance du capital social de Saint Loup – qui « soupe au Café de la Paix avec le duc d'Uzès et le Prince d'Orléans ». Après avoir compris la notion d'habitus (voir plus loin), vous pourrez constater comment la différence de capitaux entre ces deux classes va se traduire dans leurs dispositions (« par exemple en ce qui concernait les vêtements, quelque chose de plus appliqué, de plus impeccable, que cette libre et négligente élégance de Saint-Loup (...) »).

> « Chez plusieurs engagés, appartenant à d'autres escadrons, jeunes bourgeois riches qui ne voyaient la haute société aristocratique que du dehors et sans y pénétrer, la sympathie qu'excitait en eux ce qu'ils savaient du caractère de Saint-Loup se doublait du prestige qu'avait à leurs yeux le jeune homme que souvent, le samedi soir, quand ils venaient en permission à Paris, ils avaient vu souper au Café de la Paix avec le duc d'Uzès et le prince d'Orléans. Et à cause de cela, dans sa jolie figure, dans sa façon dégingandée de marcher, de saluer, dans le perpétuel lancé de son monocle, dans "la fantaisie" de ses képis trop hauts, de ses pantalons d'un drap trop fin et trop rose, ils avaient introduit l'idée d'un "chic" dont ils assuraient qu'étaient dépourvus les officiers les plus élégants du régiment, même le majestueux capitaine à qui j'avais dû de coucher au quartier, lequel semblait, par comparaison, trop solennel et presque commun.
>
> L'un disait que le capitaine avait acheté un nouveau cheval. "Il peut acheter tous les chevaux qu'il veut. J'ai rencontré Saint-Loup dimanche matin allée des Acacias, il monte avec un autre chic !" répondait l'autre ; et en connaissance de cause ; car ces jeunes gens appartenaient à une classe qui, si elle ne fréquente pas le même personnel mondain, pourtant, grâce à l'argent et au loisir, ne diffère pas de l'aristocratie dans l'expérience de toutes celles des élégances qui peuvent s'acheter. Tout au plus la leur avait-elle, par exemple en ce qui concernait les vêtements, quelque chose de plus appliqué, de plus impeccable, que cette libre et négligente élégance de Saint-Loup qui plaisait tant à ma grand-mère. » ©

Illustration 1.6 L'espace des positions sociales (version simplifiée)

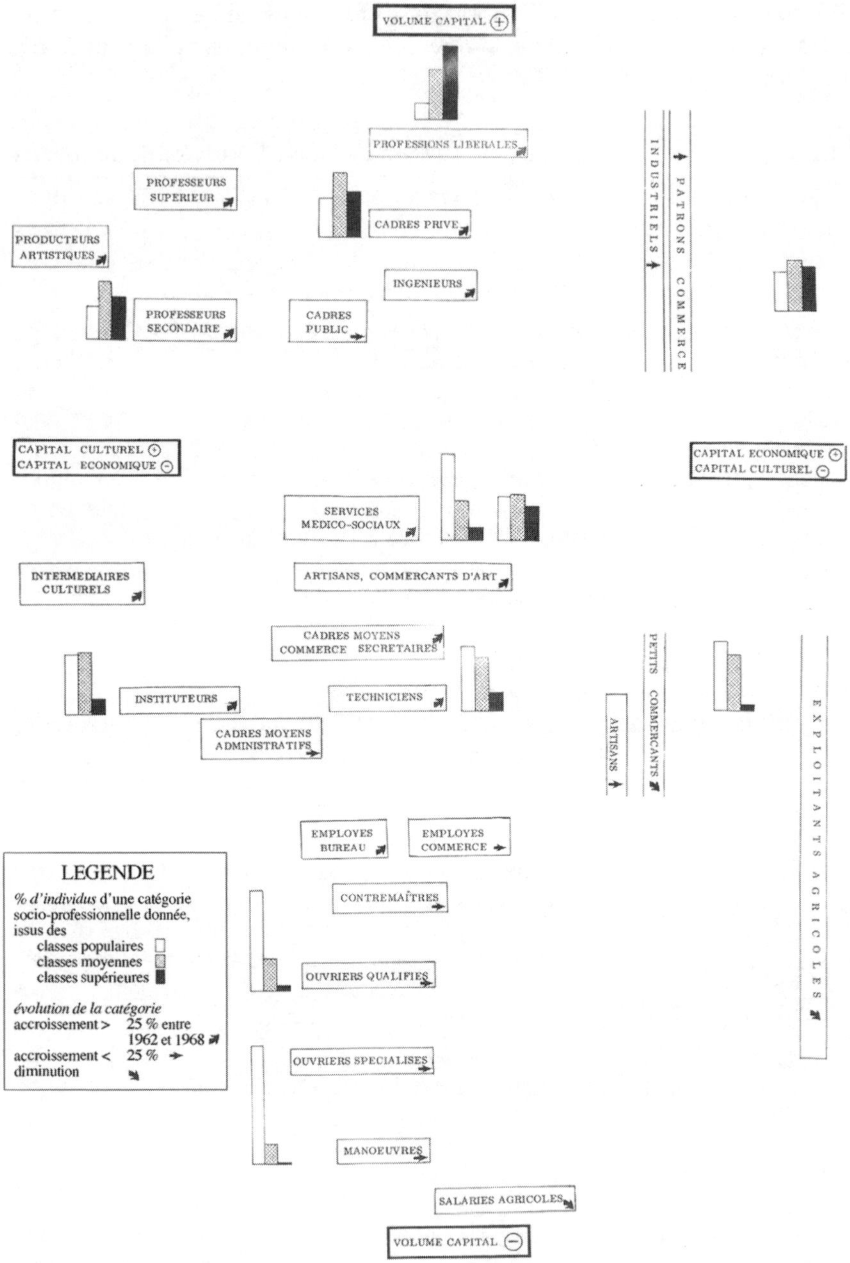

La distinction, pp. 140-141©

1.1.2 *L'espace des positions sociales*

Comment peut-on, à partir de l'identification de ces types principaux de capitaux, reconstituer la structure sociale et la position qu'y occupent les différentes classes ? Trois dimensions doivent être prises en compte : le volume du capital, sa structure, son évolution dans le temps. Pour aider à les visualiser simultanément, on a reproduit ci-après l'espace des positions sociales tel que le propose P. Bourdieu dans *La distinction*.

Le schéma propose « un modèle simplifié de cet espace à partir des connaissances acquises autour de recherches antérieures et sur la base d'un ensemble de données prélevées des différentes enquêtes, toutes réalisées par l'INSEE (...) entre 1967 et 1972 » [*op. cit.*, p. 142].

Le volume du capital

Pour distinguer à un premier niveau les grandes classes de conditions d'existence, c'est le volume global du capital, comme ensemble des ressources et des pouvoirs utilisables (en termes de capital économique, social, culturel), qui fournit le principe distinctif. À ce niveau, les classes se distribuent depuis les classes dominantes, les mieux pourvues en capital économique, culturel et social jusqu'aux classes dominées, dépourvues sous tous ces rapports, en passant par les classes moyennes.

Si P. Bourdieu distingue trois classes à partir du volume de capital, on pourrait, comme le propose le schéma simplifié suivant, en identifer une quatrième, celle du sous-prolétariat – rassemblant les individus faisant l'expérience de la grande pauvreté – dépourvue de tous types de capitaux. C'est bien de cette façon multidimensionnelle qu'est définie aujourd'hui la (grande) pauvreté : non pas par la seule insuffisance de revenus mais par le non-accès à l'école et à la formation, de façon plus générale à la culture, à une santé satisfaisante, à un logement salubre...

Illustration 1.7 **L'espace des positions sociales: mise en évidence du volume de capital** (version simplifiée par N. Rigaux)

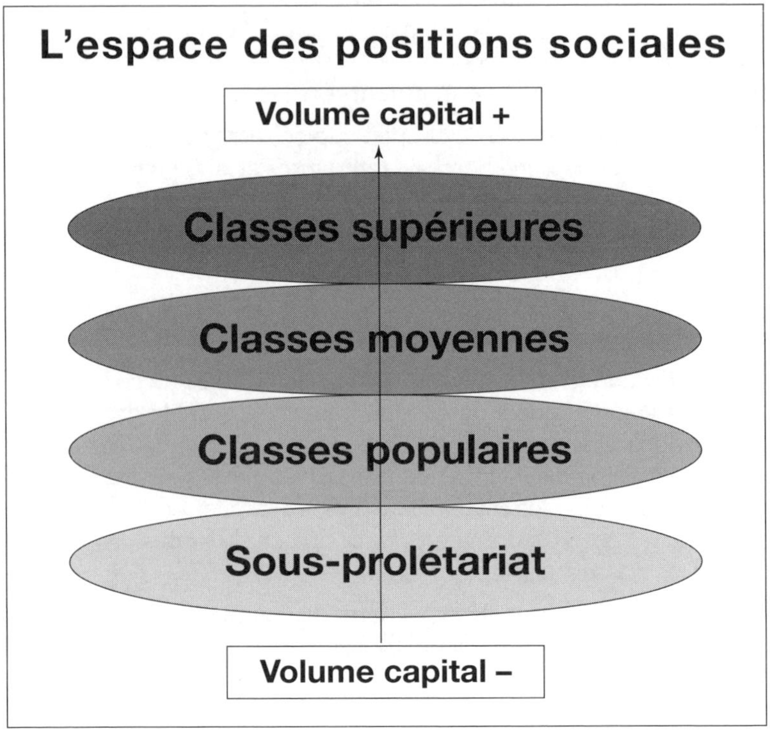

La structure du capital

On peut mettre en évidence les différences séparant les groupes ayant le même volume de capital en faisant intervenir un second critère (sur l'axe horizontal): celui de la structure du capital. Il s'agit en l'occurrence de mesurer la part du capital économique relativement à celle du capital culturel. Cette structure peut être symétrique (pour les groupes situés au centre de l'axe horizontal), ce qui renvoie à une part égale de capital économique et culturel. Elle peut être dissymétrique, ce qui correspond à une part relativement plus forte du capital culturel pour les groupes situés à gauche du schéma, à relativement plus de capital économique que de capital culturel pour ceux situés à droite du schéma.

L'illustration suivante fait apparaître les sous-catégories qui peuvent être distinguées au sein des trois classes sociales identifiées à partir du volume de capital lorsqu'on fait intervenir la structure du capital.

Illustration 1.8 L'espace des positions sociales : mise en évidence du volume et de la structure des capitaux
(version simplifiée par N. Rigaux)

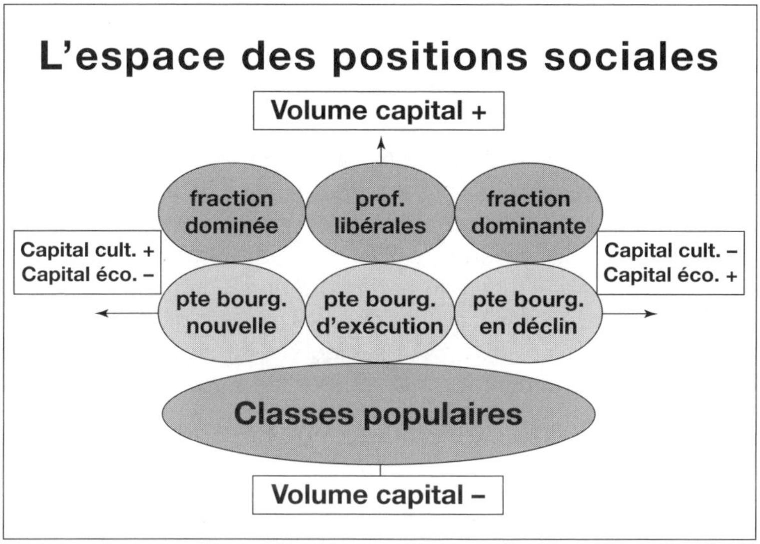

Au sein de la ***classe dominante,*** on observe que, en ce qui concerne le capital économique, les indicateurs de patrimoine, de consommation (propriété du logement, de voitures de catégories supérieures, de bateaux, de vacances à l'hôtel) et de revenus montrent une progression lorsque l'on va des professeurs aux patrons de l'industrie et du commerce (en passant par les cadres du secteur public, les professions libérales, les ingénieurs, les cadres du secteur privé), c'est-à-dire en se déplaçant de la gauche à la droite de l'espace des positions dominantes. À l'inverse, les indicateurs de capital culturel (lectures, fréquentation de théâtre, audition de musique classique, visites de musées, de galeries, lecture du *Monde*, du *Figaro littéraire*) décroissent lorsque l'on va des professeurs aux patrons de l'industrie et du commerce.

Avec un volume global de capital inférieur, on retrouve la même distribution de la structure des capitaux au niveau des ***classes moyennes*** : des instituteurs aux patrons moyens de l'industrie et du commerce, la part relative du capital culturel décroît, celle du capital économique croît.

En ce qui concerne les ***classes populaires***, les enquêtes dont disposait P. Bourdieu n'ont pas permis de faire apparaître de distinctions fines dans la structure des capitaux : sans doute est-ce lié au volume globalement plus faible de leurs ressources.

En mettant en évidence l'importance de la structure des capitaux, P. Bourdieu identifie en même temps deux manières de dominer l'espace social, deux principes de domination, l'un lié au capital culturel, l'autre au capital économique. L'un des deux l'emporte-t-il sur l'autre ?

Si l'on prend pour indice de la domination d'un capital sur l'autre la possibilité qu'a chaque fraction de maîtriser sa reproduction sans devoir compter sur des instances extérieures (l'école en particulier), on constatera que c'est le capital économique qui l'emporte, la culture étant un principe dominé de domination.

En effet, au sein de la classe dominante, la part des individus issus de la classe dominante et de la fraction de la classe dominante considérée croît, des professeurs aux patrons de l'industrie et du commerce (de 6.1 % pour les premiers à 33.5 % pour les seconds, *op. cit.* p. 132). On peut considérer cette capacité des patrons de l'industrie et du commerce de maîtriser leur propre reproduction comme un privilège très rare, les rendant plus libres par rapport aux verdicts de l'école et aux investissements culturels auxquels ne peuvent échapper les fractions qui en dépendent pour leur propre reproduction.

Les données rapportées par L. Chauvel [2004, p. 108] confirment ce constat pour l'époque contemporaine : « à titre d'exemple, alors que, à diplôme donné, un enfant de professeur a un peu moins de deux fois plus de chances que la moyenne de devenir professeur à son tour, l'enfant d'un membre des professions libérales a 3,6 fois plus de chances de rester dans la catégorie sociale de son père, et l'enfant d'un chef d'entreprise de plus de 10 salariés... 17 fois plus de chances de rester dans sa catégorie d'origine. »

Parce que la culture est un principe dominé de domination, les positions en haut à gauche du schéma dont la force est culturelle seront considérées comme des fractions dominées de la classe dominante.

L'évolution dans le temps du capital

Pour situer un individu dans l'espace des positions sociales, un troisième critère doit être pris en compte : l'évolution temporelle des capitaux dont il dispose, ce qui peut être fait à deux niveaux que l'on va envisager successivement, celui de la catégorie à laquelle il appartient, celui lié à son histoire singulière.

L'évolution temporelle de la catégorie sociale

La position de chaque catégorie dans la structure sociale (c.-à-d. la position de chacune par rapport aux autres) tient à des facteurs macro-sociaux échappant à la maîtrise de ceux qui la composent.

Ainsi, par exemple, la structure de l'emploi, en allant vers une réduction des secteurs primaire et secondaire et une hausse du secteur tertiaire, entraîne l'affaiblissement de la position des agriculteurs et des ouvriers (par réduction des emplois pour ces catégories) et à l'inverse, un renforcement de la position des catégories employées dans le secteur des services (avec, par exemple, des opportunités pour la nouvelle petite bourgeoisie).

Autre exemple, la nécessité de détenir un titre scolaire pour être engagé dans tous les secteurs, non seulement publics mais aussi privés, a entraîné l'augmentation généralisée du capital scolaire (en particulier, à partir des années 1960) avec la dévaluation des titres qui est ensuivie. Cette évolution structurelle a eu des effets différenciés sur les différentes positions sociales : tous les enfants des classes supérieures, non seulement les garçons mais aussi les filles, se sont orientés vers l'université, d'où la nécessité, pour ceux issus de la fraction dominée (qui appuie sa domination sur le capital culturel) d'avoir plus qu'un titre universitaire (par exemple un doctorat, ou un second titre, de préférence décerné par une université étrangère prestigieuse), histoire de maintenir l'écart en leur faveur ; alors qu'ils y avaient jusque-là peu accès, les enfants des classes moyennes vont eux aussi accéder à l'université (ce qu'on appelle de façon abusive la « démocratisation » de l'accès aux études supérieures) sans pour autant que le titre universitaire leur donne accès aux positions de pouvoir auxquelles il était traditionnellement associé ; réels perdants de cet inflation des titres scolaires, les enfants des classes populaires vont, vu le prolongement de la scolarité obligatoire, rester plus longtemps à l'école que ne le faisaient les générations précédentes, mais stigmatisés par le redoublement ou relégués vers des filières de second ordre n'offrant que des titres dévalorisés.

Pour faire face aux changements structurels affectant la position sociale des individus via la catégorie sociale à laquelle ils appartiennent, ceux-ci vont devoir, pour tenter de conserver le même volume global de capitaux, effectuer des substitutions entre capitaux (par exemple, en utilisant du capital économique pour « payer des études aux enfants », donc leur permettre l'accès à une autre position grâce à un investissement en capital scolaire).

Sur le schéma de P. Bourdieu, la dimension diachronique de l'analyse de classe est représentée de deux manières :

- par l'histogramme représentant la part des individus issus des différentes classes,
- par l'histoire de la fraction dans son ensemble, indiquée par les flèches horizontales, descendantes ou ascendantes qui marquent qu'entre 1962 et 1968, la fraction a ou non changé de volume (d'au moins 25 %). Cet indicateur, rudimentaire, rappelle l'importance de cette analyse pour saisir les oppositions entre fractions nouvelles, en expansion, stables ou en déclin.

Pour actualiser ces données datées, les travaux de L. Chauvel [2004] sont encore une fois d'un grand intérêt. Parmi les évolutions ayant affecté les différentes catégories sociales, il pointe en particulier le déclin des « nouvelles classes moyennes » (terme en lui-même désuet puisque la « nouveauté » dont il est question remonte aux années 1970).

À partir des années 1980 en effet, les restrictions affectant l'État-providence et ses institutions (secteur public mais aussi enseignement, santé, travail social...) vont avoir pour effet de réduire les possibilités d'emploi pour les jeunes cherchant dans ce type de secteur, donnant l'avantage à ceux qui, plus dotés en capital économique, dépendent moins des verdicts scolaires. Au sein des classes moyennes, on assiste donc à une croissance pour les salariés du secteur privé et à beaucoup d'incertitudes pour ceux qui sont liés au secteur public (instituteurs, travailleurs médico-sociaux, socio-culturels...).

Des facteurs macro-sociaux ont aussi affecté l'ensemble de l'espace social, modifiant les chances d'ascension (les risques de déclin) de l'ensemble d'une génération, toutes catégories sociales confondues :

> *« (...) les parents de la génération née en 1945, parce qu'ils sont nés en moyenne autour de 1910-1915, ont connu en moyenne un sort difficile. Un quart d'orphelins précoces, un quart d'enfants invalides, une jeunesse dans la crise d'entre-deux guerres, puis la Seconde Guerre mondiale. La reprise des trente glorieuses (1945-1975) les attend, mais ils ont déjà 36 ans lorsque le système de retraite est créé, exigeant d'eux 35 années de cotisations pour une retraite pleine, un contrat pour eux inaccessible pour la majorité, ce fut une vieillesse misérable dans une société de jeunes riches. Pour la génération née vers 1945, les premiers nés du baby-boom, l'ascenseur social a bien fonctionné par rapport à leurs parents. Pour leurs propres enfants, nés vers 1975, ces conditions d'ascension sociale sont souvent compromises, ces jeunes d'aujourd'hui étant les enfants non plus d'une génération sacrifiée mais d'une génération dorée. C'est ainsi que si l'on compare sur près de 20 ans les chances d'ascension sociale et les risques de déclassements sociaux par rapport au père, la classe d'âge 50-54 ans a connu une forte hausse des chances d'ascension (...), alors que les 30-34 ans ont vu ces chances fléchir. Pour ce qui est des risques de mobilité descendante, les 50-54 ans n'ont pas vu d'accroissement de ce risque, contrairement aux 30-34 ans, qui maintenant font face à presque autant de risques de déclin que d'ascension sur la pyramide sociale. »*
>
> L. Chauvel [2006]

L'évolution temporelle de l'accès aux capitaux d'un individu

Si l'on peut s'intéresser à l'évolution de l'accès aux capitaux de l'ensemble d'une catégorie, on peut aussi suivre l'histoire de cet accès pour un individu. Selon les critères retenus par P. Bourdieu, on pourra ainsi identifier une **mobilité verticale**, ascendante (par augmentation du volume global des capitaux) ou descendante (par réduction de ce volume global).

On a montré plus haut avec L. Chauvel que pour les générations nées après 1975, les chances d'ascension n'étaient plus supérieures aux risques de déclin.

Autre modalité possible de mobilité, la **mobilité horizontale** renvoyant à une reconversion du capital économique en capital culturel (mobilité vers la gauche, qui est la plus fréquente, via le système scolaire) et à l'inverse, du capital culturel en capital économique (vers la droite), sans changement de volume global des capitaux.

La limite du schéma des positions sociales proposé par P. Bourdieu est, au dire même de son auteur, de rapprocher des agents dont les trajectoires sociales peuvent être très différentes (par exemple, au niveau des services médico-sociaux, des filles de la bourgeoisie et des garçons des classes populaires).

1.2 Les structures incorporées : l'habitus

Le concept d'habitus étant complexe, on ne le définira (en 1.2.2) qu'après en avoir proposé une première approche intuitive et avoir décrit les habitus des différentes positions sociales (en 1.2.1).

Intuitivement, on peut approcher le concept d'habitus par l'analogie qui suit. Si l'on considère les stratégies des agents pour accumuler du capital comme un jeu, dans lequel ils sont pris – ce qui est l'illusion fondamentale – on pourrait envisager les capitaux dont ils disposent comme les cartes qu'ils ont dans leur jeu (plus ou moins fortes, avec plus ou moins d'atouts...) ; la manière dont ils utilisent leurs capitaux, leur manière de jouer, c'est ce que l'on peut appeler leur habitus. Cet habitus est fonction des cartes qu'ils ont dans leur jeu (ils auront par exemple d'autant plus « le goût du risque » qu'ils ont un bon jeu, joueront d'autant plus en équipe que leurs cartes individuelles sont faibles) ; le décrire permet de mettre en évidence le style propre du joueur, donnant une certaine unité à son jeu au-delà de la diversité de ses coups. Dans la mesure où cette manière de jouer est fonction de ce qu'il a dans son jeu, elle sera très proche chez tous ceux disposant de jeux semblables (c.-à-d. occupant la même position dans la structure objectivée).

Exercice 1.9 Deux manières de jouer

A. Sander, « Les hommes du XXe siècle », « L'industriel » [1930]

A. Sander, « Le fonctionnaire » [vers 1930]

Consigne
Qu'est-ce qui apparaît de l'habitus de ces deux personnages photographiés par A. Sander, en s'en tenant à l'approche intuitive qu'on en a donnée comme « manière de jouer » ?

1.2.1 *Description des habitus de classe*

En décrivant les habitus, on mettra chaque fois en évidence en quoi ils sont produits par la position dans l'espace social de la fraction de classe considérée (autrement dit, par le volume, la structure et l'évolution temporelle des capitaux dont elle dispose). Là se situe bien le nœud du raisonnement de P. Bourdieu, auquel être attentif en découvrant les descriptions qui suivent et qu'il faut pouvoir utiliser activement dans les exercices proposés sur le site.

1.2.1.1 Les classes dominantes : aisance et distinction, primat de la forme sur la substance

Du point de vue du **volume** des capitaux, l'ensemble des positions dominantes se caractérise par ce que P. Bourdieu va appeler, « la distance par rapport à la nécessité » : la dureté de l'existence, le souci de la survie au jour le jour ne sont pas une préoccupation vu le volume important de capitaux dont elles disposent.

Au plan des pratiques – de l'habitus – cette distance objective par rapport à la nécessité va se traduire par une aisance, une sûreté de soi, mais aussi une capacité à prendre du recul (entre autres par l'humour) par rapport aux rôles sociaux joués, de façon à se distinguer de ceux qui ne jouissent pas de la même sécurité d'existence.

Pour assurer activement cette distinction (vis-à-vis de toutes les autres positions sociales), les membres des positions supérieures vont avoir tendance à privilégier, dans tous les domaines (alimentaire, vestimentaire, esthétique...) la forme sur la substance : le fonctionnel (par exemple, le vêtement solide, le mobilier pratique et robuste), le substantiel (par exemple, le repas roboratif, la photo dont l'objet même est touchant) vont être relégués au second plan pour accorder toute l'attention à la forme, au style, à la manière.

Au niveau des repas par exemple :

> « *Les formes, ce sont d'abord des rythmes, qui impliquent des attentes, des retards, des retenues ; on n'a jamais l'air de se précipiter sur les plats, on attend que le dernier à se servir ait commencé à manger, on se sert et on se ressert discrètement. On mange dans l'ordre et toute coexistence de mets que l'ordre sépare, rôti et poisson, fromage et dessert est exclue : par exemple, avant de servir le dessert, on enlève tout ce qui reste sur la table, jusqu'à la salière, et on balaie les miettes.* » [*La distinction*, p. 218]

À travers toutes ces formes et tous ces formalismes (l'ordonnancement des couverts, des convives...), s'exprime une manière de nier les besoins primaires, vulgaires, la réalité matérielle de la consommation. Et, en même temps, d'affirmer la grossièreté de ceux qui s'abandonnent aux satisfactions immédiates. Ici, la qualité prime la quantité (c'est vrai des vins comme des plats), la forme (l'esthétique, le plaisir des yeux...) prime la substance.

Cette importance de la retenue, de la stylisation des pratiques se retrouve au niveau du sport : dans les sports typiquement bourgeois, le corps est tenu à distance, retenu. Les lieux où il se pratique sont réservés (les clubs chic), les partenaires choisis, les compétitions hautement ritualisées (le « fair-play » y étant essentiel), la violence physique ou verbale étant proscrite (de même qu'un usage désordonné du corps : cris, gestes ou contact direct entre les adversaires). Au sein des sports de combat par exemple, on verra s'opposer la pratique de l'aïkido dans les classes supérieures, « où dominent l'affrontement aérien et la légèreté », à la pratique populaire de la lutte, « où dominent la force et l'affrontement au sol » [G. Vigarello, p. 187], opposition renvoyant bien, en l'occurrence, à la forme contre la substance.

La disposition au formalisme se retrouve au niveau de l'esthétique : la beauté de l'objet d'art n'est plus liée à la beauté de l'objet représenté (contre le goût populaire pour les couchers de soleil...). La beauté émane de la seule forme, indépendamment de l'objet représenté. Cette disposition esthétique purifiée prend sens, rappelons-le, par le fait d'une distance objective face à l'urgence pratique, à la nécessité économique.

Habitus et structure des capitaux

On a vu, au niveau objectivé, comment des structures de capitaux différentes permettaient de distinguer trois fractions de classe au sein des positions dominantes : à gauche du schéma, dominant via leur part relativement plus importante de capital culturel, les professions intellectuelles et artistiques, fraction dominée parmi les dominants ; à droite, dominant par leur part relativement plus forte de capital économique, les patrons de l'industrie et du commerce, occupant la position la plus forte de tout l'espace social ; au centre les professions libérales.

Commençons par distinguer les deux fractions de classe opposées du point de vue de l'habitus et produites par ces structures différentes de capitaux en observant d'abord leur rapport à la culture.

Si les professeurs et les producteurs artistiques se caractérisent par une ***appropriation symbolique de la culture*** « comme substitut sublime et sublimé de l'appropriation matérielle » [*op. cit.* p. 321] – l'exemple type étant la fréquentation des musées, où les objets sont exclus de l'appropriation privée, n'offrant que des satisfactions esthétiques « pures », sublimées –, les fractions dominantes peuvent s'approprier la culture de manière symbolique et matérielle (par exemple, par l'achat d'œuvres d'art).

Là où la fraction dominée cherche à tirer un rendement symbolique maximum pour un coût minimum de ses pratiques culturelles (car pouvant tirer parti de ses lectures ou de ses visites dans ses propres productions culturelles), la fraction dominante fera de ses pratiques culturelles des occasions, voire des prétextes pour montrer son appartenance au « monde » (achetant les places les plus chères des théâtres les plus chers, où l'on vient « habillé », avant d'aller « dîner en ville »...).

L'habitus qui apparaît ainsi dans les pratiques culturelles se retrouvera au niveau de toutes les pratiques : la cuisine (où les uns mangent cru, grillé, « léger mais bien présenté », les autres mangeront plus riche, avec plus d'alcool, des ingrédients chers et chic), le sport (la marche et l'alpinisme plutôt que le golf), un autre rapport à la nature (d'une contemplation par la marche à une appropriation via la possession de châteaux, manoirs... où l'on a ses caves, ses terres...). Sous toutes ces formes apparaît ainsi l'***ascétisme aristocratique*** de la fraction dominée, variante ascétique des pratiques des dominants. Là où les uns n'ont pas les moyens de leurs goûts, les autres n'ont pas les goûts de leurs moyens (*cf.* leur faiblesse relative en capital culturel).

Dominées au sein de l'espace des positions dominantes, les fractions situées à gauche du schéma vont fréquemment adopter des positions ***politiquement «de gauche»*** (raison pour laquelle P. Bourdieu a choisi de les situer de ce côté de l'axe horizontal), manifestant leur solidarité avec tout ceux qui sont objectivement dominés. À l'inverse, ceux qui dominent l'ensemble de l'espace social auront davantage des ***positions politiquement «conservatrices»*** n'ayant aucun intérêt à vouloir changer un ordre social qui les avantage à ce point.

Exercice 1.10 Deux fractions de la classe dominante

A. Sander, «Les hommes du XXe siècle». © SABAM Belgium 2006

Consigne

Identifiez la fraction de la classe dominante à laquelle appartiennent ces deux personnages. À quels traits de leur habitus, perceptibles sur ces photos, le voyez-vous?

Plus généralement, des ***philosophies de la vie «roses»*** vont se retrouver chez les fractions dominantes, visant à un renforcement de l'estime de soi (d'où le goût pour les arts «optimistes») et à une dénégation de la réalité sociale, contre des ***philosophies plus «noires»*** chez les fractions dominées, ouvertes à une contestation symbolique de l'ordre social, au «pessimisme antibourgeois des gens à problème». Une propension à développer des ***positions***

« désintéressées » va caractériser également ces fractions de classe, tirant des profits symboliques d'une stratégie qui n'est que la traduction de leur incapacité objective à tirer des profits réels d'un capital économique trop faible. Leur désintéressement va apparaître, dans cette logique, comme la forme particulièrement subtile de l'intérêt propre à leur position.

Par rapport à ces oppositions, on peut caractériser les professions libérales (en position médiane sur le schéma) par leurs ***« goûts de luxe »*** : via des consommations coûteuses (à la fois au plan économique et culturel), cette fraction de classe réinvestit ses profits en capital social (par du sport et des jeux de société chic, des réceptions...), n'ayant ni les moyens ni les dispositions pour réinvestir ses gains dans l'économie. L'honorabilité indispensable à l'exercice de ces professions (vivant grâce à une clientèle) est ainsi produite, ces « frais de représentation », ces dépenses ostentatoires renvoyant à la nécessité de ces fractions de classe, favorisant leur maintien dans les positions supérieures.

Réintroduction de la dimension temporelle

Toutes ces descriptions restent trop générales si on n'y introduit pas la dimension temporelle sous ses deux formes :

- la première, liée à la trajectoire individuelle, suppose que soient étudiées la précocité des contacts avec les gens et les choses distinguées et leur fréquence (liées à l'ancienneté dans les classes supérieures) ;
- la seconde, concernant l'évolution de la définition des postes et des manières d'y accéder (avec plus de capital scolaire) évite de prendre pour un effet de l'âge biologique (le jeune cadre dynamique) ce qui est un effet de génération.

C'est sous ce rapport qu'il convient de distinguer l'ancienne bourgeoisie de la nouvelle bourgeoisie. Jeunes cadres sortis des grandes écoles (et des grandes familles), plus titrés que leurs prédécesseurs, parvenus plus jeunes à des positions de pouvoir dans des entreprises plus modernes et plus importantes, leur style de vie se donne comme plus décontracté que celui de leurs aînés : pratiquant des sports plus actifs (voile, ski, planche à voile...) en partie importés des États-Unis, ils sont globalement plus tournés vers l'étranger (voyages lointains et fréquents, whisky plutôt que champagne...) et plus hédonistes que leurs prédécesseurs. Ceci doit être mis en lien avec une nouvelle économie de la consommation, sensible au look, au standing, à l'image de marque, vendant un art de la consommation, de la dépense, de la jouissance, se traduisant par de nouvelles dispositions en matière de morale (que leurs aînés qualifieront de « relâchée »). À tous ces niveaux, ils sont favorables à un nouveau style de domination : la manière douce (que ce soit en matière de pédagogie ou de management). Bourdieu y voit un « abandon étudié de la raideur aristocratique propre à l'assurer ». À l'image du patron ventripotent succède celui du jeune cadre mince et bronzé.

♣ ***Les exercices «Un grand bourgeois unique en son genre», «Pastiches et mélanges» et «Belle du Seigneur» permettent de travailler les habitus de différentes fractions des positions dominantes.***

1.2.1.2 Les classes moyennes : vertu et bonne volonté culturelle

Le **volume de capitaux** dont dispose l'ensemble de cette position sociale ne lui permet que de «décoller petitement par rapport à la nécessité», étant à cet égard dans une position intermédiaire entre les classes populaires et les classes supérieures. Pour idéalement quitter ou au moins maintenir cette position délicate, l'effort individuel sera nécessaire (ce qui n'est pas le cas pour les classes supérieures, mieux assurées dans leur position) et payant (ce qui est beaucoup moins le cas pour les classes populaires, trop peu dotées en capitaux pour rendre performante cette stratégie individuelle).

Ce ***sens de l'effort*** va se retrouver dans différentes pratiques : sous forme d'épargne (pour les fractions à fort capital économique), d'investissement scolaire (pour celles à fort capital culturel), avec pour corollaire un faible taux de fécondité (l'enfant y coûtant relativement plus cher vu l'investissement, scolaire entre autres, dont il fera l'objet), une faible sociabilité (dans la mesure où familles et amis peuvent être un frein à l'ascension). L'univers petit-bourgeois – terme équivalant, chez P. Bourdieu, à celui de classe moyenne – est à cet égard celui du «chacun chez soi – chacun pour soi». Au plan des valeurs, c'est donc par la vertu que se caractérise cette position, incorporant les règles du jeu social comme morale personnelle.

Un ***rapport inquiet à «la» culture*** (c'est-à-dire la culture dominante), fait de méconnaissance et de reconnaissance (de sa valeur), mène à ce que P. Bourdieu qualifie de «bonne volonté culturelle» : dans sa volonté de se distinguer du goût populaire, la classe moyenne aime tout ce qui «fait cultivé», quitte à ne pas posséder les dispositions d'une consommation légitime de la culture. Le goût moyen se porte ainsi sur des pratiques qui, sans demander une longue inculcation culturelle, ont l'apparence de la grande culture (ainsi, les grandes œuvres littéraires portées à l'écran, les vulgarisations scientifiques, les émissions télévisées rassemblant œuvres classiques devenues un «art moyen» par leur grande divulgation, les variétés, le jazz...), et s'oriente vers une consommation en simili («c'est moins cher et ça fait le même effet»). Mal assuré dans ses classements (faute d'un apprentissage par familiarité), le goût moyen est hétéroclite, alliant des traits populaires auxquels il est prédisposé et les goûts bourgeois vers lesquels il tend. Ce rapport dévalorisé à la culture est le propre d'un capital culturel acquis à l'école et par un effort autodidacte entrepris «sur le tard». Mais ce qui dévalorise le goût petit-bourgeois, c'est essentiellement la position sociale de ceux qui le véhiculent. La manière «avide et anxieuse, naïve et sérieuse» (p. 376) dont la classe moyenne s'accroche à la culture contraste avec la désinvolture et la distance de ceux qui ont une longue familiarité avec elle dans les positions supérieures.

Le même habitus conditionnera un rapport au corps fait d'***hyper-correction***, de discrétion, de sobriété, contrastant avec l'ampleur, la carrure, l'allure, la largeur et la largesse, la grâce et l'élégance, bref l'aisance des positions dominantes.

Exercice 1.11 L'habitus des classes moyennes

Consigne

Quels traits de l'habitus des classes moyennes sont mis en scène par Bill Owens [« Suburbia », Fotofolio, 1973] dans chacune des photos suivantes et dans leur légende (dans ma traduction) ?

« Cela me plait d'organiser une "tupperware party" à la maison. Cela me donne l'occasion de parler à mes amies. Vraiment, Tupperware est le rêve de la maîtresse de maison, tu gagnes du temps et de l'argent parce que tu conserves plus longtemps ta nourriture. »

«Mon père pense que c'est une bonne idée d'enlever toutes les feuilles de l'arbre et de ratisser le jardin. Je pense qu'il est fou.»

«On ferait mieux de jouer à des jeux plutôt que de regarder la télé.»

Dimension temporelle et structure des capitaux

La position relativement indéterminée de la classe moyenne impose, ici plus qu'ailleurs, de prendre en compte la trajectoire des fractions de classe concernées.

La dimension temporelle, combinée à la structure différente des capitaux, permet de distinguer trois fractions aux habitus différenciés, dont les trajectoires sont descendantes, ascendantes, ou indéterminées.

La petite bourgeoisie en déclin, à droite du schéma (petits commerçants, artisans traditionnels), vouée à disparaître, faiblement pourvue en titres scolaires, manifeste dans tous les domaines des ***dispositions répressives*** (contre le confort moderne, le laxisme des jeunes, pour l'ordre ancien), dans une sorte de ressentiment contre l'ordre nouveau qui n'a pas récompensé leur vie «simple, sérieuse et honnête».

La petite bourgeoisie d'exécution, en position centrale (cadres moyens, techniciens...), présente au plus haut degré les caractéristiques du ***culte de l'effort*** (autodidacte et scolaire), de la discipline qui permettra son ascension ou celle de ses enfants («le fils qui nous doit tant»). Son ascétisme optimiste favorise l'ascension. Il est l'intériorisation de chances objectives d'ascension relativement fortes. À des lendemains qui chantent, ses membres sacrifient le présent, différant leur plaisir à plus tard «quand on aura le temps», «quand on aura fini de payer», «quand on aura terminé les études», «quand les enfants seront grands», «quand on sera à la retraite» [p. 407].

Pour les fractions les plus âgées, dont les espoirs n'auront pas été satisfaits, cet optimisme mesuré pourra faire place au même désenchantement que dans la petite bourgeoisie en déclin.

La petite bourgeoisie nouvelle, concentrant une part relative importante de capital culturel, rassemble des groupes d'origine assez diverse : membres des classes supérieures n'ayant pas obtenu les diplômes leur permettant d'accéder aux positions de leur classe, enfants des autres fractions de la classe moyenne en reconversion... À cette position ouverte correspond un avenir incertain qui va se traduire par une incertitude de l'identité sociale maquillée en ***indétermination*** (stratégies de bluff, d'euphémisation).

C'est cette fraction de classe qui va le plus se définir par rapport aux canons de la culture dominante : lectures d'essais philosophiques, choix d'adjectifs comme ceux de «racé», «distingué»...

Elle va, en particulier, servir de relais, d'intermédiaire privilégié aux dispositions de la nouvelle bourgeoisie, transformant ainsi radicalement l'habitus des autres fractions de la classe moyenne (de la répression à la séduction, aux relations publiques, de la manière forte à la manière douce, à la publicité, de l'inculcation de normes à l'imposition des besoins...). C'est elle aussi qui va jouer le rôle de courroie de transmission dans les secteurs sociaux et culturels.

Cette position ambiguë va prédisposer aux remises en question de soi à l'aide de la culture «psy», d'un nouveau rapport au corps («expression corporelle» de tous types), valorisant l'expression, la créativité, la relaxation, exaltant un «moi» à épanouir..., voulant échapper à tout prix au classement (et en particulier au classement scolaire). Cette insécurité de position peut mener à une ***fuite hors du monde social*** sous la forme d'un «retour à» la nature.

On a vu plus haut que cette position est fragilisée depuis le début des années 1980, pour la part en tout cas qui dépend de l'État-providence.

♣ ***Les exercices «Un technicien qui essaie de grimper», «Une infirmière qui vit avec passion» et «Une femme PDG fille de restaurateurs» permettent de travailler différents habitus au sein des positions moyennes.***

1.2.1.3 Les classes populaires : le choix du nécessaire

Il est utile de rappeler qu'à ce niveau de l'espace social, seule une variable de la structure objectivée intervient : le volume des capitaux, dont le faible niveau global place les classes populaires sous la contrainte de la nécessité. Le goût de ces catégories sociales va les inciter à choisir, à aimer même, ce qui correspond à leur condition objectivée. Il s'agit bien de la transformation en goût – de l'intériorisation – d'une contrainte objective, pas de l'effet immédiat, direct, de cette contrainte.

Soumis à la nécessité, le goût populaire sera pragmatique, fonctionnel, sensible à la substance (un repas nourrissant, un vêtement qui a de l'usage, passe-partout), plutôt qu'à la forme (« l'art pour l'art » de la disposition de l'esthète).

Ainsi par exemple, les femmes de la classe ouvrière sont celles qui prêtent le moins d'attention à ***l'esthétique de la vie domestique*** : là où la femme bourgeoise va rechercher le beau jusque dans la cuisine (en ce compris le design des casseroles) ou la salle de bains – hauts lieux pourtant du fonctionnel – la femme des classes populaires ne cherchera que le pratique, solide, « facile à l'entretien ». C'est elle aussi qui consacrera le moins de temps et d'argent (fût-ce proportionnellement à son revenu) à la ***mise en valeur de son corps*** : elle s'estime trop peu (et a trop peu de valeur sur le marché du travail) que pour « perdre son temps » à « se pomponner ».

La norme explicite du goût populaire est la ***conformité*** au choix « raisonnable » (c'est-à-dire « économique » mais aussi « modeste », « simple »), qui est aussi conformité à la position intériorisée. Celui qui tenterait d'y échapper encourrait l'opprobre d'un « pour qui se prend-il ? ». Cette conformité est aussi l'expression d'une ***solidarité*** obligée avec tous ceux qui partagent la même condition, interdisant objectivement – par la rareté des perspectives d'ascension – l'ambition qui pousserait à s'identifier aux autres groupes sociaux (voire même, à chercher à les rejoindre selon un idéal très présent dans les classes moyennes).

La ***division sexuelle des tâches*** y est beaucoup plus tranchée que dans les autres positions : un homme qui s'habillerait avec recherche passerait pour un efféminé, la force physique étant une dimension essentielle de la virilité (nourriture et boissons fortes). Quel lien cela a-t-il avec la condition objectivée ? Sur le marché du travail, la force spécifique de la position ouvrière est associée à la force physique. La valoriser, contre toute indifférenciation avec l'univers féminin, est, une fois de plus, la façon d'intérioriser comme goût, comme choix, une contrainte objective. Ce faisant, il s'agit de ne pas se désolidariser de ceux qui partagent la même condition, de refuser ce qui caractérise d'autant plus le rapport entre les sexes qu'on monte dans l'espace social, en particulier vers la gauche de celui-ci : l'égalité entre homme et femme.

Exercice 1.12 L'habitus des classes populaires

Consigne

Repérez les traits de l'habitus des classes populaires apparaissant dans ces quatre photos.

A. Sander, [*op. cit.*, Manœuvre, 1924] © SABAM Belgium 2006

F. Hers, « Intérieurs »

F. Hers, « Intérieurs »

L. Model, Baigneuse de Coney Island, 1939

Un hédonisme réaliste

Dévalorisé par toutes les positions, la seule défense de l'habitus populaire est de former bloc autour des valeurs du groupe : un hédonisme réaliste, « bon vivant », permet de trouver son plaisir avec ceux qui partagent la même condition. C'est le plaisir du « bien manger », du « bien boire », que l'on prend avec ceux qui permettent d'entrer dans une relation simple et familière. Ainsi, le café populaire, où l'on va moins pour boire que pour boire en compagnie (« salut tout le monde »), dont le comptoir est le centre, les tables étant réservées aux femmes et aux étrangers. Ainsi aussi des repas.

> *«Le repas est placé sous le signe de l'abondance (qui n'exclut pas les restrictions et les limites) et surtout de la liberté: on fait des plats "élastiques", qui "abondent", comme les soupes ou les sauces, les pâtes ou les pommes de terre (presque toujours associées aux légumes) et qui, servies à la louche ou à la cuillère, évitent d'avoir à trop mesurer et compter – à l'opposé de tout ce qui se découpe, comme les rôtis. (...) on tend à ignorer le souci de l'ordonnance stricte du repas: tout peut ainsi être mis sur la table à peu près en même temps (ce qui a aussi pour vertu d'économiser des pas), en sorte que les femmes peuvent en être déjà au dessert, avec les enfants, qui emportent leur assiette devant la télévision, pendant que les hommes finissent le plat principal ou que le "garçon", arrivé en retard, avale sa soupe. Cette liberté, qui peut être perçue comme désordre ou laisser-aller, est adaptée. En premier lieu, elle assure une économie d'efforts, d'ailleurs expressément recherchée du fait que la participation des hommes aux tâches ménagères est exclue, et au premier chef par les femmes, qui se sentiraient déshonorées de les voir dans un rôle exclu de leur définition, tous les moyens sont bons pour minimiser "les frais". On peut ainsi, au café, se contenter d'une cuillère à café que l'on passe au voisin, après l'avoir secouée, pour qu'il "tourne son sucre" à son tour. Mais on ne s'accorde ces économies d'efforts que parce qu'on se sent et se veut entre soi, chez soi, en famille, ce qui exclut précisément que l'on fasse des manières (...). L'assiette à soupe, que l'on nettoie avec le pain, peut ainsi servir jusqu'à la fin du repas. La maîtresse de maison ne manque pas de proposer de "changer les assiettes", en repoussant déjà sa chaise d'une main et en tendant l'autre vers l'assiette de son voisin, mais tout le monde se récrie ("ça se mélange dans le ventre") et si elle insistait, elle aurait l'air de vouloir exhiber sa vaisselle (ce qu'on lui accorde lorsque quelqu'un vient de la lui offrir) ou de traiter ses invités en étrangers (...).»*
>
> [*La distinction*, pp. 216-218] ©

Mais P. Bourdieu conteste la position de ceux qui affirment l'existence d'une «culture populaire»: l'habitus des classes dominées est fait d'après lui d'une reconnaissance de leur domination, d'une conscience de leur «***indignité culturelle***» qui provoque la gêne quand il faut se montrer et parler en public, qui fait que l'on reconnaît toute la distance entre ceux qui ont de l'«instruction» et les autres, qui fait que l'on adhère aux hiérarchies transmises par l'école entre la théorie et la pratique, les intellectuels et les manuels, l'imagination, la personnalité et le conformisme...

Les pratiques culturelles des classes populaires répètent ce rapport social fait de dépossession : spectacles sportifs où des « surhommes » réalisent des exploits éloignant toute possibilité de « faire pareil », shows télévisuels où seules les vedettes peuvent distraire.

♣ ***Les exercices « L'achat du collier en or » et « Un contremaître qui a beaucoup travaillé pour les autres » permettent de revenir sur l'habitus des positions populaires.***

1.2.2 *Définition de l'habitus*

L'habitus se définit par la relation entre deux caractéristiques : c'est un principe générateur de pratiques et un système de classement. Il conditionne donc à la fois l'action et la perception.

Un principe générateur de pratiques

L'habitus s'acquiert par une forme d'apprentissage essentiellement non conscient, un « apprentissage par corps ». Il est l'intériorisation des possibilités propres à notre condition objective (notre accès aux capitaux) qui se fait par accumulation d'expériences. Ce qui marque ainsi le corps permet de générer des pratiques (savoir que faire) dans des contextes nouveaux : il crée des dispositions transposables à tous les domaines de la pratique. On comprend dès lors que toutes les pratiques du même agent s'éclairent l'une l'autre en ce qu'elles sont le résultat du même principe générateur.

Ce qui était passif – les expériences incorporées propres à notre condition objective –, l'habitus le transforme en principe actif : des goûts et des choix, des inclinations. Il transforme le passé en futur, les contraintes en préférences. P. Bourdieu considère en effet que chaque position, même la mieux dotée en capitaux, a pour contrainte spécifique de conserver, voire d'améliorer, les capitaux auxquels elle a accès en utilisant les atouts dont elle dispose, qui varient considérablement bien entendu en force et en nature selon la position dans l'espace social. Ainsi, par exemple, la nécessité propre aux classes supérieures riches en capital culturel de jouer cet atout particulier va devenir, par l'habitus, goût pour la lecture, la visite de musées… ; la nécessité des classes populaires de jouer leur atout qui est la force du nombre va transformer celle-ci en disposition à la solidarité.

L'habitus est ainsi « amor fati », amour et choix du destin.

Un système de classement

L'habitus est générateur de pratiques mais aussi système de classement. C'est un système de schèmes de perception et d'appréciation (qualifié communément de « goût »). Le goût fonctionne comme disposition à différencier, à apprécier et par là même, à transformer les « choses en signes distincts et distinctifs» [*op. cit.*, p. 194]. Il opère comme un «sens d'orientation sociale» [*op. cit.*, p. 544] qui oriente vers les positions sociales les plus proches (qui fait qu'on parle de couples «bien assortis», d'amis qui ont «les mêmes goûts», et qu'on se sent avec eux «entre soi»).

Illustration 1.13 Des individus bien assortis

Daniel Michiels, «Ardenne restante»

Bill Owens, «Suburbia»

Daniel Michiels, «Ardenne restante»

Pour les trois grandes classes sociales identifiées par P. Bourdieu, ces photos illustrent la façon dont l'habitus de ces individus les amène à se retrouver en compagnie – voire en couple – d'individus socialement proches.

Nous percevons donc le monde à travers le filtre de notre habitus. C'est par sa médiation que le monde nous apparaît. Notre perception du monde est dès lors marquée par notre position sociale, telle que nous l'avons incorporée (par l'habitus). Pour une part, les modes de perception associés aux habitus de chaque position seront donc spécifiques; pour une part, ils seront communs à tous dans la mesure où tous ont intégré la domination des positions supérieures. Cette domination s'exerce en effet également au niveau symbolique, c'est-à-dire précisément au niveau de notre façon de voir le monde, de lui donner du sens. Et la force des dominants, leur **pouvoir symbolique,** est de pouvoir faire passer pour objectives, neutres, inexistantes comme telles des catégories de perceptions parfaitement ajustées à l'ordre établi, qui est celui qui les avantage (vu leur position dominante, ils n'ont pas intérêt à changer l'ordre établi). Ils vont ainsi faire passer leur culture pour La Culture (entre autres dans le contexte de l'école), leurs goûts pour le bon goût (on retrouve bien ici la notion de capital symbolique présentée plus haut), leur accent comme un absence d'accent... P. Bourdieu va aller jusqu'à parler de «**violence symbolique**» pour désigner cette inculcation d'un arbitraire culturel: les oppositions à travers lesquelles nous voyons et apprécions le monde, comme celles opposant le haut et le bas, le spirituel et le matériel, le fin et le grossier, l'unique et le commun [*cf.* pp. 546-547] ne font que transposer au plan symbolique l'opposition fondamentale qui existe entre l'élite des dominants et la masse des dominés, pour toujours donner l'avantage au premier pôle, celui maîtrisé par les dominants.

♣ ***Les deux exercices reprenant des extraits des «Armoires vides» (A. Ernaux) et «Coco Chanel» permettent de travailler les concepts de pouvoir symbolique et de violence symbolique des dominants.***

Illustration 1.14 Le regard d'un enfant des classes populaires sur ses parents et son milieu

[Annie Ernaux, *Les armoires vides*, Gallimard, Paris, 1974]

Dans les extraits qui suivent, A. Ernaux, écrivain issu des catégories populaires (ses parents tenaient une petite épicerie-café dans un quartier populaire) se rappelle enfant avoir regardé son milieu avec un mépris reflétant les catégories de perception des dominants, amenant à l'opposition sans pitié entre les «dames de salon de thé» et la masse informe de tous les autres, dont ses parents, victime consentante et pourtant inconsciente de la violence symbolique exercée par les dominants, qui infiltre la perception de tous les domaines de la pratique (manières de parler, manger, se tenir, s'habiller...).

> «Des gestes qui me font horreur, parce que ce sont toujours les mêmes qui les font, les mal élevés, les minables, ceux qui ne savent pas se tenir, parler. Il n'y a pas de partage, tout est toujours du même côté. Ils s'en foutent, ils ne cherchent pas à s'améliorer, ça surtout. Manger, je ne voudrais jamais les voir manger, surtout quand c'est bon, du poulet, des gâteaux à la crème, ils plongent, ils écartent les bras, ils aspirent, ils ne parlent pas. Ma mère ramone ses gencives avec l'index... Comment oser! Mes parents! Le scandale! Qu'est-ce que c'est que ça fait quand ce ne sont pas vos parents... rien, de la pure curiosité, du mépris. Ce sont mes parents, les miens, et je les vois bâfrer avec vulgarité, sans pudeur, leur seul plaisir, comme les clients, manger. Manger du bout des dents, dames des salons de thé aux gestes raccourcis... J'aurais aimé la discrétion, la mesure, la pudeur.
>
> Toutes les humiliations, je les mets sur leur compte, ils ne m'ont rien appris, c'est à cause d'eux qu'on s'est moqué de moi. Leurs mots dont on me dit qu'ils sont l'incorrection même, "incorrect", "familier", "bas", Mademoiselle Lesur, ne saviez-vous pas que cela ne se dit pas? J'avais ce langage en moi, j'avais fourré mon nez dans leurs gâteaux à pleines mains, j'avais rigolé devant les saoulots... Je les haïssais d'autant plus, mes parents...»

2 Par quel processus se constitue l'habitus?

Ces dispositions formatant nos actions et notre perception qu'est l'habitus s'acquièrent toujours selon le même processus: l'incorporation, par des expériences répétées, des dispositions propres aux positions sociales correspondantes.

On peut néanmoins, selon le moment d'acquisition – plus ou moins précoce – et la durée d'imprégnation – plus ou moins longue – distinguer deux moments dans la formation de l'habitus.

Acquis durant la petite enfance, **l'habitus primaire** est aussi le système de dispositions le plus durable. Il est l'intériorisation de la position de nos parents dans l'espace social. Il nous semble inné tant il est ancré, naturel parce que l'on a oublié les conditions de sa transmission. L'habitus primaire a donc une force d'inertie importante: il est comme «une seconde nature». Dans des circonstances inattendues, l'habitus primaire peut réapparaître dans toute sa nudité (selon le proverbe: «chassez le naturel, il revient au galop»).

Selon le même modèle, nous intégrons ultérieurement de nouvelles dispositions par ce que l'on appellera **l'habitus secondaire**, liées aux expériences que l'on peut faire en acquérant peu à peu une indépendance vis-à-vis de sa famille (par l'école, les amis, puis la vie professionnelle, conjugale...). Dans l'illustration qui précède, on devine bien comment les expériences faites dans le monde extérieur à la famille ont pu apporter un nouvel éclairage et transformer l'habitus primaire d'A. Ernaux.

L'habitus n'est donc pas une structure rigide. Il est en restructuration permanente, intégrant les nouvelles expériences, s'ajustant aux situations nouvelles. Il est le produit de nos expériences passées et récentes, mais où le passé conditionne le présent.

♣ ***Les exercices «L'achat d'un collier en or», «Une femme PDG fille de restaurateurs» et «Figures de lecteur» permettent de travailler entre autres les concepts d'habitus primaire/ secondaire.***

3 Approche critique

L'œuvre de P. Bourdieu a été mille fois commentée, donc aussi critiquée sur de multiples aspects. Nous en retiendrons trois: celui de la liberté du sujet, de l'exclusivité de la culture dominante, de la transformation d'une société de classe en une société d'individus.

3.1 Une liberté du sujet?

Il a été souvent reproché à P. Bourdieu son déterminisme, c'est-à-dire la force très grande donnée à la position dans la structure objectivée – l'accès aux capitaux –, laissant peu de place à une liberté du sujet. Pour clarifier la position de P. Bourdieu et la discuter, il est utile de distinguer deux dimensions de la liberté humaine, celle portant sur l'action – dans quelle mesure sommes-nous libres d'agir à notre guise? – celle portant sur la conscience – dans quelle mesure notre conscience réflexive pense-t-elle de façon libre, sans être prise dans des illusions socialement produites?

En ce qui concerne la **liberté d'action**, c'est du côté de l'habitus qu'il va falloir regarder, vu que c'est là qu'est appréhendée la manière de jouer de l'agent social (ce terme, utilisé par P. Bourdieu au lieu de celui d'acteur social est en lui-même révélateur d'un certain déterminisme). Comment joue-t-il le jeu social? En fonction, dit P. Bourdieu, de ce qu'il a dans son jeu, c'est-à-dire de son accès aux capitaux. Plus techniquement, ceci revient à dire que c'est sa position dans la structure objectivée qui détermine ses dispositions à l'action – son habitus. Bien sûr, celui-ci n'est pas l'application mécanique d'une règle: il prend même la forme paradoxale de l'action spontanée [J. Bouveresse, 2004], celle que l'on choisit sans avoir à y penser, tant elle renvoie à des principes incorporés.

N'y aurait-il donc d'autre liberté au niveau de l'habitus que de refléter l'accès aux capitaux, présent et passé (via l'habitus primaire)? Disons qu'il s'agit au mieux d'une liberté conditionnelle, du «choix du nécessaire», d'un consentement à la nécessité, faisant sien ce qui correspond fondamentalement aux exigences de sa position.

Si la liberté d'action peut sembler bien mince, c'est au niveau de la conscience des déterminismes que peut se situer, selon P. Bourdieu, notre liberté, qui est ainsi essentiellement **liberté de conscience**. C'est par la sociologie que le sujet peut accéder à cette liberté et ce faisant, se constituer comme sujet:

> *«La sociologie offre un moyen, peut-être le seul, de contribuer, ne fût-ce que par la conscience des déterminations, à la construction, autrement abandonnée aux forces du monde, de quelque chose comme un sujet.»* [P. Bourdieu, cité par M. Legrand, 1993, pp. 121-122]

Ce n'est donc ni par le monde social, ni par l'action dans ce monde que le sujet se constitue ou s'émancipe. C'est par la recherche de la vérité, conçue comme effort de connaissance, réflexivité. On est proche ici d'une anthropologie d'inspiration cartésienne: «Je pense, donc je suis». Avec son corollaire: la nécessité de prendre distance par rapport au monde, au type de «jeu» (l'accumulation de capitaux) qu'il propose et que P. Bourdieu va considérer comme l'«illusio» – et la vanité – fondamentale. Que cette quête de vérité passe «peut-être» exclusivement par la sociologie de l'auteur lui-même peut sembler bien présomptueux! La sociologie critique de P. Bourdieu manquerait-elle de capacité critique à l'égard d'elle-même?

Si elle est importante au plan d'une analyse de la subjectivité, que change cette conscience des déterminations ? A-t-elle un effet en retour sur la liberté d'action?

Affaiblit-elle les déterminismes en les donnant à voir? Dans la mesure où nous donnons nous-mêmes aux situations la force qu'elles ont sur nous via la représentation que nous nous en faisons, on peut l'espérer. En agissant au niveau de notre vision du monde – au niveau symbolique – la sociologie élargirait nos possibilités d'action. À moins que, en nous faisant voir la force des déterminismes, elle ne décourage au contraire l'action. On retrouve dans la littérature consacrée à P. Bourdieu toutes les positions entre ces deux extrêmes. Avec une position intéressante, celle de R. Castel [in J. Bouveresse et D. Roche]: il souligne en effet que, par l'engagement intellectuel qui a été le sien pendant toute sa vie, puis son engagement militant dans la dernière partie de celle-ci, P. Bourdieu a maintenu sous tension sa conviction qu'il est possible de changer le monde social et son analyse de la force des contraintes qui le dominent.

3.2 Une exclusivité de la culture dominante ?

Un ressort essentiel de la domination passe, selon P. Bourdieu, par la culture : comme capital, mais surtout, dans sa dimension incorporée, sous la forme de violence symbolique. Selon lui, une seule culture est reconnue comme légitime, et ce, dans tous les domaines : celle des classes dominantes. On va discuter cette affirmation à deux niveaux : en interrogeant le point de vue normatif de P. Bourdieu sur la culture (3.2.1), en le confrontant à des observations (3.2.2).

3.2.1. En interrogeant le point de vue de P. Bourdieu sur la culture, P. Verdrager [2010] regrette que le sociologue n'adopte au fond qu'une échelle de mesure de la culture : celle des catégories dominantes, allant de « 0 » – l'absence de culture des classes populaires – au degré maximum des élites culturelles. C'est cela qui explique que le regard porté sur les pratiques populaires par P. Bourdieu est misérabiliste, disqualifiant, renvoyant à une suite de manques : elles ne chercheraient que la satisfaction immédiate, peu enclines à la verbalisation, à la théorisation... D'où le rire supérieur que risquent de provoquer les descriptions faites par le sociologue de ces pratiques chez ses lecteurs. Sans qu'il le veuille, le travail de P. Bourdieu contribuerait à alimenter des préjugés culturels dont sont déjà victimes les catégories populaires.

Autre conséquence de cette échelle de mesure unique : P. Bourdieu ne conçoit la libération de la domination pour les individus de la classe populaire que par l'accès à la culture dominante, et non par l'affirmation de la légitimité de leur propre culture, qui pour lui est impossible, comme on va en discuter dans la critique suivante.

3.2.2. Sur la base de ses observations des faits culturels contemporains, H. Glevarec [2005] rejette l'idée de P. Bourdieu selon laquelle seules les classes dominantes pourraient conférer de la légitimité à une culture – en l'occurrence, la leur. Or, d'autres classes sociales semblent pouvoir le faire. Dans le champ de la mode par exemple, le « baggy », qui s'impose comme norme vestimentaire dans certains groupes est issu de pratiques de classes sociales très défavorisées (les détenus afro-américains). Autre exemple, dans le champ musical, le rap (issu de la culture populaire) peut s'imposer comme goût légitime, via les institutions de la culture de masse (médias), au-delà de son groupe d'origine. Si la classe dominante n'est donc pas la seule à pouvoir imposer une légitimité, d'autres variables que la classe (l'âge, la religion, l'origine ethnique...) peuvent aussi intervenir. Toujours dans le domaine musical, on peut considérer que la multiplication des styles aimés par les jeunes (rap, techno, rock, variétés...) manifeste une indifférence aux préférences des adultes légitimes.

♣ ***Deux exercices, «Le musée précaire Albinet» et «Des abeilles et des boutons» présentent des interventions menées par des artistes permettant de reprendre de façon critique la question du rapport des catégories populaires à l'art.***

D'autre part, quelle que soit la classe qui a le pouvoir de légitimation, peut-on considérer qu'il n'y a vraiment qu'une culture à être légitime ? Dans le champ musical toujours, H. Glevarec montre au contraire, chiffres à l'appui, qu'au sein même des classes dominantes se multiplient les genres musicaux de référence (de façon bien plus diversifiée que les seuls musique classique et jazz). Plus généralement, cet auteur observe qu'il y a une multiplication des échelles de valeur et de classement.

Ceci s'explique à la fois par l'intervention de différents groupes sociaux (comme on l'a montré dans la 1re critique) et aussi suite à l'importance prise par les industries culturelles (médias, groupes d'édition...) qui, en dehors de l'institution scolaire, jouent un rôle important dans la reconnaissance des œuvres.

L'illustration suivante, concernant le phénomène des graffitis (tags), montre la complexité du débat : à la fois, comme le faisait P. Bourdieu, on peut considérer que cette expression d'origine populaire n'est reconnue comme «art» qu'en changeant radicalement de sens et de fonction (en quittant les rues pour les galeries, en étant récupérée par les artistes patentés) ; en même temps, à New York, mais aussi dans d'autres villes (São Paulo, Amsterdam...), des graffeurs d'origine populaire poursuivent leur projet en dehors de la «récupération» savante et, de plus, sa diffusion via les mass media (clips, cinéma) est difficilement réductible à une soumission à la consécration des dominants.

Illustration 1.15. Le graffiti (tag) : un art (populaire) ?

(Extraits de la présentation de l'exposition : «Né dans la rue. Graffiti», Paris, Fondation Cartier pour l'art contemporain, 7 juillet-9 novembre 2009)

«New York, fin des années 1960. Dans une ville au bord de la faillite, de jeunes adolescents se mettent à écrire leur nom sur les murs et les bus. Réalisées au marqueur puis à la bombe, ces signatures prolifèrent vite à travers la ville, cette nouvelle activité appelée writing (écriture) faisant jour après jour plus d'adeptes. Majoritairement issus du quartier ouvrier de Washington Heights à Manhattan, ils ont autour de 15 ans et appartiennent pour la plupart aux communautés hispanique et afro-américaine. (...)

À partir de 1971, pour étendre davantage leur visibilité, les tagueurs choisissent le métro comme support privilégié. D'abord réalisés à l'intérieur des rames, les tags couvrent peu à peu l'extérieur des trains afin d'être vus des usagers, des passants et surtout des autres writers. Les styles évoluent également, les graffeurs souhaitant se distinguer les uns des autres en élaborant des styles calligraphiques originaux. Le simple tag se voit petit à petit doté d'un contour (outline) auquel viennent s'ajouter des motifs comme des pois, des étoiles ou des flèches. Leurs fresques sont alors appelées des masterpieces et les writers s'illustrent à travers un foisonnement de styles auquel ils ajoutent parfois des personnages inspirés de la bande dessinée. La taille des graffitis ne cesse d'augmenter jusqu'à ce qu'ils recouvrent entièrement les rames de métro : les premiers whole-cars apparaissent en 1974.

En s'exerçant dans leurs blacks books (carnet de croquis) et en élaborant des œuvres qu'ils vont réaliser sur les trains, les graffeurs ont tous à l'esprit la recherche de la singularité du trait, de la forme et du motif. Contraints par des conditions de réalisation difficiles et dangereuses – souvent la nuit, sans aucun recul, dans des dépôts de train dont l'accès est interdit et surveillé – les writers développent une grande agilité et une véritable maîtrise technique. (...)

Au tournant des années 1970 et 1980, le mouvement connaît une transition qui va définitivement l'implanter dans le paysage culturel new-yorkais et contribuer à sa diffusion hors des frontières de la ville et du pays.

Le monde de l'art commence à s'intéresser au graffiti et certaines galeries se consacrent presque exclusivement à des travaux de graffeurs. (...)

Travaillant en atelier, les writers expérimentent de nouvelles techniques et supports. En Europe, galeries et institutions s'intéressent à leur travail et les invitent à exposer hors de New York.

Parallèlement, d'autres artistes, attirés par l'énergie du mouvement qui continue d'envahir New York, choisissent d'inscrire leur travail dans la rue. Jean-Michel Basquiat et Keith Haring exposent à la même époque aux côtés des writers, forgeant ainsi des liens artistiques et amicaux. Leurs démarches sont différentes, mais un même rapport à la ville unit alors ces jeunes peintres aux graffeurs new-yorkais.

Le phénomène new-yorkais devient également accessible à un plus large public à travers des films tels Wild style (1982) et Style Wars (1983) qui popularisent certains acteurs majeurs du mouvement et cristallisent aux yeux du public, notamment adolescents, le rapprochement entre graffiti, break dance et débuts de la musique hip-hop. (...)

Certains musiciens issus de la mouvance punk se rapprochent également du mouvement, suscitant des collaborations artistiques inédites. Les groupes Blondie et The clash ou encore Malcolm McLaren manager des Sex Pistols invitent Lee, Dondi, Fab Five Freddy ou Futura à participer à leurs clips. (...)

Cette évolution, doublée de la lutte anti-graffiti menée par les autorités new-yorkaises, conduit un grand nombre de writers à abandonner le métro. Pour autant, le mouvement ne renonce pas s'inscrire dans l'espace urbain et, au milieu des années 1980, une nouvelle génération de graffeurs apparaît (...), inspirés par leurs aînés [et qui] engagent un bras de fer avec les autorités tout en continuant à modifier le paysage de la ville. (...) »

3.3 Une société d'individus ?

Certains ont prétendu qu'à partir des années de forte croissance économique qu'ont connues les sociétés occidentales de 1945 à 1975, on ne pouvait plus parler de «classes sociales», à la fois pour des raisons objectives (la tertiarisation de l'économie et l'élévation du niveau de vie semblant associées à la disparition de la classe ouvrière) et subjectives (disparition de la conscience de classe et multiplication des appartenances collectives – identités de genre, ethniques, religieuses, régionales...).

Louis Chauvel discute ce diagnostic sur les deux plans [2001].

Au plan objectif, en dépit de la difficulté du constat empirique (vu le nombre de variables à prendre en compte et la difficulté d'obtenir des données statistiques comparables sur la longue durée), il a pu montrer que, si effectivement pour la génération qui est entrée sur le marché du travail pendant les «trente glorieuses» (1945-1975), les chances d'ascension sociale et d'élévation du niveau de vie ont été très importantes, dès la fin des années 1970, la tendance s'est inversée, faisant réapparaître des inégalités importantes entre les groupes sociaux. Les frontières entre ceux-ci se sont à nouveau renforcées comme l'indiquent les indices de faible mobilité intergénérationnelle, de forte reproduction des inégalités scolaires et de forte homogamie (tendance à choisir son conjoint dans un groupe social identique ou proche du sien).

Au plan subjectif, il est indéniable que la conscience de classe s'est considérablement réduite, laissant la place à une idéologie très forte : celle de l'accomplissement individuel, autour de valeurs comme l'autonomie, la liberté, la réalisation de soi (*cf.* 2e partie). Néanmoins, toutes les catégories sociales ne sont pas égales par rapport aux moyens nécessaires – tant économiques que culturels – pour accéder à cette autonomie. En l'occurrence, on peut craindre, avec L. Chauvel [2001], que les classes populaires ne soient les grandes perdantes de cette idéologie individualiste qui a développé chez elles aussi des aspirations fortes, mais sans les ressources nécessaires pour les satisfaire. L'affaiblissement des collectifs porteurs de normes claires et fortes auxquels s'identifier – parti ouvrier, syndicats... – qui a accompagné cette idéologie contribue à priver les catégories populaires des ressources qu'offrait la solidarité de classe.

Tout en étant attentif aux effets de la domination, conséquence de l'inégale répartition des ressources, le sociologue doit aujourd'hui, plus que ne l'a fait P. Bourdieu, étudier comment les individus bricolent leur identité, à partir de leur expérience subjective et des multiples références – sexuelle, ethnique, religieuse... – qui se présentent à eux. Des sociologues comme V. de Gaulejac [1987], B. Lahire [2004] ou C. Dubar [2000] se sont attelés à ce vaste chantier.

Corrigés

Exercice 1.2 Se présenter au photographe

L'homme photographié par F. Hers se tient sans apprêt face à l'objectif du photographe, son regard ne fixant pas l'objectif, une main sur la hanche, prenant appui sur une chaise (pour se donner une contenance ?), portant un bleu de travail légèrement entrebâillé. Son allure est celle d'un travailleur manuel, adoptant une pose dans laquelle la virilité est associée à la manifestation d'une force physique sans souci des apparences. Il manifeste une certaine modestie face au photographe, voire un certain malaise.

Photographié par Ch. Noël, notre second personnage tourne le dos au photographe (au spectateur), ne laissant voir que le profil de son visage (comme le veut la tradition des effigies de souverains), adoptant une pose recherchée, semblant faire écho aux portraits qui lui font face, qu'on imagine être ceux de ses ancêtres. Que cette sophistication soit suscitée par la photographe ou spontanément mise en scène, notre personnage y témoigne de son aisance. C'est dans la liberté et la distance prises (en tout cas assumées) par rapport à la convention photographique (qui veut que pour un portrait, l'on se présente face à l'objectif), l'aisance manifestée dans cette situation particulière (une capacité à se mettre en scène comme descendant d'une grande lignée) que se révèle la supériorité du volume de capital culturel incorporé par cet homme.

On peut imaginer différentes situations où ces deux individus évolueraient. On devine comment le type de capital culturel incorporé par le premier serait de nature à donner confiance à qui voudrait embaucher un travailler manuel (ouvrier, artisan), pas un cadre ou un chef d'entreprise (poste où l'on imagine aisément le second personnage pouvoir user de toute son assurance). Autrement dit, le capital incorporé par chacun de ces individus est de nature à leur donner accès à des positions professionnelles – ce qui n'est pas acquis pour tout le monde – mais relativement basse pour le premier, haute (dans la hiérarchie, le salaire, la reconnaissance sociale...) pour le second. À leur tenue, on imagine aussi que le type de personnes vers lesquelles iraient l'un et l'autre, avec lesquelles ils se sentiraient à l'aise et par lesquelles ils seraient reconnus, dans une occasion comme une soirée de mariage, appartiendrait, pour le premier aux catégories populaires, pour l'autre, aux catégories supérieures.

Exercice 1.3 Observation du capital culturel à l'état objectivé

1. De nombreux éléments de cet intérieur renvoient à un capital objectivé important : lutrin sur lequel repose vraisemblablement un livre ancien, bibliothèque chargée d'ouvrages reliés, horloge ancienne travaillée, tapis d'Orient, porcelaines sur les étagères... On imagine un certain nombre de ces objets au moins comme étant hérités.
2. Du point de vue du capital culturel incorporé, on notera le jeu de jambes très étudié de la mère de famille et la façon dont chacun pose dans une mise en scène très ordonnée des sexes et des âges : la mère en position basse et assise, le père en position haute et debout, une main sur l'épaule de son fils aîné, les enfants disposés par ordre de taille (d'âge vraisemblablement), les plus jeunes du côté de leur mère, à l'exception du petit dernier.

Exercice 1.9 Deux manières de jouer

L'homme de la 1re photo semble avoir incorporé des dispositions au commandement, avec une vision de l'avenir (voir loin, le regard fier), ayant intériorisé une position dominante, celui de la seconde photo, des dispositions à la soumission (venir chercher des ordres, cultiver la discrétion, n'entrer dans une pièce que quand on l'y appelle).

Il ne faut bien sûr pas oublier la part du photographe (*cf.* notice sur A. Sander) dans cette mise en scène de deux positions sociales et des dispositions qui y sont associées : choisir par exemple de faire poser « le fonctionnaire » dans l'entrebâillement d'une porte, en uniforme de fonction (et conserver cette photo-là comme significative de cette position), garder de « l'industriel » la photo d'un buste (qui renvoie à toute une tradition occidentale de la représentation des « chefs » – empereurs romains, patriciens florentins...), le regard porté au loin.

Exercice 1.10 Deux fractions de la classe dominante

L'homme de la 1re photo est celui qui vient de la droite du schéma, incarnant cette confiance dans l'avenir, cette « philosophie rose » de l'existence dont parle P. Bourdieu (rond, le sourire aux lèvres), n'ayant aucune raison objective de vouloir que le monde change ; l'homme de la 2e photo incarne bien la disposition plus sombre, critique de ceux qui viennent de la gauche du schéma (avec, pour autant que nous soyons capables d'en juger pour ces hommes photographiés dans les années 1920, une tenue vestimentaire plus originale que celle du marchand, la mine sombre, le regard inquiet)

Les titres des photos données par A. Sander confirment ces analyses : « Le marchand » [1929] pour la 1re photo, « Le peintre J.A. » [Cologne, 1924] pour la seconde.

Exercice 1.11 L'habitus des classes moyennes

Les traits d'habitus suivants peuvent être repérés, dans l'ordre de présentation des photos :

- la disposition à l'épargne (« tu gagnes du temps et de l'argent »), devenant goût pour l'épargne (« ça me plaît », « le rêve de la maîtresse de maison »), jusqu'à faire l'objet d'une forme de sociabilité (parler à ses amies dans le cadre d'une « Tupperware party »). On sent, dans cette photo et le commentaire sélectionné par B. Owens (*cf.* notice), une distance amusée par rapport à ce trait de l'habitus des classes moyennes, ce qui est en soi significatif aussi de la position de l'artiste, « se distinguant » ainsi de la position moyenne ;
- le sens de l'ordre, le conformisme, la discipline (chez le père et même si c'est avec distance, chez le fils)... regardé avec humour et dérision par le photographe ;
- la bonne volonté culturelle et le rapport inquiet à la culture, incorporé par les enfants, d'où la mauvaise conscience de regarder la télé.

Exercice 1.12 L'habitus des classes populaires

Les traits d'habitus suivants peuvent être repérés, dans l'ordre de présentation des photos.

- fondée dans des conditions objectives de travail requérant la force, la condition ouvrière est présentée ici dans son intériorisation comme fierté (posture du corps, le regard visant l'objectif), constituant sans doute à la fois un trait de l'identité ouvrière et masculine (valorisant la force physique) ;

- le choix du fonctionnel, en particulier dans la vie domestique, est ici très frappant : tabourets plutôt que chaises, formica et carrelages faciles à l'entretien, absolument rien de superflu n'apparaissant dans l'image ;
- le goût pour la substance, ici dans la décoration de la maison, se manifeste dans ce poster couvrant le mur dont la « beauté » ne tient pas aux qualités formelles mais à ce qu'il montre : un « beau » paysage ;
- le peu de soin apporté par la femme des classes populaires à son corps apparaît ici dans le surpoids de cette baigneuse ; en même temps, la force de sa présence, sa puissance rieuse telles que la rend L. Model semble indiquer, au moins chez la photographe, un affranchissement par rapport à la norme commune, voire l'affirmation positive de ce poids comme puissance, comme présence.

2
Une identité produite dans l'interaction

«Honorez tous les hommes.»

Règle de St-Benoit

«Cessez de vous identifier à ce qui vous définit... Le postulat est erroné selon lequel l'homme devrait être défini, c'est-à-dire inébranlable dans ses concepts, catégorique dans ses déclarations, clair dans ses idéologies, féru dans ses goûts, responsable dans sa manière d'être...»

Gombrowicz

Introduction

Comment Erving Goffman, sociologue américain d'origine canadienne, aborde-t-il la question de l'identité individuelle? C'est à partir de son objet central d'étude – l'interaction – qu'il s'est intéressé à la question de l'identité: celle-ci y apparaît comme le produit mouvant de chaque interaction en face à face. Autrement dit, ce ne sont pas des caractéristiques propres (et relativement stables) qui définissent l'identité de quelqu'un mais bien les interactions successives dans lesquelles il s'engage. Cette approche est en rupture avec la vision commune de l'identité: ce terme même renvoie en effet à ce qui est identique à soi-même. L'approche de Bourdieu en est une bonne illustration: la position de quelqu'un dans la structure sociale, permet de fixer son identité.

Avec E. Goffman, l'identité individuelle éclate dans les 1000 interactions où elle se constitue à chaque fois de nouveau.

Vu que le cœur de l'analyse de E. Goffman est la notion d'interaction, commençons par en préciser le sens et la portée.

L'interaction en face à face : définition et intérêt

On appelle interaction en face à face cette «classe d'événements qui ont lieu lors d'une présence conjointe et en vertu de cette présence conjointe» d'au moins deux individus. De quels évènements s'agit-il ? Des comportements verbaux ou non verbaux (regards, gestes, postures...), produits par chaque individu, intentionnellement ou non. E. Goffman s'est intéressé à divers types d'interactions comme par exemple les «unités ambulantes» (de plusieurs personnes, comme dans le cas de files d'attentes ou de processions...), les «contacts» (qui peuvent être limités à un échange de regards), les conversations (dans des circonstances formelles ou non), les performances sur scène... On aura l'occasion dans ce chapitre de donner des exemples d'interactions de type très divers.

Quel peut être l'intérêt de cet objet si particulier ?

Tout en étant le plus souvent très limitée dans le temps et l'espace, l'interaction peut avoir des effets importants sur des entités stables et de grande taille (qu'il s'agisse d'une famille, d'une entreprise, ou de l'État) : en effet, toutes ces organisations fonctionnent essentiellement à partir d'interactions pouvant être très courtes. Dès lors, c'est par la façon dont les membres de ces organisations vont être influencés, persuadés, intimidés, dans le cadre des interactions auxquelles ils participent que l'ordre de l'interaction va intervenir sur des organisations apparemment beaucoup plus importantes que lui.

Au niveau individuel, il y a des circonstances où l'impression que l'on fera au cours de l'interaction peut déterminer le cours d'une vie (qu'il s'agisse de certains examens oraux, d'entretiens d'embauche, de rencontres entre des membres de la Justice et des inculpés...) ou les affaires que l'on traite. Il est frappant de constater qu'en dépit du développement des moyens de communication virtuels, les hommes d'affaires continuent à voyager, les candidats aux élections à tenir des meetings... Chacun sent intuitivement que le face à face donne plus d'informations et d'emprise sur ce que les gens sentent et pensent que n'importe quel autre moyen de communication.

L'homme : éléments biographiques

E. Goffman naît en 1922 à Mannville (Alberta), au Canada, de parents ukrainiens d'origine juive, ayant émigré au Canada au tournant des XIXe-XXe siècles. On peut situer son milieu d'origine dans la petite classe moyenne (ses parents tenant un petit commerce). L'expérience de l'immigration ajoute à ce positionnement une dimension particulière, les Goffman ayant subi une forme sournoise d'hostilité [d'après Winkin, 1988, p. 17].

Après ses études secondaires, E. Goffman travaille pendant quelques mois, au début de la Seconde Guerre mondiale, dans un centre de production de films documentaires, le National Film Board. Sans doute cette expérience a-t-elle contribué à développer le remarquable sens de l'observation dont E. Goffman a fait montre dans son œuvre ultérieure.

Il entame ses études de sociologie et d'anthropologie à Toronto d'abord (1944), à Chicago ensuite (1945), université particulièrement prestigieuse en ce qui concerne la sociologie. E. Goffman passe ensuite 1 an dans une des îles Shetland (entre 49 et 51) à observer la vie locale à partir du petit hôtel de l'île où il réside, observations qui serviront de base à son doctorat, soutenu à Chicago en 1953. C'est à cette époque qu'il épouse une jeune femme originaire de la grande bourgeoisie de Boston.

En 1954, le jeune couple déménage à Washington, où E. Goffman va entamer sa seconde immersion prolongée, cette fois dans l'hôpital psychiatrique Ste Elisabeth (observations qui serviront de base à la publication d'*Asiles* (1961) et dont on retrouvera régulièrement des échos dans l'œuvre de E. Goffman). La question de la folie, qui occupe une place importante dans la réflexion du sociologue, traversera également sa vie privée dans la mesure où son épouse va peu à peu s'enfoncer dans la maladie mentale et tragiquement se suicider (en 1964).

À partir de 1958, E. Goffman va enseigner à Berkeley, où il fréquente régulièrement les casinos, son troisième terrain d'observation prolongé, sans que celui-ci n'ait donné lieu à tout un ouvrage (la seconde partie seulement des *Rites d'interaction* s'en inspire). En 1968, il rejoint l'université de Pennsylvanie où il restera jusqu'à la fin de sa vie (1982). Alors qu'il vient d'être élu président de l'*American Sociological Association*, on lui découvre un cancer de l'estomac et il doit annuler le discours qu'il devait prononcer devant cette assemblée. Ce discours (préparé sur son lit d'hôpital), intitulé *L'ordre de l'interaction* – titre qu'il avait déjà utilisé pour les conclusions de sa thèse – condense par son intitulé ce qui a été le cœur des recherches de toute une vie : l'observation des interactions conçues comme un ordre social à part entière.

L'œuvre

Les métaphores

L'œuvre de E. Goffman est à la fois très cohérente, centrée qu'elle est sur l'analyse des interactions, et multiple, les éclairages qu'il apporte variant selon les moments de l'œuvre. En suivant A. Branaman [1997], on peut décrire ces éclairages différents comme étant autant de métaphores à partir desquelles l'auteur réfléchit, métaphore du théâtre, du rite, du jeu. En regardant les interactions comme si elles étaient des représentations théâtrales, E. Goffman considère les interactants comme des acteurs visant à contrôler les impressions de leur public, tirant parti pour ce faire du décor, des masques qu'ils portent, ou des coulisses pour mettre au point leur mise en scène. C'est dans son premier livre, *La présentation de soi* [1956 pour l'édition originale, 1973 pour la traduction française], que E. Goffman va essentiellement développer ce point de vue, considérant dès la fin de cet ouvrage que la métaphore du théâtre est un «échafaudage» qui a permis de bâtir une perspective sur l'interaction, pour devoir ensuite disparaître. Il ne disparaîtra cependant pas tout à fait dans la suite de l'œuvre, E. Goffman lui donnant pourtant un statut beaucoup plus limité. En suivant E. Goffman dans l'évaluation qu'il en a fait lui-même, on ne présentera pas ici cette métaphore.

Sera développée par contre la seconde métaphore proposée par E. Goffman, qui considère les interactions comme des rites, c'est-à-dire des formes conventionnelles permettant d'exprimer le caractère sacré des individus en présence. On n'en dira pas plus ici puisqu'il s'agit du point de vue qui sera présenté dans la suite de ce chapitre sous le titre «L'ordre de l'interaction». Dans l'œuvre de E. Goffman, on retrouvera cette métaphore spécifiquement explicitée dans *Les rites d'interaction* [1967 pour l'édition originale, 1974 pour la traduction française] et développée dans les ouvrages ultérieurs.

On peut considérer enfin qu'une troisième métaphore a permis à E. Goffman d'élaborer son point de vue sur les interactions: celle qui consiste à envisager celles-ci comme des jeux (n'oublions pas qu'un des terrains d'observation de E. Goffman a été les casinos), les interactants étant des stratèges, des calculateurs, manipulant les informations pour parvenir à leurs fins. C'est lors de son séjour sabbatique à Harvard, en 1967, où il a travaillé avec Thomas Schelling à partir de la théorie des jeux (telle qu'elle s'est développée en science économique) que E. Goffman a particulièrement développé cette approche, que l'on retrouve de façon spécifique dans son ouvrage *Strategic interaction* [1969, non traduit en français]. On ne s'attardera pas ici sur ce point de vue moins spécifiquement propre à E. Goffman, tout en y faisant allusion à certains moments de la présentation.

Les thématiques particulières

La plupart des ouvrages de E. Goffman traite des interactions dans de multiples contextes, parmi lesquels on retrouve bien sûr ceux qu'il a particulièrement observés, l'hôpital psychiatrique et les casinos [dans *Les rites d'interaction*], mais aussi les espaces publics [dans *Les relations en public* – 1971 pour l'édition originale, 1973 pour la traduction française – ou *Behavior in Public Places* –

1963, non traduit], et les échanges langagiers [*Façon de parler*, 1981 pour l'édition originale, 1987 pour la traduction française]. Ce sont sur ces ouvrages que l'on centrera ici son attention.

Trois livres peuvent être distingués de cet ensemble, dans la mesure où des thématiques particulières les occupent.

En 1961 [1968 pour la traduction française] paraît *Asiles* qui étudie – à partir de l'expérience de E. Goffman à l'hôpital psychiatrique Ste Elisabeth – le fonctionnement de ce qu'il appelle « l'institution totale » (une communauté de résidence et de travail organisée sur un mode bureaucratique), et la manière dont ce type d'institution produit l'identité de ceux qui lui sont confiés. Cet ouvrage jouera un rôle significatif dans la réorganisation de la prise en charge psychiatrique évitant davantage l'institutionnalisation des patients.

En 1963 [1975 pour la traduction française], *Stigmate* analyse la façon dont l'interaction se déroule dans le cas où un interactant « stigmatisé » (affecté d'un attribut qui le disqualifie) y prend part. Le cas des handicapés illustre bien sûr de façon exemplaire cette logique de la stigmatisation mais ne doit pas faire oublier qu'il n'est pas d'individu, considéré habituellement comme « normal », qui, dans certaines circonstances, n'apparaisse pas comme porteur d'un stigmate (parce que trop gros, ou ne pratiquant pas la religion attendue, ou n'étant pas passé par les expériences considérées comme normales...).

En 1974 [1991 pour la traduction française], *Les cadres de l'expérience* rompent d'une certaine façon avec l'ensemble de l'œuvre dans la mesure où c'est moins l'interaction qui en est l'objet central (ce qui reste le cas dans *Asiles* et *Stigmate*) que l'expérience, interrogée dans sa capacité à produire une impression de réalité. Bien sûr, on le verra, E. Goffman a toujours introduit une réflexion sur la construction de la réalité par l'ordre de l'interaction : *Les cadres de l'expérience* prend pour objet central ce qui n'avait été jusque-là qu'ébauché.

Nous n'aborderons pas ici ces trois thématiques particulières, nous en tenant au cœur de l'œuvre : l'étude de l'ordre de l'interaction.

Plan du chapitre

La métaphore des rites prend sens dans une conception de l'interaction comme un ordre, défini par des règles. Ce sont ces règles que l'on va d'abord décrire, en montrant comment la dimension ritualisée en fait partie (section 1). E. Goffman n'a nulle part systématisé l'ensemble de ces règles : il en présente certaines dans *Les rites d'interaction*, d'autres ailleurs [*Les relations en public, Behavior in Public Places, Façons de parler* pour les ouvrages, *L'ordre de l'interaction, La condition de félicité, La folie dans la place* pour les articles]. Cette première section synthétise les apports issus de ces différents textes. Dans une seconde section, en systématisant la conception de l'identité et du social produit par cet ordre, nous entamerons notre premier recul critique de l'étude goffmanienne de l'interaction.

Objectif pédagogique

La forme générale des exercices liés à ce chapitre consiste à devoir dégager, pour le matériau proposé :

1. *quelles règles de l'interaction sont en cause (ce qui suppose que l'on soit attentif au type d'interaction dans lequel on se trouve);*
2. *dans quelle mesure ces règles de l'interaction sont ou non respectées ;*
3. *les effets de ce (non-)respect sur l'identité des interactants et l'état de l'ordre social où ils sont engagés (cf. 2e section).*

1 L'ordre de l'interaction

Contrairement à la vision de sens commun considérant que les individus vivent leurs interactions selon leur nature, leur tempérament, leur humeur (c'est-à-dire essentiellement en fonction de facteurs personnels), E. Goffman observe que leurs comportements sont régulés par des règles que les individus doivent suivre s'ils veulent apparaître comme des gens normaux.

En décrivant ce qui se passe dans l'interaction, E. Goffman veut dégager l'ordre normatif qui y prévaut. Il y a bien un ordre social mais qui s'exprime dans des moments mouvants, voire évanescents. À travers la description de comportements parfois extrêmement minimes de l'individu, c'est essentiellement les règles expliquant les relations des personnes en présence qui l'intéressent.

Pourquoi les règles sont-elles nécessaires ? En présence d'autrui et du fait même de cette présence, nous sommes vulnérables au corps des autres, ainsi qu'aux objets qu'ils ont avec eux, qui peuvent agresser notre propre corps ou nos biens. Nous sommes également vulnérables aux paroles des autres, qui peuvent atteindre notre estime de nous. Cette vulnérabilité est aussi une ressource dans la mesure où nous avons sur autrui le même pouvoir qu'il a sur nous. La vulnérabilité de chacun dans l'interaction explique donc la mise en place d'un ordre normatif régulant celle-ci. Cet ordre limite très significativement les risques inhérents à la rencontre d'autrui (en particulier s'il s'agit d'inconnus) : c'est donc lui qui permet le développement du lien social, du vivre-ensemble.

On présentera d'abord ce qui constitue, selon E. Goffman, la règle fondamentale devant présider à toute interaction : il s'agit de préserver sa face et celle des autres (sous-section 1). Cette règle peut être reformulée, de façon plus opérationnelle, en termes de tenue et de déférence : c'est ce que l'on fera dans la sous-section 2. Une troisième règle, celle de l'engagement, a été plusieurs fois reprise et développée par E. Goffman : on verra qu'elle prend des formes différentes selon le type d'interaction (sous-section 3). Derrière ce qu'il appelle, *« La condition de félicité », E. Goffman* a montré que dans toute interaction, nous sommes tenus de présenter une apparence normale, rendant nos comportements compréhensibles pour autrui (sous-section 4). Enfin, on s'interrogera sur ce qu'il y a lieu de faire lorsqu'une des règles de l'interaction n'a pas été respectée (sous-section 5).

1.1 Préserver sa face et celle d'autrui

La règle qui conditionne toutes les autres, à laquelle toutes les autres renvoient, est en fait double : dans toute interaction, il s'agit à la fois d'éviter de perdre la face – c'est la règle de l'amour-propre – et de préserver la face d'autrui – c'est la règle de la considération. C'est en étant protégés par cette double règle que les individus peuvent oser le contact avec autrui.

Exercice 2.1 Face et maladie mentale

R. Depardon, San Clemente, 1984.

Consigne

1. En vous référant à la double règle de la face, identifiez qui est le malade mental sachant que, selon E. Goffman, risque d'être considéré comme tel celui qui ne respecte pas les règles de l'interaction.
2. Quelle est la ligne de conduite des trois femmes ?

Pour mieux comprendre la double règle, il est utile de définir la notion qui en est le pivot, celle de face.

La face d'un individu est la valeur sociale positive que les autres lui attribuent en fonction de la ligne de conduite qu'il est supposé avoir adopté pendant l'interaction (c'est-à-dire, l'ensemble des actes verbaux et non verbaux par lesquels il a exprimé sa position sur la situation et les interactants en présence, dont lui-même).

Notons que la ligne de conduite n'est pas nécessairement intentionnelle mais que les autres, ayant tendance à présupposer qu'il y a intention, l'individu a intérêt à prendre en considération l'impression qu'il donne à cet égard.

Il découle de la règle et de la définition de la face que celle-ci n'est pas un attribut situé à l'intérieur de l'individu :

> *«La nature la plus profonde de l'individu est à fleur de peau : la peau des autres.»* [*Les relations en public*, p. 338]

Et encore :

> *«(La face) est diffuse dans le flux des événements de la rencontre et ne se manifeste que lorsque les participants cherchent à déchiffrer dans ces événements les appréciations qui s'y expriment.»* [*Les rites d'interaction*, p. 10]

Ces deux citations permettent de dégager trois traits fondamentaux de notre face qui tiennent lieu, dans la logique goffmanienne, d'identité individuelle.

Notre face est fondamentalement sociale (*cf.* «la peau des autres») : elle n'est pas associée aux «profondeurs» de l'individu mais à sa surface (*cf.* «à fleur de peau», «dans le flux des événements») ; elle tient aux interprétations qui en sont faites. Développons ce troisième aspect.

La face n'est pas qu'une affaire de comportement (la ligne de conduite) ; elle est aussi affaire d'interprétation de l'individu et de celui face auquel il se trouve. La co-présence permet de percevoir non seulement les comportements d'autrui mais également sa perception de la situation (donc aussi sa perception de ma perception, dans une régression pouvant aller à l'infini). Toute interaction est, à cet égard, un jeu constant de contrôle de l'information que l'on donne à propos de soi-même tout en interprétant les messages que les autres donnent, à leur propos et à notre propos.

♣ ***Les exercices «Le laïft» et «Encore le Sida» montrent bien la place de l'interprétation dans la définition du moi.***

L'amour-propre : une contrainte ?

C'est bien parce que la valeur de la face dépend ultimement de l'interprétation qu'en feront les autres sur la base de la ligne de conduite présentée, que cette règle de la préservation de la face, même dans sa dimension d'amour-propre, est une véritable contrainte :

> *«Dans tous les cas, alors même que la face sociale d'une personne est souvent son bien le plus précieux et son refuge le plus*

> *plaisant, ce n'est qu'un prêt que lui consent la société : si elle ne s'en montre pas digne, elle lui sera retirée. Par les attributs qui lui sont accordés et la face qu'ils lui font porter, tout homme devient son propre geôlier. C'est là une contrainte sociale fondamentale, même s'il est vrai que chacun peut aimer sa cellule.»* [Les rites d'interaction, p. 13]

Par quels moyens la contrainte qu'est le respect de la face sera-t-elle respectée ? Par ce que E. Goffman appelle le lien émotionnel à la face : nous tenons à notre face, nous y sommes attachés, au point que perdre la face nous affecte défavorablement alors que faire bonne figure nous réjouit. Lorsque la face proposée par sa ligne de conduite est acceptée par autrui, l'individu se sent bien, en confiance, léger, en sécurité. À l'inverse, s'il fait piètre figure, il se sent mal, honteux, humilié.

Le lien émotionnel existe aussi, même si c'est de façon moins prononcée, avec la face d'autrui. Le bon interactant sera affecté par la déconfiture d'autrui, ne pouvant assister froidement à son humiliation.

Une acceptation de convenance

En vertu de la règle fondamentale énoncée plus haut, chacun a généralement le droit de suivre la ligne de conduite qui est la sienne… et accepte celle des autres.

Cette acceptation mutuelle n'est pas nécessairement réelle : ainsi, lors d'une conversation par exemple, les participants accepteront d'émettre sur le moment des opinions avec lesquelles ils ne sont pas nécessairement d'accord pour ne pas blesser l'amour-propre d'un des interactants.

Cette acceptation de convenance a un effet conservateur sur la rencontre : tout le monde s'en tient à la ligne d'action présentée par chacun en début de rencontre. Si quelqu'un modifie radicalement sa position, ou se discrédite, il en résulte une certaine confusion.

Rites et sacré

Pour que la double exigence concernant la face (la mienne et celle des autres) soit rencontrée, tout un travail visant à son respect est mis en œuvre par les interactants.

E. Goffman appelle «figuration» (ou «face-work») tout ce qu'entreprend une personne pour que ses actions ne fassent perdre la face à personne (y compris à elle-même).

♣ ***L'exercice «Itinéraire d'un enfant gâté», permet entre autres de voir à l'œuvre ce travail de figuration.***

Puisque la règle est double, il faut non seulement accomplir soi-même le travail de figuration mais aussi aider les autres à le faire. Il existe ainsi de nombreux incidents mineurs dans la vie quotidienne où l'offenseur et l'offensé cherchent en même temps à s'excuser le premier (comme lorsque deux inconnus se heurtent en rue). L'important n'est pas de trouver qui est effectivement en faute mais de rétablir la situation à la satisfaction apparente de chacun. Toutes les règles de l'interaction liées au double respect de la face (dont celles qui vont suivre) peuvent être interprétées comme les différentes facettes de ce «face-work» essentiel pour l'ordre social.

C'est ici qu'intervient la métaphore du rite, E. Goffman considérant en effet ces pratiques de figuration comme étant le plus souvent ritualisées. Explicitons la définition du rituel que se donne E. Goffman :

> *«Le rituel est un acte formel et conventionnalisé par lequel un individu manifeste son respect et sa considération envers un objet de valeur absolu ou envers sa représentation.»* [*Les relations en public*, p. 73]

On comprend mieux la pertinence de l'intérêt de E. Goffman pour ce qui apparaît souvent comme le respect des apparences, des conventions (avec tout ce que cela peut avoir de péjoratif). Ces rites, à première vue si superficiels, ont un enjeu essentiel, sacré : la face.

C'est parce que la face est sacrée que son respect prend la forme de rites.

Nos sociétés individualistes, sécularisées auraient remplacé Dieu par l'Individu comme lieu par excellence du sacré, ainsi que le suggère E. Goffman dans ce très beau passage :

> *«Ce monde profane n'est pas aussi irréligieux qu'il y paraît. Bien des dieux ont été mis au rencart, mais l'individu demeure obstinément, déité d'une importance considérable. Il avance avec une certaine dignité et reçoit un grand nombre de menues offrandes. Il est jaloux de son culte, et pourtant, si l'on sait le prendre, prêt à pardonner ceux qui ont pu l'offenser (...). Point besoin d'intermédiaires entre de tels dieux : chacun d'eux sait être son propre prêtre.»* [*Les rites d'interaction*, p. 84]

Étant sacré, l'individu peut être profané, profanation qui passera elle aussi par des codes sociaux permettant de signifier l'injure faite à la face d'autrui (tirer la langue, montrer son derrière, proférer des injures standardisées). Profaner la face d'autrui va souvent de pair avec la profanation de soi : s'arracher les cheveux, s'enduire de ses excréments en présence d'autrui est à la fois une auto-profanation et une injure faite à la face d'autrui. Ceci montre la liaison très forte qui existe entre les deux dimensions de la règle : manifester sa considération à autrui est un moyen très sûr de préserver son amour-propre ;

avoir une tenue convenable permet en même temps de se respecter et de respecter autrui.

Exercice 2.2 Profanation

R. Depardon, San Clemente.

Consigne

1. Quel rite est inversé ?
2. Quelles faces sont profanées ?

1.2 La tenue et la déférence

Ces deux notions peuvent être considérées comme une reformulation plus opérationnelle de la double règle de l'amour-propre et de la considération. En effet, l'amour-propre, autrement dit le souci de ne pas perdre la face, s'exprime dans la tenue, tandis que la considération, c'est-à-dire le fait de protéger la face des autres, se manifeste par la déférence. Examinons d'abord cette dernière notion.

1.2.1 La déférence

> *«Par ce mot, je désigne un comportement symbolique de l'activité humaine dont la fonction est d'exprimer dans les règles à un bénéficiaire l'appréciation portée sur lui ou sur quelque chose dont il est le symbole, l'extension, ou l'agent.»* [Les rites d'interaction, p. 51]

On ne peut être déférent vis-à-vis de soi-même ; dans la mesure où seuls les autres peuvent l'être à notre égard, on tient là un des incitants à chercher la compagnie des autres.

La déférence implique apparemment une certaine considération, mais cette considération peut être feinte : une fois de plus, l'important est que les formes soient respectées, ce qui donne à chacun une liberté intérieure (de pensée et de sentiments).

La déférence n'est pas, pour E. Goffman, limitée aux relations hiérarchiques. Des individus ayant le même statut social (comme des étudiants entre eux, ou des prêtres entre eux) se doivent un certain nombre de signes de déférence. Dans le même sens, la déférence n'est pas nécessairement associée au respect craintif : elle peut s'accompagner de sentiments de confiance, d'estime professionnelle, d'affection. On est par exemple tenu de charger sa voix de tristesse et de regrets quand on fait ses adieux à quelqu'un qui mérite qu'on s'attache à lui.

Parmi les formes que peut prendre la déférence, on en soulignera deux : les rites d'évitement et les rites de présentation. Les premiers précisent ce qu'il ne faut pas faire, les seconds indiquent ce qu'il y a lieu de faire.

Les rites d'évitement

Il s'agit, pour l'offrant, de se tenir à distance du bénéficiaire pour ne pas violer sa «sphère idéale» (terme que E. Goffman reprend à G. Simmel). Chaque individu est en effet entouré d'une sphère qu'il cherche à sauvegarder, d'un espace dont il entend défendre les frontières. Cette sphère, note E. Goffman, est d'autant plus large que l'on monte dans la hiérarchie sociale. Ainsi, en observant les intérieurs des maisons des îles Shetland, l'auteur a pu observer que la distance entre les chaises placées autour des tables est plus grande chez les classes moyennes des villes que dans les classes rurales, si bien que chez ces dernières, «les contacts physiques entre les convives ne constituent pas un empiètement et n'appellent aucune excuse» [*Les rites d'interaction*, p. 56].

La sphère idéale comprend plusieurs composantes. Elle inclut d'abord le corps, et cela de manière différenciée suivant les différentes parties. Elle intègre également les biens matériels, considérés comme une extension du moi :

le sac à main, le manteau, les effets personnels, etc. Elle concerne enfin le contenu de certaines expériences de l'individu : sa vie spirituelle, familiale, affective, etc.

Comme chaque fois qu'il y a règle, l'offense est possible. Ici, cette offense consistera en une intrusion, qu'elle soit directement physique, ou passe par le regard, le son, l'odeur, l'adresse verbale, etc.

La déférence n'est pas nécessairement une relation symétrique, appelant les mêmes obligations chez les deux partenaires de la relation. Au contraire, elle est le plus souvent asymétrique, la déférence prenant d'autres formes selon que l'on se trouve en position haute ou basse dans la relation. Un psychiatre peut ainsi aborder les aspects les plus intimes de la vie de son patient, la réciproque n'étant pas admise.

E. Goffman observe encore que certains lieux de la société se caractérisent par la mise entre parenthèses des rites d'évitement. Ainsi par exemple, dans un hôpital psychiatrique, le personnel peut fouiller dans les affaires des malades, entrer dans les chambres à toute heure, imposer une alimentation forcée aux récalcitrants, etc.

Illustration 2.3 Dignité humaine et respect de la sphère idéale

Dans la description et l'analyse de l'émission proposée par la chaîne de télévision allemande RTL2 – reprise entre autres par M6 (Loft) puis RTL et dont le principe se retrouve aujourd'hui de multiples manières –, l'article qui suit (in *Libération*, 9 mars 2000) met bien en évidence comment le respect de la dignité humaine suppose la non-violation de la sphère idéale.

L'Allemagne a son « Big Brother »

Dix hommes et dix femmes isolés et filmés en continu : l'émission télé, née aux Pays-Bas, fait scandale outre-Rhin.

Quand donc Kerstin va-t-elle coucher avec Alexander ? Ou bien seront-ce John le tatoué et Jana la coquine qui ouvriront la danse ? Et où vont-ils s'ébattre ? Dans l'une des deux chambres-dortoirs à cinq petits lits ? Ou bien tenteront-ils un recoin du poulailler, le seul endroit où ils réussiront peut-être à échapper à la traque des 28 caméras de télévision placées dans leur cage ? Les débats dans les chaumières et les bistrots allemands ont pris d'autant plus de sel que les protagonistes de ces grandes questions ne sont pas les acteurs professionnels d'un énième soap, mais de vrais hommes et femmes, enfermés depuis la semaine dernière dans une maison de 150 m² truffée de caméras.

La chaîne de télévision privée RTL2 (contrôlée par la CLT-Ufa, filiale de Bertelsmann) a repris un concept qui avait déjà fait sensation sur une chaîne hollandaise en septembre : la mise sous observation télévisée de cobayes humains (*Libération* du 29 novembre 1999 et du 3 janvier 2000). Dix volontaires, choisis jeunes (entre 22 et 37 ans), attractifs et entreprenants (Jana se distingue avec son expérience de professionnelle de l'amour au téléphone) pour garantir un minimum d'action, ont été sélectionnés parmi 20 000 volontaires. Enfermés pour cent jours dans une maison préfabriquée, sans médias, ni téléphone, ni lien avec le monde extérieur, ils doivent se débrouiller comme des Cro-Magnon de l'an 2000 : pétrir eux-mêmes leur pain, pédaler pour actionner un réfrigérateur ou cultiver le potager. Pour corser le tout, tous les quinze jours, un acteur est éliminé par vote « démocratique » de ses colocataires et des téléspectateurs. Le rescapé de l'épreuve empochera le gros lot : 250 000 marks (840 000 francs).

Les toilettes épargnées. Le grand saut qualitatif promis par l'émission Big Brother dans l'histoire de la télévision est de permettre aux spectateurs d'assister à l'intégralité des ébats de ces dix humains de laboratoire, contrairement aux séries ordinaires, où chaque scène est méticuleusement agencée. Déjà, la caméra placée dans la douche a permis de faire connaissance avec l'anatomie des pensionnaires. Pour les scènes de nuit, des caméras à infrarouge ont été installées dans les chambres. Et même si les résumés, diffusés chaque soir sur RTL2, coupent les moments trop intimes, les plus curieux peuvent les suivre en direct, 24 heures sur 24, sur l'Internet. Sous réserve que le site ne soit pas embouteillé. Un tabou demeure : les toilettes, seule pièce sans caméra de la maison.

Après avoir laissé démarrer l'émission, les autorités de contrôle des médias en Allemagne s'inquiètent maintenant de ce jeu de « transparence » extrême. Le directeur de l'autorité régionale de Kassel, chargée de contrôler RTL2, a demandé l'interdiction de l'émission, arguant qu'elle enfreint la « dignité humaine » et « blesse la sphère intime » des captifs. RTL2 a – provisoirement du moins- réussi à écarter la menace d'interdiction en promettant des « aménagements à son concept » : une heure de repos, sans caméra, est désormais accordée chaque jour aux personnages. « Big Brother est une atteinte grave à l'article 1 de la Constitution (lequel rappelle que "la dignité humaine est inaliénable") », a aussi protesté le ministre de l'Intérieur Otto Schily, suggérant de boycotter l'émission.

♣ ***L'exercice « Wei Jingsheng », concernant l'expérience d'un prisonnier politique en Chine, permet entre autres de travailler la question des rites d'évitement.***

Les rites de présentation

Contrairement aux rites d'évitement qui indiquent ce qu'il faut éviter de faire en présence d'autrui, les rites de présentation concernent : « tous les actes spécifiques par lesquels l'individu fait savoir au bénéficiaire comment il le considère et comment il le traitera au cours de l'interaction à venir» [*Les rites d'interaction*, p. 63]. Par exemple, lorsqu'on rencontre quelqu'un que l'on connaît, on est tenu de le saluer, et cela de façon plus ou moins étendue selon le temps qui nous sépare de la dernière rencontre ; on est également tenu de prononcer des paroles d'adieu lorsqu'on le quitte. De la même manière, pour prendre des exemples qui nous sont propres, il est de bon ton de remarquer le changement de coiffure, de «look» entre collègues, ou encore de complimenter un proche à l'occasion de son mariage, de la naissance de son enfant (en demandant de voir des photos du bébé), etc.

Plus que les rites d'évitement, les rites de présentation ont un «caractère dialogique» : les saluts qui se répondent, les félicitations des uns qui sont suivies de remerciements des autres, etc. Ceci renvoie, note explicitement E. Goffman, à l'analyse en termes de don et de contre-don proposée par Marcel Mauss (que l'on présentera au chapitre 4) :

> «*Quand une offrande rituelle se fait, c'est-à-dire quand un individu signale son implication et sa connexion à un autre, il incombe au bénéficiaire de montrer que le message a été reçu, que la valeur en a été appréciée, que la relation réelle est bien ce qu'en affirme l'exécutant, que ce dernier a lui-même une dignité de personne, et, enfin, que le bénéficiaire lui-même est d'une nature sensible et reconnaissante.*» [*Les relations en public*, p. 74]

Exercice 2.4 Retrouvailles à l'aéroport

G. Winogrand, Untitled, n.d.

Consigne 1

Les rites de présentation sont-ils respectés par chacun des deux personnages? Justifiez.

G. Winogrand, Los Angeles Airport, 1964

Consigne 2

Quels sont les moyens utilisés par l'homme qui nous fait face pour exprimer la déférence? Pourquoi la photo peut-elle faire sourire?

Tension entre les rites d'évitement et de présentation

Résumons-nous. La déférence, cette appréciation portée à autrui, prend deux formes : une forme négative d'abord, à savoir les rites d'évitement, qui enjoignent de ne pas violer la «sphère idéale» d'autrui ; une forme positive ensuite, les rites des présentation, qui prescrivent de petits échanges par lesquels se manifeste la considération réciproque.

E. Goffman nous indique qu'il existe une tension permanente entre ces deux types de rites, l'un manifestant le respect dû à la personne et à la vie privée de l'individu, l'autre exprimant son appartenance à la communauté. Ainsi :

> *«S'enquérir de la santé de quelqu'un, de sa famille ou de l'état de ses affaires, c'est lui manifester un signe de sympathie et d'intérêt ; mais, d'une certaine façon, c'est aussi empiéter sur ses réserves, comme il est évident lorsque le questionneur n'est pas qualifié par son statut, ou quand des événements récents ont rendu la question pénible.»* [*Les rites d'interaction,* p. 65]

Dès lors, on ne peut nouer une relation avec quelqu'un sans en même temps lui concéder l'usage de ses réserves personnelles. Le moment où cet empiètement a lieu pour la première fois (que ce soit par le toucher d'une main, ou par le récit de certains événements de sa vie, ou encore par une relation sexuelle, etc.) est généralement considéré comme le marqueur du début de la relation.

1.2.2 *La tenue*

Nous avons présenté dans le détail la règle de la déférence. On peut la considérer comme une reprise et une réélaboration de la règle de la considération prescrivant de préserver la face des autres. Cette règle de la déférence a pour contrepartie celle de la tenue, qui réélabore la règle de l'amour-propre, enjoignant de préserver sa propre face. E. Goffman définit la tenue comme :

> *«Cet élément du comportement cérémoniel qui se révèle typiquement à travers le maintien, le vêtement et l'allure et qui sert à montrer à l'entourage que l'on est une personne douée de certaines qualités favorables ou défavorables.»* [Les rites d'interaction, p. 68]

Ces qualités sont par exemple la sincérité, la maîtrise de soi, le sang-froid. Elles créent une image de nous aux yeux des autres.

Comme pour la déférence, les règles qui concrétisent cette exigence de la tenue seront souvent asymétriques ; par exemple, lors de la réunion d'une équipe soignante dans un hôpital, le médecin pourra avoir une tenue plus décontractée que celle de l'aide soignante ; il utilisera un vocabulaire moins châtié, s'assoira de manière moins protocolaire, etc., alors que l'aide-soignante devra se tenir avec davantage de circonspection.

Dans les observations qu'il a menées dans le cadre d'un hôpital psychiatrique, E. Goffman a pu repérer toutes les incongruités du comportement des malades mentaux : se gratter, baver, éclater en colère, se comporter comme une femme quand on est un homme (et inversement), comme un enfant quand on est un adulte, parler et marcher trop vite, ou trop lentement, etc. Ces observations l'ont incontestablement rendu sensible à la tenue attendue dans les rencontres entre individus voulant paraître normaux aux yeux des autres.

Exercice 2.5 Tenue et santé mentale

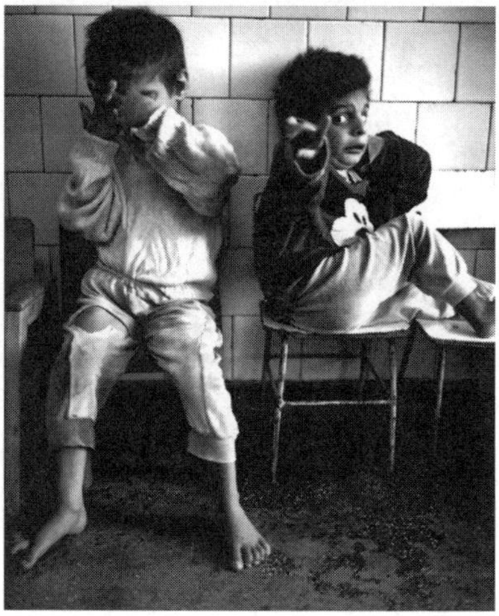

R. Depardon, Hôpital psychiatrique, Bacau, Roumanie, 1996.

Consigne

1. Décrivez la tenue de ces enfants
2. Qu'avez-vous tendance à en déduire quant à leur santé mentale ? à leur pauvreté ?

Précisons encore que la tenue et la déférence sont intriquées l'une dans l'autre. Ainsi, on peut manquer de déférence vis-à-vis de quelqu'un en manquant de tenue en sa présence. C'est donc bien la complémentarité entre le caractère sacré de la face du moi et de celle d'autrui que l'on retrouve ici.

Les fondements cérémoniels du moi

Pour pouvoir bien se tenir et être déférent, il faut un environnement propice, remplissant certaines conditions : par exemple, des moyens permettant de se laver, ou de bénéficier d'une autonomie de mouvement, des objets tels que des vêtements propres, ou des cigarettes à offrir sont indispensables pour manifester tenue et déférence. Ces conditions sont nommées par E. Goffman les « fondements cérémoniels du moi ». L'identité ne dépend donc pas seulement de la ligne de conduite de l'individu et de l'interprétation qu'en font les autres : il faut des conditions objectives permettant à l'individu de revendiquer une valeur et de reconnaître celle d'autrui. Si on comprend donc qu'il s'agit de fondements du moi, pourquoi E. Goffman ajoute-t-il le terme « cérémoniels » ? Sachant qu'une cérémonie est « l'expression revivifiée et la réaffirmation des valeurs d'une communauté » [*La présentation de soi*, p. 41], on comprendra que l'on retrouve ici le cœur de notre métaphore du rite : l'individu étant sacré, l'ensemble de rites permettant de reconnaître sa valeur est une cérémonie. C'est précisément cette cérémonie, honorant la valeur centrale de nos sociétés, l'individu, qui n'est plus possible quand font défaut les fondements cérémoniels du moi.

Faire voler en éclats ces fondements du moi est un des moyens utilisés par toutes les dictatures pour déshumaniser les dissidents ou ceux qui sont désignés par le régime en place comme des parias (le traitement infligé par les nazis aux juifs, aux tziganes, aux handicapés... en est une illustration extrême). De façon relativement moins dramatique, des lieux d'enfermement comme les prisons ou les hôpitaux psychiatriques mettent en cause les conditions requises pour que puisse s'exprimer – et dès lors exister – la valeur de l'individu. E. Goffman développera ce point de vue dans *Asiles* :

> *« L'individu soumis à une contrainte extrême est automatiquement expulsé du domaine du convenable. Les signes et signaux qui permettent d'accomplir les cérémonies coutumières sont inaccessibles. »* [*Les rites d'interaction*, p. 52]

Des sentiments de dégradation, de dévalorisation, de déshumanisation sont liés à cette attaque des fondements de la sacralité du moi.

Illustration 2.6 Déshumanisation liée au non-respect des fondements cérémoniels du moi

Dans les extraits qui suivent, A. Ernaux nous parle de sa mère, atteinte de la maladie d'Alzheimer, qui est placée dans un hôpital de long séjour. « L'horreur » qu'elle ressent est moins causée par la dégradation de sa mère liée à sa maladie qu'à la façon dont celle-ci est traitée par l'hôpital. Les « fondements cérémoniels du moi » y sont systématiquement attaqués : perte de tous les objets personnels, même les plus intimement confondus au moi (dentier, lunettes), entrave à la liberté de mouvement, vêtements rendant impossibles le respect de la tenue.

«Aujourd'hui, elle était dans une autre chambre, avec deux grabataires, muettes. On l'avait attachée sur son fauteuil. Elle avait très mal aux yeux et se passait continuellement de la salive sur les paupières. Elle m'a raconté qu'il y avait eu un hold-up dans la nuit mais «ils nous ont laissé la vie, c'est le principal». Je l'ai détachée pour la promener dans le couloir et montrer ses yeux à l'infirmière. Cette horreur de la voir nue, de dos, quand je la soulève, avec ce sarrau qui s'ouvre complètement par-derrière.»

«À chaque visite, il y a toujours un détail qui me bouleverse, focalise l'horreur. Aujourd'hui, c'était ces grandes chaussettes brunes qu'on leur met, montant jusqu'aux genoux, et qui, trop lâches, retombent sans cesse.»

A. Ernaux, «Je ne suis pas sortie de ma nuit», Folio, 1998, pp. 24, 98

«L'été suivant, elle s'est fêlé le col du fémur. On ne l'a pas opérée. Lui poser une prothèse de hanche, comme le reste – lui refaire des lunettes, des dents–, n'était plus la peine. Elle ne se levait plus de son fauteuil roulant auquel on l'attachait par une bande de drap serré autour de la taille. On l'installait dans la salle à manger avec les autres femmes, face à la télévision.»

A. Ernaux, «Une femme», nrf. Gallimard, p. 100

«Elle cherchait, aujourd'hui ce qu'elle pourrait acheter, des choses, des vêtements. Mais elle ne peut plus rien *avoir à elle. La tenue qu'elle porte est celle de l'hôpital, plus facile à laver quand elle la souille. Elle a perdu tous les vêtements apportés en arrivant, ses lunettes dont elle avait tant de soin chez moi, il y a six mois. Ici, ce qui se perd ne se retrouve jamais. Indifférence: de toute façon elles vont mourir. Infirmière-chef, aux cheveux noirs en casque, grande, hautaine.»*

A. Ernaux, «Je ne suis pas sortie de ma nuit», p. 38

1.3 L'engagement

Cet aspect fondamental de la figuration a été retravaillé à diverses reprises par E. Goffman. On sera attentif ici à montrer comment les formes prises par la règle d'engagement varient selon les différents types d'interaction (la conversation, les occasions sociales, les relations en public non focalisées).

On peut définir l'engagement comme:

> *«le maintien d'une certaine attention intellectuelle et affective, d'une certaine mobilisation de ses ressources psychologiques pour l'objet officiel de l'interaction.»* [in *Les relations en public*, cité in «*La nouvelle communication*, p. 270]

Dans toute interaction, un certain niveau d'engagement est requis ainsi qu'un soutien à l'engagement des autres, ce qui renvoie à la double règle de la face, concernant moi-même et autrui.

1.3.1 *L'engagement dans la conversation*

La conversation est :

> *« une interaction épisodique naturellement délimitée, constituée par la totalité de l'activité qui se déroule pendant qu'un ensemble donné de participants, mutuellement accrédités, concentrent et déplacent conjointement leur attention. »* [*« Les rites d'interaction »*, p. 33]

L'accréditation mutuelle (c.-à-d. la reconnaissance réciproque que l'on est partenaire d'une conversation) se fait par un ensemble de gestes reconnus par tous comme significatifs (par ex. en orientant le regard vers l'autre, en utilisant un volume sonore approprié, en s'approchant physiquement de celui qu'on accrédite).

Exercice 2.7 Signes d'accréditation

G. Winogrand, New York City, 1968.

Consigne

Identifiez les signes d'accréditation mutuelle entre ces deux hommes.

Il existe aussi des gestes significatifs codés (des rites) pour clore l'échange (se lever, se rapprocher de la porte quand on est assis dans un bureau...).

C'est par l'engagement même que se définissent les limites de la conversation : l'attention officielle de tous se déplace au gré des marques d'engagement, de désengagement successifs (lorsque quelqu'un manifeste qu'il est prêt à quitter la scène). Ce moment du désengagement est délicat : on doit trouver une façon de se désengager de la conversation qui ne heurte pas ceux qui restent (par exemple en invoquant une raison plausible justifiant son départ, évitant que celui-ci soit attribué à l'ennui).

L'engagement ne doit pas dépasser certaines limites : trop engager ses sentiments dans la conversation risque d'apparaître comme un manque de dignité, ou de contrôle de soi (potentiellement dangereux pour les faces des autres interactants).

Les spectateurs (non accrédités) ne s'immiscent pas dans la conversation ; ils règlent leurs propres échanges pour ne pas perturber la conversation principale (et soutenir ainsi l'engagement d'autrui).

Exercice 2.8 Les bancs publics

G. Winogrand, World's Fair, New York City, 1964

Consigne

Repérez les signes d'accréditation entre ces trois groupes de personnes en conversation et de respect de ceux-ci par les non-accrédités.

Pour préserver l'engagement de chacun :

> *« il convient d'éviter les trop longs silences car ils risquent de trahir que l'on n'a rien en commun, ou que l'on est incapable de trouver quoi se dire. »* [Les rites d'interaction, p. 35]

De là l'existence, dans tous les milieux sociaux, de «ressources sûres», ces thèmes de conversation toujours disponibles et de nature à susciter un certain engagement d'autrui.

Comme toujours chez E. Goffman, ce sur quoi porte la règle tient au respect des apparences, la simulation de l'engagement étant toujours possible : comme elle n'est pas facile à réussir, on risque ce faisant d'envoyer aux autres le message que l'on feint l'engagement, ce qu'ils pourront interpréter comme une marque de tact... ou de cynisme. Dans la perspective de la métaphore du jeu (et d'une conception de l'individu comme stratège), E. Goffman envisage de même que l'on peut feindre le désengagement, histoire de ne pas se laisser prendre par un engagement excessif dans une conversation qui nous ferait perdre notre dignité.

Comme celle du respect de la face, la règle d'engagement se traduit au plan émotionnel :

> *«Lorsque cette nécessité (d'engagement) est satisfaite, l'interaction «marche»; elle est joyeuse. Lorsque la rencontre ne réussit pas à retenir l'attention des participants mais ne les délivre pas de l'obligation de s'y engager, les personnes présentes se sentent mal à l'aise; pour elles, l'interaction ne marche pas. Celui qui engendre régulièrement le malaise, pour lui-même ou pour les autres, et qui ne cesse de détruire les rencontres, est un mauvais interactant; il risque d'avoir un effet si funeste sur la vie sociale qui l'environne qu'on pourrait aussi bien le nommer une mauvaise personne.»* [*Les rites d'interaction*, p. 119]

Outre le lien émotionnel au respect des règles, on trouve dans ce texte une des clés pour comprendre la conception de l'identité de E. Goffman : la valeur de la face d'un interactant dépend de sa capacité à respecter les règles.

L'engagement normal est une exception

L'engagement est un état fragile, précaire, pouvant dégénérer de différentes manières : des préoccupations extérieures, un souci excessif de la réussite de la conversation (comme peut le ressentir une maîtresse de maison), ou du sauvetage de sa propre face, bousculée dans le cours de la conversation sont quelques-unes des raisons qui peuvent provoquer le détachement.

> *«En fait, au cours des interactions centrées, et surtout des conversations, l'engagement spontané "normal" est, semble-t-il, l'exception, et le détachement statistiquement la règle. On le conçoit : d'une part, on exige des participants qu'ils se laissent spontanément emporter par ce qui se dit; mais d'autre part, ils sont obligés de se contrôler afin d'être toujours prêts à tenir leur rôle dans la conversation et toujours attentifs aux questions délicates qui risqueraient de provoquer un malaise. D'un côté, ils sont*

> *forcés d'obéir à toutes les règles de conduite qui s'appliquent, et, de l'autre, il leur faut prendre assez de libertés pour éveiller ne serait-ce qu'un peu d'animation. De telles obligations paraissent contradictoires, et exigent de chacun un équilibre dans la conduite si délicat et si précaire que le détachement et le malaise en sont les conséquences typiques.»* [*Les rites d'interaction*, p. 118]

L'engagement requis suppose donc un dosage entre spontanéité et calcul, qui renvoie au fait de se laisser aller dans l'interaction tout en gardant un pied dehors.

♣ ***Un très bon exercice pour réfléchir l'engagement dans la conversation est celui intitulé «Le voile noir».***

1.3.2 *L'engagement dans les occasions sociales*

Une occasion sociale est :

> *«une affaire sociale, une entreprise ou un événement d'une certaine ampleur, limitée dans le temps et l'espace, et typiquement facilitée par un équipement fixe. Une réception, une journée de travail dans un bureau, un pique-nique ou une soirée à l'Opéra sont des exemples d'occasions sociales.»* [*Behavior in Public Places*, traduit in *La nouvelle communication*, p. 270]

Dans *Behavior in public places* [cité par I. Joseph, p. 78], E. Goffman précise encore :

> *«Par exemple, des funérailles ont un début et une fin rigoureusement établis, des limites strictes quant à la participation et aux activités tolérées. Chaque classe de circonstances de ce genre a son propre ethos, son esprit, sa structure émotionnelle, qui doivent être mis en œuvre, entretenus et menés à terme. Celui qui y participe aura l'impression d'être pris par l'événement quels que soient ses sentiments personnels. Ces occasions, qui sont habituellement programmées à l'avance, ont un agenda d'activités, la fonction gestionnaire y est attribuée, les conduites impropres y sont sanctionnées de manière précise et elles présentent des séquences et un point culminant préétablis.»*

Contrairement aux conversations, les occasions sociales n'exigent pas nécessairement que des paroles soient échangées. Néanmoins elles nécessitent toujours un engagement se manifestant par le corps, par la communication non verbale qu'il diffuse. Qu'un individu le veuille ou non, son corps, en présence d'autrui, ne peut pas ne pas communiquer. Que ce soit par la façon dont il est habillé, sa posture, l'expression du visage, les gestes qu'il effectue, le corps communique toujours.

La règle d'engagement exige donc que le corps, par son langage, manifeste l'engagement de différentes manières. Selon les cultures et les groupes sociaux, le langage de l'engagement peut varier (le respect lors d'une cérémonie religieuse pouvant par exemple se manifester par le fait de mettre, ou au contraire, d'ôter son chapeau).

Exercice 2.9 Cap Kennedy

G. Winogrand, Appolo11 Moon Shot, Cape Kennedy, Florida, 1969

Consigne

Quel est l'objet officiel de cette interaction ? Quels sont les indicateurs d'engagement/désengagement ? D'où vient le côté humoristique de la photo ?

On ne peut connaître l'engagement intérieur d'un individu : on s'en tient donc, pour vérifier le respect de la règle, aux manifestations extérieures de celui-ci. Ce qui compte, c'est l'engagement que les autres croient que l'individu maintient et que celui-ci tente de manifester. Une solution pour l'individu ne souhaitant pas s'engager tout en respectant la règle est de se dissimuler à l'aide d'un pare-engagement. Celui-ci est en effet ce qui permet d'entraver la perception des signes corporels d'engagement (qu'il s'agisse d'un lieu comme une salle de bains, d'un objet comme un journal, un éventail ou d'une partie du corps comme la main cachant une bouche qui baille, des yeux qui se ferment).

La question fondamentale qui se pose par rapport à l'usage de ces pare-engagements est de savoir jusqu'où il est légitime de les utiliser (par qui, dans quelles circonstances…).

Exercice 2.10 Le bal

G. Winogrand, El Morocco, 1955.

Consigne

Quel est le pare-engagement utilisé par cette femme? Vous semble-t-il légitime?

♣ ***L'exercice concernant les «Cinémas multiplex» permet de travailler l'engagement dans les occasions sociales.***

1.3.3 *L'engagement dans les interactions en public non focalisées*

Le type d'interaction qui nous intéresse ici est celui de l'interaction sans objet officiel, résultant de la simple co-présence (contrairement aux deux types qui précèdent, conversations et occasions sociales supposant toutes deux l'existence d'un objet officiel de l'interaction sur lequel focaliser l'attention):

l'attente dans un hall de gare, la circulation pédestre sur un trottoir relèvent de ces interactions en public non focalisées.

L'engagement requis par ce type d'interaction va prendre deux formes contradictoires : il faut à la fois porter le minimum d'attention requis par la situation, ce qui s'y passe déjà (par exemple, la circulation des autres piétons) et ce qui pourrait y advenir (par exemple, une demande de renseignement) et en même temps manifester ce que E. Goffman appelle une « inattention polie » (« civil inattention ») aux personnes en présence, évitant de leur infliger notre curiosité ou de susciter chez elles une alarme de par l'impression que notre intérêt pour elles pourrait renvoyer à un projet malhonnête les concernant. On retrouve la forme habituelle de l'engagement comme disponibilité à autrui et une forme paradoxale, celle de l'inattention, mais une inattention calculée, comme forme suprême de la délicatesse à l'égard d'autrui.

Ainsi, être ivre, rêvasser, somnoler sont reconnus conventionnellement comme des signes d'inattention à la situation. Par contre, dévisager le passager face auquel on est assis dans le métro contrevient à l'inattention polie attendue. De même, des regards excessivement insistants dirigés vers des personnes souffrant d'un handicap visible (ceux qu'E. Goffman appelle les stigmatisés).

Exercice 2.11 L'être en public

G. Winogrand, New York City, Airport, 1972

G. Winogrand, New York, 1961

Consigne

L'engagement requis lors d'interactions en public non focalisées est-il respecté par ces différents interactants ?

♣ ***L'exercice intitulé «Des us et coutumes en pleine mutation» développe certaines des difficultés générées lors d'interactions en public non focalisées par l'usage des GSM.***

1.4 Rendre son comportement compréhensible

Dans un article intitulé «La condition de félicité» (publié in *Façons de parler)* E. Goffman introduit une nouvelle formulation pour nommer, en une règle, l'ensemble de nos obligations d'interactant :

> *«(…) chaque fois que nous entrons en contact avec autrui, que ce soit par la poste, au téléphone, en lui parlant en face à face, voire en vertu de la simple coprésence, nous nous trouvons avec une obligation cruciale : rendre notre comportement compréhensible et pertinent compte tenu des événements tels que l'autre va sûrement les percevoir. Quoi qu'il en soit par ailleurs, nos actes doivent prendre en compte l'esprit d'autrui, c'est-à-dire sa capacité à lire dans nos mots et nos gestes les signes de nos sentiments, de nos pensées et de nos intentions.»* [p. 271]

Rendre son comportement compréhensible pour autrui est donc la condition de félicité des interactants.

Si nous adoptons, pendant un court laps de temps, un comportement pouvant sembler opaque aux yeux des autres, nous devons ajouter des indications leur permettant de mieux le comprendre. C'est ce qui explique par exemple que, le soliloque étant en règle générale interdit en présence d'autrui, on peut néanmoins faire mine de se parler à soi-même (alors que nous nous adressons en fait à autrui) afin de lui faire savoir ce dont il a besoin pour ne pas douter de nos qualités : par exemple, de notre honnêteté alors que nous tentons par distraction d'entrer dans une voiture qui n'est pas la nôtre, de notre sobriété alors que nous venons de trébucher sur un pavé mal assorti...

La meilleure façon de rendre nos comportements lisibles pour autrui, c'est de respecter les règles de l'interaction. Le respect de ces règles est donc à la fois une façon de sauver la face et d'être compréhensible pour autrui.

Face à un comportement opaque, que pourrait-il penser ? E. Goffman envisage essentiellement deux possibilités : il pourrait douter de notre santé mentale ou redouter notre malhonnêteté à son endroit. Envisageons une à une ces deux modalités de non-respect de la condition de félicité.

1.4.1 *Le doute sur la santé mentale*

Le propre du malade mental, selon E. Goffman, est moins de présenter un dysfonctionnement psychique objectivable que de violer de façon systématique les règles de l'interaction. À de multiples reprises dans son œuvre, E. Goffman va utiliser ses observations à l'hôpital Ste Elizabeth (et vraisemblablement, l'expérience personnelle de son épouse) pour en donner des exemples : ainsi montre-t-il dans son article « La folie dans la place » comment, dans les lieux publics, les patients désignés comme psychotiques vont se singulariser par le non-respect des territoires de chacun, allant fouiller dans le chariot d'une ménagère inconnue, ou passant derrière la caisse, entrant dans une voiture arrêtée à un feu pour se faire conduire, ou profanant leur propre face (par exemple en se dénudant en public, ou en mangeant des aliments déjà entamés...). Tous ces comportements, incompréhensibles par autrui – tant sont intériorisées les règles de l'interaction – risquent d'être interprétés, par les profanes et les professionnels de la santé mentale, comme des signes de maladie mentale. On touche ici à une raison de fond de l'intérêt de E. Goffman pour la question de la santé mentale :

> *« Les symptômes dits mentaux sont faits de la substance même de l'obligation sociale. »* [« La folie dans la place », in *Les relations en public*, p. 358]

Comme chaque fois qu'une règle de l'interaction n'est pas respectée, ce n'est pas seulement la face de l'interactant fautif qui est en péril : l'identité de tous les interactants présents vacille, et l'ordre social lui-même est compromis. La maladie mentale «ravage» l'ordre social et l'identité de tous ceux qui la côtoient, même lorsqu'elle a été diagnostiquée.

Ce qu'il faut donc pour ne pas entamer «la condition de félicité» (et respecter la règle d'intelligibilité de nos comportements), c'est manifester notre santé mentale.

1.4.2 *Le doute sur la moralité*

Si nos actes et nos intentions ne sont pas compris par autrui, celui-ci peut redouter aussi l'agression sur ses biens et sa personne: c'est donc la qualité de nos intentions à son égard qui peut éveiller sa vigilance. En s'inspirant des analyses du comportement animal [en particulier dans *Les relations en public*], E. Goffman distingue deux types d'activités: les occupations quotidiennes (se nourrir, travailler, s'occuper de ses enfants) tant que l'environnement a une apparence normale; par contre si l'individu perçoit une «alarme» (une perturbation de l'environnement telle par exemple qu'un comportement incompréhensible), il abandonne son activité antérieure et se tient prêt à faire face au danger. Le bon interactant, en particulier dans les lieux publics – où l'on côtoie des inconnus – est celui qui ne déclenche pas d'alarme chez autrui. Son comportement a suffisamment les apparences normales (parce que conforme aux règles de l'interaction) pour ne pas éveiller de crainte chez autrui. Dans ce contexte, on retrouve bien la fonction essentielle du respect des règles de l'interaction: permettre le lien social, en particulier avec des inconnus. Lorsque le comportement d'autrui n'est plus compréhensible, suscitant chez nous une alarme, le risque en effet est de fuir l'interaction, redoutant ses dangers potentiels.

♣ ***Deux exercices en particulier traitent de ce danger: «La montagne de l'âme» et «Les cinémas multiplexes et incivilité».***

1.5 Les échanges réparateurs

Que se passe-t-il lorsqu'une des règles de l'interaction a été enfreinte? E. Goffman se penche longuement à deux reprises [dans *Les rites d'interaction* et *Les relations en public*] sur cette question. Comment va-t-on rétablir l'ordre? L'essentiel, à cet égard, est moins d'identifier et de sanctionner le coupable que de veiller à ce que soit manifesté, par les interactants, un rapport correct aux règles. L'offenseur va devoir, au minimum, expliciter qu'il est conscient de l'offense et que, d'une certaine manière, elle est involontaire, ou exceptionnelle. L'offensé, de son côté, doit accepter la proposition de réparation. Les formes de ces échanges réparateurs sont hautement ritualisées, donnant lieu à une succession de «excusez-moi» et de «je vous en prie», voire d'échanges de cadeaux, de visites... Ces rites sont essentiels pour le ciment des sociétés contemporaines : ils redisent, sous des formes apparemment banales, la sacralité de l'individu.

E. Goffman considère que si l'on additionne les échanges réparateurs et les rites associés à la manifestation de la déférence, on retrouve une grande partie des échanges interpersonnels.

2 Identité et ordre social : recul critique

La sociologie de E. Goffman est centrée sur l'analyse de l'ordre de l'interaction. C'est le fil que nous avons suivi. Nous allons maintenant revenir de façon systématique à ce qui était notre question de départ, celle de l'identité. Quelle conception de l'identité nous propose E. Goffman ? Et quelles critiques ce point de vue a-t-il suscitées ? C'est à ces questions que nous répondrons d'abord (2.1.).

L'ordre de l'interaction est un ordre social : qu'entendre par là ? Et quel lien y a-t-il entre cet ordre et les identités individuelles ? Quelles limites la vision goffmanienne de l'ordre social revêt-elle d'après certains de ses commentateurs ? C'est ce que nous envisagerons ensuite (2.2).

2.1 L'identité

Si l'on veut systématiser la vision de l'identité que construit l'analyse de E. Goffman, on peut dire que le moi est le fruit d'un processus social dont on peut distinguer trois dimensions :

- *Le jeu et ses interprétations* : le moi est produit par l'engagement de l'individu dans l'interaction, le jeu qu'il y joue (sa ligne de conduite) et l'interprétation qu'en fait autrui. Il y a à ce niveau une part de liberté, de légèreté, voire, de cynisme possible dans le chef des interactants.
- *La sacralité de la face* : ce jeu de l'individu est cadré par une règle fondamentale (dont découlent toutes les autres), celle de la sacralité des faces individuelles. Le respect dû aux individus se manifeste par l'usage de rites, par l'organisation de « menues cérémonies » (celle des salutations, ou des échanges réparateurs), donnant un enjeu au jeu des interactants.
- *Les fondements cérémoniels du moi* : des ressources sont nécessaires pour produire des identités dignes, qui seront ou non disponibles dans l'environnement ; sans ces ressources, on aura à faire à des processus de déshumanisation, quelle que soit l'intention des interactants en présence.

L'identité ne relève donc pas du seul jeu des acteurs : celui-ci est circonscrit – et en même temps, rendu possible – par les règles de l'interaction et les ressources cérémonielles disponibles.

Quelles critiques ce point de vue sur l'identité a-t-il soulevées? Nous en identifierons deux.

Que devient la continuité biographique?

Première critique, celle qui consiste à souligner que, à suivre E. Goffman dans sa conception de l'identité, il n'y a plus une identité individuelle mais une multiplicité d'identités, aussi nombreuses que les interactions où l'individu s'engage. Le terme même d'identité (comme ce qui est identique à soi-même) parait vidé de son sens, et la continuité biographique semble se défaire, plus rien ne reliant les expériences faites dans des interactions différentes, même lorsque des interactants familiers sont en cause.

Notons d'abord que cette conception n'est pas celle de E. Goffman seulement: dans l'histoire de la culture occidentale au XXe siècle, on retrouve, entre autres chez des écrivains comme M. Proust, J. Joyce, F. Pessoa ou A. Robbe-Grillet (voir encadré) une vision similaire, projetant l'image de moi éclatés, discontinus.

Illustration 2.12 Le moi éclaté chez quelques écrivains du XXe siècle

- *«Nos actions sont d'abord inconsistantes et capricieuses, comme des criquets.»* (Gombrowicz)
- *«Vivre, c'est être un autre. Et sentir n'est pas possible si l'on sent aujourd'hui comme on a senti hier: sentir aujourd'hui comme l'on a senti hier, cela n'est pas sentir.»* [F. Pessoa, Le livre de l'intranquilité]
- *«Tout cela c'est du réel, c'est-à-dire du fragmentaire, du fuyant, de l'inutile, si accidentel même et si particulier que tout événement y apparaît à chaque instant comme gratuit et toute existence en fin de compte comme privée de la moindre signification unificatrice. L'avènement du roman moderne est précisément lié à cette découverte: le réel est discontinu, formé d'éléments juxtaposés sans raison dont chacun est unique, d'autant plus difficile à saisir qu'ils surgissent de façon sans cesse imprévue, hors de propos, aléatoire.»* [A. Robbe-Grillet, *Le miroir qui revient*, Minuit, Paris, p. 208]

Contre cette critique, certains commentateurs ont mis en évidence des éléments de continuité.

Ainsi, pour A. Ogien [1989, pp. 100-109], l'unicité du moi réside-t-elle dans la continuité des règles de l'interaction. Le fait que celles-ci soient stables d'une interaction à l'autre confère une part de stabilité aux identités individuelles.

M.L. Schwalbe [in G.A. Fine et G.W. Smith, 2000] repère une forme de stabilité dans le lien émotionnel à la face : sans doute la façon dont chacun est, de façon singulière, attaché au traitement subi par sa face, se révèle relativement stable dans le temps. Si on admet que cette dimension émotionnelle est un des mobiles de l'action, on tient alors un fil rouge liant les lignes de conduite adoptées par un même individu d'une interaction à l'autre.

Ces deux positions n'annulent pas la multiplicité du moi : elles la mettent sous tension avec un pôle d'unicité.

Un souci des apparences immoral ?

On a dit à plusieurs reprises que ce qui compte, selon E. Goffman, c'est moins le respect des règles que de donner l'apparence de les respecter. Un passage, souvent cité de son œuvre, indique dans ce sens :

> *(...) dans la mesure où ils sont des acteurs, ce qui préoccupe les individus, c'est moins la question morale de l'actualisation de ces normes, que la question amorale de la mise au point d'une impression propre à faire croire qu'ils sont en train d'actualiser ces normes. Leur activité soulève donc bien des questions morales, mais en tant qu'acteurs ils ne s'y intéressent pas d'un point de vue moral : ils sont, sous ce rapport, des boutiquiers de la moralité.* » [in *La présentation de soi*, p. 237]

Si l'on identifie la moralité à la sincérité, à l'authenticité d'une personne, alors l'individu goffmanien apparaît comme cynique, machiavélique.

En acceptant cette définition de la moralité, on peut noter que le constat d'immoralité est surtout pertinent pour une des dimensions du moi, celle qui est centrée sur le jeu de l'acteur. Il y aurait, de la part de ceux qui considèrent l'individu selon E. Goffman comme « immoral », une sous-estimation de l'importance qu'a pour lui la sacralité des faces (autre dimension du moi). En effet, celle-ci confère à la nécessité de respecter les règles une force prise au sérieux par les individus.

Dans la perspective postmoderniste, certains vont contester la définition de la moralité par l'authenticité de l'individu. C'est dans la perspective anthropologique propre à ce contexte qu'il faut envisager la question de la morale [E. Tseëlon, in G.A. Fine et G.W. Smith, 2000]. Si l'on envisage un éclatement de l'identité en de multiples effets de surface, comment repenser ce que peut être la morale d'un tel individu ? Celle-ci, comme le propose L. Bovone [in G.A. Fine et G.W. Smith, 2000], peut être envisagée comme un engagement dans la situation qui, prenant en compte les spécificités de chacun, tente de maintenir une définition de la situation préservant à la fois la face et le sentiment de réalité de chaque participant. L'éthique devient alors proche d'une pratique, plus mouvante et floue que la loi morale et d'une esthétique (pour laquelle le respect des formes est essentiel).

Cette réponse par le postmodernisme ne va pas sembler satisfaisante à ceux qui sont attachés à une conception de l'individu ne renonçant pas à une part d'intériorité, laquelle permet de prendre au sérieux une conscience réflexive, une intentionnalité dépassant le temps de l'interaction.

♣ ***L'exercice «Les chaussures» permet d'approfondir cette question de la moralité dans une logique goffmanienne.***

Pour une conception renouvelée de l'individu

Qu'il s'agisse de l'éclatement de l'identité en des «moi» multiples ou d'une morale limitée au moment de l'interaction, la réponse postmoderniste aux critiques adressées à la théorie goffmanienne ne va pas satisfaire certains sociologues contemporains (par exemple Ezzy [1998] ou Cahill [1998]). Voulant à la fois préserver les acquis de la perspective goffmanienne et les conceptions de l'identité très ancrées dans la culture occidentale (supposant une intériorité d'une certaine stabilité), ils vont proposer d'articuler deux pôles pour penser l'identité individuelle. D'une part, le pôle interactionniste, permettant de penser comment se joue l'identité dans ses contacts avec autrui, comme le propose Goffman. Mais d'autre part, un pôle intérieur, qui intègre de façon réflexive les différentes expériences vécues par le premier pôle, capable d'évaluer de façon critique les règles du jeu social, pouvant développer un agir éthique dépassant le temps de la situation.

2.2 L'ordre social

L'ordre de l'interaction que nous avons décrit est bien, selon E. Goffman, un ordre social, non pas au sens où celui-ci fixerait les finalités à poursuivre mais en ce qu'il régule les comportements individuels, «la manière dont les gens poursuivent leurs objectifs» [*Behavior in Public Places*, p. 8, je traduis].

Ce qui est très particulier dans cette manière de voir, c'est que tout en constituant un ordre social, les règles de l'interaction remplissent dans le même mouvement une autre fonction : celle de constituer une identité individuelle sacrée. C'est en sacralisant la face individuelle qu'est respecté l'ordre social. À l'inverse, sans ordre social, l'individu resterait sans valeur, même plus, sans existence. Il y a donc une homologie de structure entre l'individu et l'ordre social : les mêmes règles – celles de l'interaction – constituent l'un et l'autre ; la force de l'un fait la force de l'autre et vice versa. S'il est si important de sauver la face c'est que, ce faisant, les hommes sauvent la situation. Et de même, ce qui rend tout échec d'une interaction, aussi futile soit-elle, si déstabilisant, c'est que le désordre de l'interaction défait aussi la réalité du moi individuel. Lorsqu'une faille s'introduit dans l'ordre de l'interaction, par exemple par défaut d'engagement :

> *«[...] l'illusion de réalité se brise, la minutie du système social qu'avait créée la rencontre se désorganise, les participants se sentent déréglés, irréels, anormaux.»* [*Les rites d'interaction*, p. 119]

Ceci permet de mieux comprendre l'idée de la sacralité de la face, sur laquelle on a insisté précédemment : elle est une parcelle de la sacralité collective, elle en est comme une des formes possibles d'existence. On peut considérer que ce lien essentiel entre ordre social et sacralité de la face est révélateur d'un système de valeur – celui des sociétés individualistes, sur lequel nous reviendrons dans la deuxième partie – qui donne la primauté à l'individu. Comme si, dans ce type de société, la légitimité de l'ordre social supposait que celui-ci consacre, dans ses principes de constitution même (les règles de l'interaction), la sacralité des individus.

Universalité ou spécificité de l'ordre social ?

Ce que l'on vient de dire, reliant l'ordre social mis au jour par E. Goffman à un type de société particulier – les sociétés individualistes – a pour corollaire le constat que cet ordre n'est pas universel et ne vaut donc pas pour toute société, à n'importe quelle époque. Or, E. Goffman a plusieurs fois prétendu que l'ordre de l'interaction qu'il étudiait était universel, ce qui a soulevé des objections fortes.

A. Gouldner par exemple [in G.A. Fine et G.W. Smith, 2000] considère que l'œuvre de E. Goffman reflète, sans l'expliciter, le passage d'une société industrielle (où la production implique une récompense, où la réputation est fonction de la contribution réelle d'un individu) à une société dominée par les services, où les apparences – avec des fonctions telles que la publicité ou le marketing – deviennent essentielles. E. Goffman ne dégagerait donc pas un ordre universel, mais l'ordre spécifique de la modernité avancée (cf. 4e chapitre), sans le dire et sans prendre distance avec ses travers, sans appeler à une transformation de cet ordre.

Dans un bel effort de pondération, H. Kuznics [in G.A. Fine et G.W. Smith, 2000] nous invite à considérer que tout, dans un ordre social, n'est pas socio-historiquement spécifique : il resterait alors à départager ce qui, dans l'œuvre de E. Goffman, peut être considéré comme contingent, mais aussi, ce qui renvoie à l'universel.

La possibilité d'une action visant la transformation de l'ordre social ?

Autre critique de la perspective goffmanienne : elle ne permet pas de penser une action visant la transformation de l'ordre social. Elle se limite à considérer les possibilités de l'agir en situation pour sauver la face (et la situation). Katovich et Reese [1993] considèrent ainsi que, sans conception du moi stable, il est impossible de penser une action d'opposition inscrite dans la durée. L'absence de pôle réflexif ne permet pas la prise de distance vis-à-vis des règles du jeu social, préalable à l'action éventuelle. Dans le même esprit, R. Sennett [in G.A. Fine et G.W. Smith, 2000] regrette que E. Goffman propose une vision statique, sans prise en compte du temps. Tant les rôles des acteurs que les rôles de la société globale sont le fruit d'une histoire dont rien n'est dit. Ainsi, en nous décrivant la situation du malade mental, E. Goffman ne nous permet pas de saisir d'où elle vient ni quel sera son avenir. L'absence de l'histoire dans le point de vue goffmanien ne permet pas de prendre du recul par rapport au monde analysé et n'incite pas à l'engagement pour la transformation de ce monde.

Une conception des liens sociaux faibles

Dans le contexte des interactions en public non focalisées, on peut regretter que E. Goffman ne propose qu'une vision «étriquée» de la condition de félicité [C. Gayet-Viaud, 2006, 2008, 2009 mais aussi R. Sennett, Question croisée, pp. 233-234]. En effet, dans son analyse, E. Goffman semble donner priorité aux formes négatives de la sociabilité (comme retrait, non-empiètement sur le territoire d'autrui) sur les formes positives du «souci des autres». La crainte des risques potentiels semble toujours l'emporter sur la recherche d'éventuels bienfaits liés au mouvement vers autrui. Or, C. Gayet-Viaud, par exemple, montre qu'il existe des formes d'égards vis-à-vis d'inconnus dépassant le «minimum d'attention requis» par la situation. Ainsi du «mouvement spontané qui porte le petit vieux à parler, et qui porte en retour la bonne volonté à accueillir sa parole» [*op. cit.*, 2006, p. 63].

E. Goffman semble limiter le succès d'une interaction en public à l'absence de gêne, l'interactant étant supposé se contenter de ce que «rien ne se passe» (d'anormal ou de suspect), là où d'autres sociologues observent une attention à autrui, un plaisir du contact dépassant le seul souci de maintenir le flux de circulation. Ces observations ont une portée politique et éthique importante, car elles présupposent une conception de l'individu plus ouvert à l'altérité et parce qu'elles visent une sociabilité plus forte que ne l'envisage E. Goffman.

Corrigés

Exercice 2.1

1. L'homme à l'avant-plan peut être identifié comme le malade mental du groupe vu son non-respect de la règle de l'amour-propre : son vêtement mal ajusté, aux manches trop courtes, son dos voûté, son regard étrange (si pas hostile) en sont quelques indices.
2. Les trois femmes semblent tout faire pour manifester leur différence avec le malade (affichant ainsi leur propre «normalité») : restant debout quand lui est assis – ce qui est entre autres un signe de supériorité –, à distance derrière lui (au lieu de l'entourer ou d'être à côté de lui), leur visage fermé.

Exercice 2.2

1. Se présenter habillé en public, en particulier le sexe caché, est un rite très établi qui est ici inversé par la quasi nudité du personnage à l'avant-plan.
2. C'est non seulement la face de l'individu dénudé qui est ainsi profanée mais celles de tous les individus présents. On peut s'interroger sur le sens à cet égard du geste photographique de R. Depardon relayant, par cette prise, ces profanations. Dans le contexte de son ouvrage dénonçant les mauvaises conditions de vie de l'hôpital de San Clemente et de la période où il s'intègre, favorable aux thèses de l'anti-psychiatrie, on peut le comprendre comme une façon de provoquer la sensibilisation du spectateur aux effets déshumanisants de l'enfermement en profanant sa face.

Exercice 2.4

1. En supposant qu'on assiste à une scène de retrouvailles dans un aéroport entre un couple, on peut considérer que la femme, par son baiser et le contact de son corps, accomplit un rite de présentation. Mais d'une part, son regard n'est pas tourné vers son partenaire, d'autre part, son baiser n'atteint que le menton de celui-ci – endroit peu familier pour un baiser de retrouvailles.

   Le caractère assez fermé de l'ensemble de sa physionomie et l'orientation de son regard peuvent donner à penser qu'elle est pour quelque chose dans ce non-accomplissement du rite.

   Ce qui est sûr, c'est que son compagnon contribue, par la posture de son corps (redressé, sans se pencher vers la femme, les mains dans les poches, sans sourire, les yeux clos) à ce semi-échec du rite de présentation.

   Ce caractère partiellement accompli du rite de présentation (avec baiser et contact des corps mais sans que les 2 partenaires ne se penchent l'un vers l'autre, n'utilisent leurs bras, leurs regards, des sourires pour renforcer le contact) produit une impression générale de froideur quasi hostile, au sein de ce couple se retrouvant.

   Peut-être la présence du photographe – violant la sphère idéale des intéressés – contribue-t-elle à la froideur de ces retrouvailles ?
2. Le panneau « Welcome to California, Jane » est le moyen utilisé par cet homme pour manifester de la déférence à la femme qu'il accueille. En faisant l'hypothèse qu'il s'agit d'un homme accompagné de ses enfants et retrouvant son épouse, le sourire vient de ce que cet homme joue avec les codes utilisés habituellement dans le contexte de la vie privée, reprenant, alors qu'il retrouve sa femme, le type de pancarte par lequel on accueillerait un homme public. Cette photo manifeste le jeu possible avec les rites de déférence, à des fins amicales (comme c'est sans doute le cas ici) ou hostiles.

Exercice 2.5

1. Ces enfants ne répondent pas aux exigences de tenue de différentes manières : le doigt pointé vers l'objectif, la grimace et le regard anxieux de l'enfant de droite, le visage caché par les mains de celui de gauche, son pantalon déchiré, ses pieds nus.

2. De cette absence de tenue, on infère que l'état mental de ces enfants est fragile et que les conditions dans lesquelles ils sont élevés sont, à tout le moins, précaires.

Il faut, pour étayer cette hypothèse, rappeler que, lors de la chute de Ceaucescu en Roumanie, on a découvert les conditions déplorables dans lesquelles étaient élevés les enfants dans les institutions d'état, ce qui a donné lieu à une mobilisation internationale à laquelle a contribué ce reportage de R. Depardon.

Exercice 2.7

La proximité physique entre ces deux hommes, l'un penché vers l'autre, celui-ci légèrement tourné vers le premier, les regards se croisant sur le journal tenu par le voisin, sont quelques-uns des signes d'accréditation faisant de ces deux hommes les partenaires mutuellement reconnus d'une conversation.

Exercice 2.8

Tout en partageant le même banc et une certaine proximité physique, trois groupes bien distincts (et un individu non accrédité) se détachent l'un de l'autre par des signes d'accréditation (et d'exclusion des non-accrédités) très clairs : les corps de ceux qui forment un groupe de conversation sont tournés l'un vers l'autre (2 individus de gauche), serrés l'un contre l'autre (groupe du milieu), tournés très ostensiblement dans la même direction (groupe de droite) ; ces signes sont par là même des moyens pour exclure les autres groupes (les corps des « individus-frontières » se tournent le dos), un sac en osier entre le groupe de gauche et celui du centre, la lecture du journal par l'homme à l'extrême droite venant renforcer encore les signes de non-accréditation des groupes entre eux et de l'individu isolé.

Exercice 2.9

L'objet officiel de cette interaction est manifestement l'observation du décollage d'une fusée qui, au vu des signes d'engagement de la quasi-totalité des interactants (tous tournés dans la même direction avec leur corps, leur regard, leur objectif photographique, une main les protégeant parfois du soleil pour mieux voir) doit avoir lieu en plein ciel au moment où est prise la photo.

Seule une femme ne respecte pas cette règle d'engagement : elle tourne le dos à l'événement, l'objectif photographique visant à hauteur d'homme (ce qui est normal sauf lorsque l'objet officiel de l'interaction évolue en plein ciel). L'humour vient précisément de l'observation, par G. Winogrand, de ce non-respect de la règle.

Exercice 2.10

Alors qu'elle serait censée être toute à la danse avec son partenaire, cette femme utilise le dos de celui-ci comme pare-engagement lui permettant de lire un billet (doux ?). Comme dans l'exercice précédent, ce qui fait sourire, c'est le non-respect d'une règle vu la non-légitimité du pare-engagement utilisé : on peut douter de son efficacité (en tout cas pour les autres danseurs) ; « lire dans le dos » de son partenaire ne peut être qu'offensant pour lui si c'est fait sans sa connivence ; dans le cas contraire, c'est de toute façon non respectueux de l'engagement dû à l'ensemble des danseurs.

Exercice 2.11

1. Dans cet aéroport, on peut observer les signes de l'engagement minimal requis par les tenues vestimentaires portées par l'ensemble de ces hommes, la possibilité laissée de lire, de bavarder dans ce type de lieu sans objet officiel d'interaction ; on peut craindre que le lecteur de gauche n'empiète sur le territoire du voyageur assis à l'avant-plan, au vu du corps légèrement déporté vers la droite de celui-ci. Il y aurait alors non-respect par ce lecteur du minimum d'attention requis.
2. Dans le cas du couple au centre de la photo, on observe son respect des exigences de la tenue vestimentaire dans une ville, même en été : ils forment à deux une entité dont l'homme, par le regard, veille au respect de l'attention requise (entre autres pour se frayer un chemin entre les passants). Arrimée à son partenaire, la femme peut distraire son attention de la rue et des autres interactants.

Conclusion de la première partie

On va comparer les deux types d'approche de l'identité développés dans cette première partie autour de questions concernant l'identité bien sûr (Q1 à Q4), mais aussi le niveau d'analyse proposé (Q5) et le lien entre identité et société (Q6). En situant les deux auteurs l'un par rapport à l'autre, l'objectif est d'aller plus loin dans la compréhension de ce qui singularise leur approche et, ce faisant, d'approfondir notre réflexion autour de la question de l'identité.

La question n'est pas ici de se demander laquelle des deux théories est plus «vraie» que l'autre. Chacune apporte un éclairage irremplaçable – et nécessairement limité – sur la complexité de l'homme. L'intérêt est dès lors de mieux saisir la singularité de chaque théorie en gagnant ainsi un recul critique par rapport à chacune d'elles, permettant d'identifier ce qu'elle éclaire et ce qu'elle laisse dans l'ombre.

Avant d'entamer pour la première fois cet exercice de comparaison rappelons-en les composantes.

Comparer, c'est :

1. rappeler d'abord le point de vue de chaque auteur ;
2. mettre en évidence les similarités et les différences entre ces points de vue ;
3. comprendre ces similarités et différences, en proposant l'un ou l'autre élément permettant de les éclairer.

1 Les caractéristiques retenues comme pertinentes pour définir l'identité

L'essentiel est de constater que, pour E. Goffman, il n'y pas de caractéristiques comme telles de l'individu qui soient à prendre en compte, alors que pour P. Bourdieu, les capitaux et l'habitus d'un individu sont les deux types de propriétés permettant de définir son identité, l'un renvoyant à des caractéristiques objectivées, l'autre, à des caractéristiques subjectivées.

Comment comprendre cette différence fondamentale entre P. Bourdieu et E. Goffman ?

On est renvoyé pour ce faire à la conception de l'identité de E. Goffman, celle-ci étant produite dans chaque interaction. C'est la situation qui définit l'identité plus que des caractéristiques intrinsèques de l'individu qu'il « emmènerait » partout avec lui. Puisque les interactions où s'engage l'individu sont multiples, l'identité est elle aussi multiple.

♣ ***Quatre exercices permettent de concrétiser les implications de cette différence fondamentale de perspective: le « laïft, « Itinéraire d'un enfant gâté », « La révision des examens » et « Les cinémas multiplexes et incivilité ».***

2 Processus par lequel l'identité se constitue

Chez P. Bourdieu, c'est par l'habitus primaire d'abord et de la façon la plus durable (généralement au sein de la famille), puis par l'habitus secondaire que se constitue l'identité. Pour E. Goffman par contre, le processus de socialisation, auquel il s'intéresse peu au demeurant et qui correspond à la constitution de l'habitus primaire chez P. Bourdieu, a pour finalité de faire intégrer et accepter par l'individu les règles de l'interaction (et non pas une identité spécifique puisque celle-ci sera produite chaque fois pour le temps de l'interaction et durant celle-ci). Le passé d'un individu prend donc un poids beaucoup plus important chez P. Bourdieu puisque c'est lui qui conditionne l'identité qui y sera incorporée (en privilégiant les expériences faites durant la prime enfance). Comment comprendre cette différence ?

Le fait de mettre tous les interactants sur le même pied, quelle que soit leur proximité affective avec l'individu, contribue à ne pas attribuer au passé (celui de l'immersion dans le milieu familial) un poids particulier.

La façon dont E. Goffman conçoit le temps comme une suite de moments, d'instantanés (et non comme une ligne continue) ne donne pas un réel privilège aux expériences passées faites par l'individu. Seule l'incorporation des règles du jeu social s'y joue, ce qui n'est pas rien mais n'est pas du même ordre. Cette conception du temps va de pair avec la conception de l'identité comme éclatée, potentiellement différente dans chaque interaction. Pour P. Bourdieu par contre, le temps est une ligne continue, dont les différentes étapes laissent des traces (sous forme incorporée) marquant plus ou moins durablement l'identité (avec une prééminence pour les premières expériences), ce qui lui donne une consistance.

3 Les formes de la liberté

Chez aucun des auteurs vus, la liberté ne peut être pensée indépendamment de la société qui à la fois la rend possible et la limite. Pour affiner notre analyse, il est utile de distinguer la liberté d'action (qui permet, en l'occurrence, d'agir sur les propriétés et/ou le processus même par lesquels se définit l'identité) et la liberté de conscience (ouvrant à une conscience de ce qui détermine l'identité, indépendamment de la volonté ou de l'action d'un individu).

En ce qui concerne la **liberté d'action**, P. Bourdieu considère que ce que l'on peut faire (par l'habitus) dépend très étroitement de ce que l'on a fait de nous (par notre place dans la structure objectivée). La liberté d'action est donc très faible ; ce qui la limite essentiellement, c'est notre accès aux capitaux et son incorporation. Pour E. Goffman, l'acteur, par son jeu, a une certaine liberté d'action mais cadrée par des règles dont l'essentiel ne peut être modifié lors d'une interaction. En effet, comme E. Goffman appréhende le temps dans son instantanéité et non dans sa continuité, on peut considérer que l'essentiel des règles régulant l'ordre de l'interaction s'impose à l'acteur en toute extériorité. La liberté d'action est davantage reconnue ici que chez P. Bourdieu ; ce sont les règles de l'interaction qui à la fois la rendent possible et la limitent.

En ce qui concerne la **liberté de conscience**, P. Bourdieu considère que l'individu est très largement inconscient des conditions qui déterminent son action. C'est pourquoi, le sociologue a, de son point de vue, un rôle important à jouer pour éclairer les individus quant aux déterminations dont ils sont l'objet. L'importance qu'il donne au rôle du sociologue est à la mesure de la non-conscience des individus concernant les lois du social.

Pour E. Goffman, au contraire, c'est l'acteur qui est le mieux placé pour expliciter le rôle qu'il entend jouer et pour interpréter l'action des autres. C'est cette liberté de conscience qui fait des interprétations réciproques une dimension fondamentale de l'interaction, pouvant donner lieu à une régression au énième degré (chacun intégrant dans l'évaluation de son action et la redéfinition de sa ligne de conduite l'interprétation qu'il fait de l'interprétation que l'autre fait de sa conduite).

Si la sociologie peut accroître la liberté de conscience des individus, c'est dans une continuité avec leur compétence réflexive et sans excès de lyrisme, dans la mesure où une forme de liberté dans l'action est également accessible à l'individu, par rapport à laquelle le sociologue n'a pas de rôle direct à jouer.

4 Le rôle du corps et des émotions

Une fois n'est pas coutume, nous allons trouver autour de cette question une grande proximité entre nos deux auteurs.

Si la conscience des individus ne leur donne pas nécessairement accès à tout ce qui les concerne, quel rôle vont jouer le corps et les émotions pour orienter leur action, pour déterminer comment agir dans la vie quotidienne et dans les rencontres avec autrui ?

Le corps, aussi bien chez P. Bourdieu que chez E. Goffman, joue un rôle fondamental. Pour ces deux sociologues, la culture, ça s'incorpore. Le corps n'est donc pas réduit à une machine effectuant des tâches physiques : il est marqué par la culture, ses règles et sait comment les exprimer. Il sait se tenir. Que ce soit chez P. Bourdieu (par l'habitus comme incorporation des nécessités caractérisant une position sociale) ou chez E. Goffman (par le rôle donné au corps dans l'expression des règles de l'interaction), le corps est un relais fondamental entre l'identité et le social. Il est le support d'une intelligence du social.

P. Bourdieu parle ainsi d'une « connaissance par le corps » [1997, p. 153], ce qui lui permet de considérer comme irréaliste la représentation de l'action selon laquelle toute action serait précédée d'une délibération, supposant l'établissement d'une liste de choix possibles et de leurs conséquences. Cette conception est très présente dans la science économique via la notion d'action rationnelle (comme étant le produit d'un calcul). C'est en rupture avec elle qu'est conçu l'habitus qui permet de définir des « stratégies » sans calcul des moyens ni explicitation des fins, fondées sur des actes de connaissance pratique.

Les émotions jouent également un grand rôle dans la mise en forme de ce savoir pratique, aussi bien chez P. Bourdieu que chez E. Goffman. Pour P. Bourdieu, l'investissement dans le jeu social est d'abord un désir, un plaisir de jouer. Sans qu'il le développe expressément, on peut penser que c'est entre autres de par l'investissement affectif de l'enfant sur ses parents que l'habitus primaire s'incorpore et de façon durable.

E. Goffman fait intervenir très explicitement les émotions parmi les effets d'une (dé)valorisation de notre face. Nous sommes affectés par une profanation de notre face et de celle des autres ; nos affects sont, à ce titre, un stimulant à respecter les règles (nous nous sentons bien ou mal lorsque les règles sont ou non respectées). Nos émotions nous servent aussi d' « avertisseurs » en cas de non-respect des règles : elles nous informent et contribuent à orienter notre action.

Quelles que soient les compétences de l'individu au niveau de sa conscience réflexive, il est important de souligner que, tant pour P. Bourdieu que pour E. Goffman, la compétence pratique de tout un chacun est avérée par les moyens que sont le corps et les émotions.

5 Les liens entre micro-sociologie et macro-sociologie

Distinguons d'abord deux niveaux d'étude sociologique : la micro-sociologie, située au niveau de l'individu en interaction et la macro-sociologie, située au niveau des catégories sociales dépassant l'individu (comme la classe sociale ou la structure sociale, par exemple). On peut distinguer aussi le lieu d'observation du sociologue (les faits auxquels il se confronte, qui peuvent être micro- ou macro-sociologiques) et le lieu d'explication qu'il choisit (micro-et/ ou macro-sociologique).

Comment situer les lieux d'observation et d'explication privilégiés par E. Goffman et P. Bourdieu en fonction de cette distinction entre micro- et macro-sociologie ?

P. Bourdieu propose des observations relevant tant du niveau micro-sociologique que macro-sociologique. Cependant, même lorsqu'il observe des actes de la vie quotidienne proprement micro-sociologiques (comme les choix alimentaires ou vestimentaires par exemple), c'est pour y déceler en quoi ils renvoient à des traits généraux d'une classe (c'est ainsi qu'il considère le style personnel comme une variation minime par rapport au style d'une classe à une époque donnée). L'analyse micro-sociologique (comme lieu d'observation) ne prend du sens que rapportée à des variables macro-sociologiques (comme la structure des capitaux et des habitus de classe). Il ne lui est pas reconnu une autonomie, même relative. P. Bourdieu situe un certain nombre de ses observations au niveau micro-sociologique (par exemple, le déroulement d'un repas dans une famille de la classe ouvrière) mais l'explication de ce qui se passe à ce niveau vient exclusivement d'une analyse en terme macro-sociologique.

Pour E. Goffman par contre, le niveau des interactions en face à face constitue un ordre d'observation mais aussi d'explication à part entière. Toute son œuvre est consacrée à l'analyse de l'ordre de l'interaction, délaissant l'observation macro-sociologique et l'explication par le macro-sociologique. Ceci se justifie, à ses yeux, par l'autonomie relative du niveau micro-sociologique par rapport au macro-sociologique.

Comment décrire les rapports entre ces deux niveaux d'analyse ? Sans les avoir étudiés en tant que tel – ce qui reste à faire – E. Goffman en parle comme d'un « couplage flou » [« l'ordre de l'interaction », in Y. Winkin, 1988, p. 209]. Qu'entend-il par là ?

Le «flou» de ce couplage signifie qu'il n'y a pas de déterminisme simple et strict allant soit du macro-sociologique vers le micro-sociologique (ce vers quoi tend l'approche de P. Bourdieu), soit du micro-sociologique vers le macro-sociologique (ce n'est pas parce qu'il s'intéresse à l'ordre de l'interaction que E. Goffman prétend que cet ordre est fondateur, antérieur ou constitutif du niveau macro-sociologique).

Autrement dit, il y a un certain «déterminisme local» [*op. cit.*, p. 223] permettant d'expliquer ce qui se passe dans l'interaction par les règles de cet ordre, indépendamment des attributs sociaux renvoyant au macro-sociologique.

> *Ex.* : dans une transaction de service, il y a des principes propres à l'ordre interactionnel – tels que l'égalité de traitement et le traitement de courtoisie – qui sont censés être appliqués indépendamment de l'appartenance de classe, de race, de sexe... ; les marques de courtoisie propres à la mise en scène de l'ordre interactionnel valent autant pour le rapport des hommes aux femmes que pour les rapports entre adultes et personnes âgées, un hôte et son invité, un autochtone face à un étranger, une personne bien portante face à une personne malade [*op. cit.*, p. 217].

Des modifications de pratiques rituelles (faisant que l'on peut par exemple s'habiller de façon plus informelle dans les entreprises) peuvent ne rien changer aux hiérarchies propres à la structure sociale. Mais on peut trouver aussi des cas de liens entre les deux niveaux d'analyse (comme lorsqu'un pouvoir politique modifie les façons de se saluer, ou de se présenter en public – par exemple le port obligatoire d'un brassard par les juifs ou le port du voile par les femmes – ou aussi comme lorsque des événements interactionnels – de grands rassemblements populaires organisés par un parti – ont des effets durables sur les participants et, par là, sur la stabilité des régimes politiques).

La notion de «couplage flou» entre les niveaux micro-sociologique et macro-sociologique signale la reconnaissance de liens, encore à étudier, mais ne pouvant être réduits à des relations de détermination telles qu'un niveau perde toute autonomie – et dès lors, toute pertinence – pour l'explication.

6 La nature du lien entre identité et société

Les deux sociologues étudiés analysent les caractéristiques de l'identité et les processus par lesquels elle se constitue en lien, d'une façon ou d'une autre, avec la société. On retrouve bien ce qu'on avait annoncé dans l'introduction générale : le regard sociologique est une façon d'envisager l'individu dans une interdépendance essentielle avec le social.

Quelle est la nature de cette relation essentielle, constitutive du social ? C'est à ce niveau que l'on peut établir des distinctions entre les sociologues étudiés jusqu'ici.

Pour P. Bourdieu, l'individu est fondamentalement **déterminé** par le social (en l'occurrence les structures sociales objectivées et incorporées).

Présenter ce lien sous un jour déterministe va de pair avec la quête d'une connaissance réflexive censée permettre d'échapper au social.

Pour E. Goffman, l'individu et la société sont les deux faces, produites d'un même mouvement, de l'ordre interactionnel. Il y a **homologie structurale** entre l'individu et le social : les mêmes traits – la vulnérabilité et la vénérabilité – les mêmes processus, les constituent. Dès lors, le rapport au social - à autrui dans l'interaction – apparaissant comme constitutif de l'individu, E. Goffman, en cela opposé à P. Bourdieu, ne va pas chercher dans l'intériorité le moyen d'une émancipation

Les sociologues vont donc appréhender de différentes manières, non réductibles au seul déterminisme, les rapports individu et société. C'est le caractère essentiel de ces rapports qui nous permet d'entamer la seconde partie de cet ouvrage portant sur le lien social en sachant déjà que nous y retrouverons certaines des questions soulevées à propos de l'identité individuelle puisque individu et société ne peuvent être pensés qu'ensemble.

2

Lien social et modernité (avancée)

Introduction

La question qui va nous occuper dans cette seconde partie est la suivante : comment, dans le contexte du monde qui est le leur, les sociologues conçoivent-ils ce qui fonde le lien social, ce qui oriente et permet le vivre-ensemble ?

Deux périodes socio-historiques et deux moments charnières de la sociologie ont été choisis comme pertinents : la période des pères fondateurs de la sociologie, qui s'étend de la seconde moitié du XIXe siècle à la Première Guerre mondiale ; un siècle plus tard, celle des sociologues contemporains, qui va de la fin des années 1960 à nos jours.

La première période retenue est celle où se pose la question de la singularité de la modernité. À la suite de bien d'autres, D. Martuccelli [1999] considère que c'est autour de cet enjeu que s'est constituée la sociologie. À partir de la seconde moitié du XIXe siècle, les premiers sociologues interrogent, dans une certaine ambivalence, la spécificité du monde moderne. Parmi ces fondateurs, nous présenterons les analyses de F. Tönnies et M. Weber[1]. Ce sera l'objet du troisième chapitre.

Près d'un siècle plus tard, à partir de la fin des années 1960, d'autres transformations, vécues souvent sur le mode de la « crise » amènent les sociologues à réinterroger la pertinence des analyses de la modernité, cherchant à la fois les continuités mais aussi les différences avec la pensée des fondateurs de la sociologie : le concept de modernité avancée témoigne de cet effort pour comprendre ce qu'est devenu le lien social dans un contexte nouveau, tout en présentant un certain nombre de traits communs avec le monde moderne. Deux sociologues contemporains ont été choisis, J.T. Godbout et R. Sennett, qui seront présentés dans le quatrième chapitre.

1 Nous introduirons la pensée de E. Durkheim, un autre des grands ancêtres de la sociologie, dans le chapitre épistémologique.

3

F. Tönnies, M. Weber et l'analyse des sociétés modernes

Introduction

Sociologie et histoire des sociétés démocratiques industrielles

R.A. Nisbet [1984] situe l'apparition de la sociologie (suite aux travaux d'un ensemble de penseurs, entre 1830 et 1900) dans un contexte social marqué par deux révolutions :

- la révolution démocratique (issue de la Révolution française)
- la révolution industrielle

Nous ajouterons un troisième élément :

- l'expansion coloniale.

C'est en tentant d'analyser ces bouleversements et leurs conséquences que s'est formée la sociologie.

1. ***La révolution démocratique*** marque la fin de l'Ancien Régime. L'ordre social, qui reposait sur les liens de parenté, la terre, la religion, l'appartenance à une communauté restreinte (qu'il s'agisse du village ou de la corporation) bascule. La légitimité du pouvoir, traditionnellement liée au sacré (monarchie de droit divin) est contestée. L'autorité anciennement reconnue à l'Église, à la monarchie, à l'aristocratie, aux corporations,

semble inacceptable. Ces transformations, qui ont été les conditions d'un mouvement de démocratisation, apparaissent aussi à l'époque comme extrêmement inquiétantes : qu'est-ce qui va remplacer les anciennes formes de sécurité, de solidarité ?

2. ***La révolution industrielle*** va avoir un certain nombre de conséquences sur la réalité sociale dont certaines vont particulièrement attirer l'attention des sociologues dont :
   - la modification des conditions de travail des ouvriers (dans le sens d'une dégradation par rapport au travail agricole et à l'artisanat qui prévalaient antérieurement) ;
   - l'essor des villes industrielles, se développant de façon extrêmement chaotique (avec une rupture des liens villageois) ;
   - un nouveau régime de propriété, où la propriété industrielle à grande échelle, impersonnelle (se jouant en bourse, par des achats et des ventes d'actions) vient succéder à une propriété foncière, personnalisant les liens au propriétaire ;
   - des découvertes technico-scientifiques qui s'accompagnent d'une nouvelle organisation du travail en usine (parcellisation, sentiment de déshumanisation).

3. ***L'expansion coloniale***

Le XIXe siècle a été le siècle d'expansion de l'entreprise coloniale faisant passer les territoires de la planète contrôlés par les puissances occidentales de 35 % en 1800 à 85 % en 1914 – via le statut de colonies, de protectorats, de dominions… [E. Said, 2000].

C'est au XIXe siècle aussi que l'ethnologie va se constituer comme discipline scientifique, tendant à figer les différences entre « eux » et « nous » (les Occidentaux).

Les peuples non occidentaux vont souvent apparaître comme définis par une identité collective immuable, défavorable à l'autonomie individuelle : ils sont censés incarner ce que « nous » étions dans le passé, leur éloignement géographique se superposant à une distance historique.

F. Tönnies et M. Weber, comme les sociologues de leur génération, vont tenter de comprendre le monde moderne qui est le leur dans ce qui le singularise par rapport aux autres sociétés, historiquement et/ou géographiquement éloignées.

Questions adressées aux deux sociologues retenus

Les éléments donnés dans ce chapitre permettront de comparer « nos » deux sociologues lors des conclusions et ce, à partir des 3 questions suivantes :

1. Par quels concepts différents types de liens sociaux sont-ils identifiés ?
2. À partir de ces concepts, comment est analysée la société « moderne » (de la fin du XIXe au début du XXe siècle) ? Dans quelle mesure cette analyse articule-t-elle les types de liens sociaux conceptuellement distingués ?
3. À quels dangers les deux sociologues sont-ils plus sensibles et comment développent-ils un point de vue davantage normatif sur les types de liens étudiés ?

Objectifs pédagogiques

Les trois questions qui précèdent constituent la clé pour l'étude de ce chapitre, permettant de bien distinguer l'intérêt conceptuel et l'intérêt descriptif (analysant des sociétés particulières) des deux auteurs étudiés.

Au niveau des exercices, l'objectif à viser est d'être capable d'utiliser les concepts centraux de ce chapitre (communauté et société pour F. Tönnies, les deux types d'action, les trois types de domination, bureaucratie et rationalisation pour M. Weber) pour analyser l'aspect de la réalité contemporaine présenté dans l'exercice. Il s'agira le plus souvent de voir comment, pour comprendre cet aspect, il faut combiner les traits de différents concepts, la réalité empirique coïncidant rarement avec le modèle théorique qu'en propose le concept (dans la perspective du concept d'idéaltype présenté dans la partie concernant M. Weber).

1 Ferdinand Tönnies (1855-1936)

> *« Dans la vieille Angleterre, l'étrange lien du sang maintenait les classes unies. Les châtelains pouvaient être arrogants, violents, brutaux et injustes, pourtant d'une certaine manière, ils étaient unis au peuple, faisant partie du même flux de sang. »*
>
> D.H. Lawrence

Le nom de F. Tönnies est associé à la mise en évidence de la distinction fondamentale entre communauté (*Gemeinschaft*) et société (*Gesellschaft*) qu'il développa dans son œuvre homonyme « Communauté et société » paru en 1887. Il désigne ainsi deux modalités du vivre ensemble : la première, communautaire, suppose une soumission de l'individu au groupe ; la seconde, « sociétaire », repose sur la poursuite de l'intérêt individuel, les uns n'acceptant de se lier aux autres que par calcul. Il donne à cette distinction, que l'on retrouve chez de nombreux intellectuels allemands dès le début du XIXe siècle (voir premier encadré) la forme la plus aboutie.

L'œuvre dans le contexte de l'histoire des idées

On peut considérer avec R.A. Nisbet [1984, pp. 69-79, 96-99], que de 1500 à 1800, les penseurs élaborent la notion de société autour de l'idée qu'elle est l'union rationnelle d'hommes libres, liés par un contrat. Dans cette logique, toutes les communautés font horreur, renvoyant à l'univers de la féodalité. À partir du début du XIXe siècle cependant, essentiellement dans le chef des **conservateurs** d'abord, apparaît une réaction virulente contre la modernisation, amenant à redécouvrir les vertus de la communauté traditionnelle, censée faire barrage à l'individualisme impersonnel du monde moderne. Dans ces milieux, pendant tout le XIXe siècle, la communauté va être conçue comme une « nouvelle utopie » [*op. cit.*, p. 69].

Les milieux **socialistes** également – sauf dans leur variante marxiste étrangère à ce type de valeurs – vont élaborer un idéal communautaire (prenant la forme des sociétés de secours mutuel, de coopératives, de communautés anarchistes...) permettant d'organiser une solidarité entre les travailleurs.

Si conservateurs et progressistes se retrouvent, sous des modalités différentes, derrière la communauté redéfinie comme idéal contre la modernité, au plan académique, ce sont toutes les disciplines qui contribuent à cette redécouverte : historiens mais aussi politologues, sociologues, juristes, philosophes...

De façon plus précise, trois œuvres, publiées dans les années 1860, vont fortement inspirer F. Tönnies : celle de Otto von Gierke, celle de Maine et celle de Fustel de Coulanges. C'est donc à la fois dans un contexte intellectuel généralement sensible à la portée de la communauté comme contre-poids par rapport à la modernité et suite à trois œuvres élaborant des concepts proches que F. Tönnies va inscrire son propre travail.

C'est sans doute pour la qualité de son élaboration mais aussi au vu des résonances qu'elle a rencontrées dans la société allemande de son temps que la distinction « communauté/société » est passée à la postérité associée au nom de F. Tönnies. Le reste de son œuvre, par ailleurs abondante, est aujourd'hui tombée dans l'oubli. C'est donc seulement sur la présentation de cette distinction que nous nous centrerons.

Ceci dit, au-delà de l'Allemagne, parmi les sociologues, des contemporains de F. Tönnies (E. Durkheim par exemple, avec ses concepts de solidarité mécanique/organique ou ultérieurement C.H. Cooley et son « association primaire/secondaire » ou L. Dumont et son analyse de l'« idéologie holiste/individualiste ») ont développé des analyses du vivre ensemble proches de celle de F. Tönnies. Ceci témoigne de ce que l'écho trouvé par son œuvre ne peut être réduit à n'être que propre à la conjoncture de l'Allemagne au début du XXe siècle.

La vie et l'œuvre

F. Tönnies est né en 1855 dans le Schleswig-Holstein d'une famille de gros agriculteurs. Les commentateurs considèrent généralement que cette expérience initiale de la vie villageoise ressurgit dans son œuvre sous la forme d'une nostalgie de l'esprit communautaire.

Il se forma dans différentes universités allemandes en étudiant la philosophie, l'histoire, l'économie, les statistiques et les langues anciennes. Dès 1881, année où il soutient sa thèse à Tübingen, il se met à travailler à ce qui deviendra son œuvre majeure *Gemeinschaft und Gesellschaft*. Il tente aussi de fonder une «communauté» de chercheurs, en dehors de l'université, fonctionnant autour des valeurs qui lui sont chères: confiance, aide mutuelle, amitié, bien-être de tous ses membres, reconnaissant des différences hiérarchiques mais sans différences de salaire. Cette tentative sera vouée à l'échec [Adair-Toteff, C., 1995].

Publié en 1887, *Gemeinschaft und Gesellschaft* ne rencontra aucun écho. F. Tönnies se consacra alors à différents travaux théoriques (entre autres sur Hobbes et Nietzsche) et appliqués (par exemple une étude statistique sur le suicide). Il s'engagea en faveur du mouvement socialiste et de diverses causes progressistes, ce qui contribua vraisemblablement à lui barrer l'accès à une carrière dans l'enseignement supérieur.

En 1912, le succès considérable de la réédition de *Gemeinschaft und Gesellschaft* va changer considérablement sa carrière professionnelle: on lui offre un poste à l'université – il a alors 57 ans. Il devient président de l'Association allemande de sociologie, il s'engage dans plusieurs sociétés académiques étrangères. Entre 1920 et 1936, son livre va être réédité huit fois. S'il peut être en partie attribué à la qualité de l'ouvrage, ce succès tient pour beaucoup aux interprétations qui en seront faites. D'abord, l'ouvrage va être lu comme une caution scientifique de la réaction contre la société industrielle, mécanique, froide; dans le contexte de la montée des nationalismes, il va apparaître ensuite comme un soutien à l'exaltation de la Nation allemande (comme *Gemeinschaft*); enfin, à partir des années 1920 et de la montée du National-Socialisme, il semblera légitimer l'esprit de la communauté authentique inspirant en partie l'idéologie nazie. F. Tönnies se défendra énergiquement de ce dernier usage de son œuvre, entrant au parti social démocrate, ce qui lui vaudra d'être exclu de l'enseignement universitaire et de perdre son droit à la pension de retraite [Stafford, W., 2002].

1.1 Communauté (*Gemeinschaft*)

Cette forme de lien social suppose la proximité – affective, sociale, spatiale –, rassemblant des individus se vivant comme identiques (par le sang, la race, l'esprit, les activités, la religion...); elle repose sur une compréhension de tous envers chacun et sur une volonté commune. F. Tönnies va dégager les caractéristiques du lien communautaire à partir de trois cas paradigmatiques : d'abord, et essentiellement, les liens du sang (c'est dans la famille que se vivent de façon la plus immédiate l'amour et la volonté commune), mais aussi les liens de voisinage et la communauté spirituelle (à partir de laquelle penser la nation). Il s'agit de bien comprendre le statut de ces trois cas qui, tels que les envisage F. Tönnies, apparaissent comme exemplaires du lien communautaire. Cela ne veut pas dire que toutes les familles ou les voisins que l'on peut observer vivent exclusivement, ni même essentiellement, selon la logique communautaire.

En ce qui concerne les **liens du sang**, F. Tönnies prend en considération la vie commune se déroulant sous le même toit : la « communauté de lieu » va de pair avec la « communauté d'esprit ». La « communauté de lieu » implique une « possession et une jouissance commune des biens » (en particulier, des biens alimentaires que l'« on partage autour de la même table » [F. Tönnies, 1977, p. 56]. Les membres de la famille recherchent la proximité physique (l'amour cherche la proximité avec l'être aimé) même si le lien familial peut survivre à l'éloignement grâce à la mémoire. Du point de vue de la « communauté d'esprit », on trouve une crainte et une vénération communes pour les morts et les esprits familiaux qui assurent une vie paisible.

En ce qui concerne les **liens de voisinage**, on retrouve cette double caractérisation : une communauté de lieu et d'esprit. Du point de vue de la communauté de lieu, on n'a plus, comme dans la famille, un toit unique mais un rapprochement des habitations. Les liens de voisinage survivent plus difficilement à l'éloignement : la perspective de rencontres futures, les mêmes « usages sacrés » peuvent y contribuer. Ce disant, on retrouve la dimension spirituelle de la communauté : une foi dans les mêmes dieux, les mêmes esprits invisibles.

Le cadre privilégié de ce type de lien est le village rural, rassemblant des agriculteurs travaillant la terre ; cependant, F. Tönnies signale que certaines associations (compagnons, confréries, coopératives...) peuvent être considérées aussi comme des communautés.

En ce qui concerne l'**amitié et la communauté spirituelle**, le lien est invisible (contrairement au lien familial ou de voisinage matérialisés par une proximité physique). L'absence d'une communauté de lieu est compensée précisément par la dimension spirituelle du lien : F. Tönnies parle même de « réunion mystique », facilitée par « l'identité des conditions de travail et des façons de penser » [*op. cit.*, p. 58], une foi et des valeurs communes. Néanmoins, « des rapprochements passagers et fréquents » [*op. cit.*, p. 58] permettront d'entretenir le lien (on retrouve encore, sous une forme atténuée, la dimension de proximité physique).

Quand la **nation** est pensée sur ce modèle, une unité de type mythique, métaphysique est mise en avant. Un esprit commun, une morale et des valeurs spirituelles propres, nécessairement singulières par rapport à d'autres nations sont mis en évidence.

Ex. : la création de l'État d'Israël correspond de façon frappante à cette conception de la nation : une « terre promise » par Dieu au « peuple élu », guidé par des prophètes tels qu'Abraham et Moïse, donne une identité religieuse et mythique/mystique forte favorisant l'émergence d'une communauté nationale dont il est difficile de distinguer la dimension religieuse de la dimension nationale.

Comment, au-delà des ces trois cas exemplaires et à partir d'eux, F. Tönnies définit-il le lien communautaire ? Par l'association de quatre traits que nous allons détailler.

Unité et compréhension

Ce qui soude les hommes au sein de la communauté, c'est la compréhension qu'ils ont les uns des autres, fondée sur une connaissance intime. Celle-ci est d'autant plus probable que les expériences se ressemblent, que les caractères, les façons de penser sont de même nature, qu'un esprit commun se développe. On retrouve le sentiment d'identité que l'on avait rencontré au cœur de l'amitié et de la communauté spirituelle. La compréhension est donc rendue possible par une unité de fait et de conscience. Dès lors, s'il peut exister des inégalités au sein de la communauté (inégalités de pouvoir, d'obligations et de droits), celle-ci tentera de les limiter car elles la compromettent.

Ex. : pour poursuivre avec l'exemple de l'état d'Israël, on voit ainsi comment les différences socio-économiques entre les Juifs originaires des parties les plus prospères de l'Europe occidentale et les Juifs issus de pays plus pauvres sont perçues comme indignes de l'idéal communautaire et, à ce titre, doivent être combattues.

La compréhension s'accompagne de sentiments tels que la confiance, l'amour, la profondeur des liens. C'est en cela que les liens mère-enfant peuvent apparaître comme le lien communautaire type. C'est aussi pour cela que la *Gemeinschaft* est associée communément à la morale, au bien, à la vertu.

Le moyen, mais plus encore, le fondement indispensable à la compréhension est la langue commune. Plus qu'un moyen de communication, la langue produit des sentiments et des pensées qui constituent l'identité même, d'où le fait qu'elle puisse devenir un étendard autour duquel on se rassemble pour se battre.

Ex. : dans le contexte de l'histoire de Belgique, l'importance de la défense de la langue au sein du mouvement flamand, dès ses premières manifestations au XIXe siècle, témoigne de cette portée communautaire de la langue commune.

La nature de cette compréhension est d'être muette, tacite. Elle ne peut être construite, décidée délibérément ni faire l'objet d'une convention ou d'un contrat explicite.

Volonté commune et obéissance

Les sentiments propres à l'esprit de la *Gemeinschaft* s'accompagnent de la définition de règles de vie commune, de buts communs, c'est-à-dire de l'émergence d'une volonté commune. Cette volonté semble aussi naturelle que la langue commune : elle repose sur la concorde et l'entente.

Parce qu'il y a volonté commune, les individus sont dépendants les uns des autres : ils ne sont pas libres d'exercer leur volonté et leur pouvoir propres.

Une des caractéristiques de cette volonté est la volonté de « possession et jouissance réciproque de biens communs ». Ceci débouche sur une volonté de protection et de défense :

> *« Biens communs, maux communs, amis communs, ennemis communs ».* [*op. cit.*, p. 66]

La volonté positive (autour d'un projet commun) va dès lors de pair avec une volonté négative « donc d'une volonté commune d'anéantissement » [*op. cit.*, p. 66] ou une destruction de ceux qui sont extérieurs à la communauté.

La lutte commune (contre les ennemis extérieurs à la communauté) suppose l'obéissance, la soumission à un chef (le plus ancien, représentant la lignée, ou le plus sage, le plus proche des dieux). La désobéissance peut être durement réprimée.

Illustration 3.1 L'attachement à la culture flamande des dirigeants flamands d'aujourd'hui

Dans sa thèse consacrée aux identités culturelles des dirigeants en Flandre et en Wallonie [dont certaines analyses sont reprises dans son livre *Oser être Wallon !*, dir. J.-Cl. Van Cauwenberghe, Quorum, 1998, pp. 158-160], Denise Van Dam souligne entre autres la dominance d'une représentation en termes de « Gemeinschaft » de l'identité collective des dirigeants flamands.

> « Quant aux représentations de la culture régionale, les dirigeants flamands se félicitent de posséder un héritage culturel d'envergure. Selon leurs dires, la culture flamande est connue et reconnue aux quatre coins du monde. Grâce à sa peinture, sa littérature, son architecture… la Flandre a rayonné dans le monde entier. Aujourd'hui elle poursuit son chemin. Elle est une et indivisible grâce à cette culture, procurant au peuple entier, au-delà des clivages sociaux un sentiment d'appartenance chaleureux. C'est comme

cela qu'on pourrait résumer les représentations culturelles des dirigeants flamands. La culture est manifestement un élément de taille. J'ai pu remarquer l'importance accordée à "l'opinion des autres", ces "autres" étant les forums culturels internationaux. Cette "opinion des autres" va de pair avec "l'ouverture aux autres" : il s'agit de deux dimensions essentielles pour l'accession de sa région au statut de nation. (...)

Remarquons qu'une minorité des interviewés, issus du monde culturel, est très critique à l'égard de la politique culturelle flamande ; ils estiment que le gouvernement flamand essaie de manipuler les créateurs culturels et d'imposer une seule conception de la culture en Flandre.

Il s'agissait surtout de dirigeants des secteurs économique, financier et politique et dans une moindre mesure du secteur culturel.

Comme pour la culture, bon nombre de dirigeants flamands estiment que la lutte pour le néerlandais est un devoir qui s'impose tout naturellement. Ils sont nombreux à s'exprimer de façon très émotive sur la langue. Ils estiment qu'au nom de la lutte linguistique du passé, le néerlandais doit être respecté. En plus, le néerlandais resterait une langue menacée. Certains estiment que la langue est *"ce qui fait un peuple"*. Ainsi, par exemple, pour un des interviewés :

> *"Je pense que si nous définissons la Flandre, le facteur langue est très important, car la langue est déterminante pour la nationalité, l'individualité d'une nation. Dans notre cas, pour définir notre peuple, le rôle de la langue est déterminant. La langue est tellement liée à la façon de penser et de se faire une opinion. Toute l'individualité de la personne dans la communauté de langue !".* » ©

1.2 Société (*Gesellschaft*)

Là où, au sein de la communauté, on trouvait l'unité, la concorde, l'amour et la compréhension, on trouve, entre les individus membres d'une société, la poursuite de l'intérêt personnel. Cela donne une forme très particulière au lien de type *Gesellschaft* :

> *« tandis que, dans la communauté, [les êtres humains] restent liés malgré toute séparation, ils sont, dans la société, séparés malgré toute liaison. »* [*op. cit.*, p. 81]

Si les exemples-types de la communauté étaient la famille, le voisinage et l'amitié, celui choisi par F. Tönnies pour illustrer la société est l'association volontaire de commerçants.

> *« Chacun est un commerçant. »* [Adam Smith, cité par F. Tönnies, *op. cit.*, p. 92]

Une remarque terminologique s'impose : la traduction française « société » donnée au terme « *Gesellschaft* » prête à confusion dans la mesure où elle renvoie au sens extensif donné par la sociologie à ce terme. La *Gesellschaft* n'est qu'une des formes possibles de vie en société, que nous allons maintenant définir : elle ne peut s'étendre à toute société ni à toute la société.

Des individus indépendants animés par la poursuite de leur intérêt.

Si les individus vivant en communauté soumettent leur libre-arbitre à la volonté commune, les individus en société sont « indépendants les uns des autres et sans action intérieure réciproque » [*op. cit.*, p. 92]. N'adhérant plus aux valeurs communes, qu'est-ce donc qui oriente leurs comportements ? La poursuite de leur intérêt, le plus souvent matériel. Dès lors, ils choisissent de se lier à autrui si et seulement si ils y trouvent un intérêt.

> *« Personne ne fera quelque chose pour les autres, personne ne voudra accorder ou donner quelque chose à un autre, si ce n'est en échange d'un service ou d'un don estimé au moins équivalent au sien. Il est même nécessaire que don ou service lui soient plus utiles que ce qu'il donne car seule la réception de quelque chose lui apparaissant meilleur le décidera à faire le bien. »* [*op. cit.*, p. 81]

L'affection qui unissait les individus de la communauté est remplacée par l'utilité et l'intérêt.

Une rationalité calculatrice et matérialiste

Le moyen privilégié pour identifier son intérêt est une rationalité calculatrice. Pour rendre possible l'exercice de cette forme de rationalité et parce que les valeurs spirituelles de la communauté n'ont plus cours, les échanges vont concerner essentiellement les « objets visibles et matériels » [*op. cit.*, p. 94]. On est une fois de plus aux antipodes de la communauté définie par un esprit commun et où les biens sont possédés et utilisés en commun et non pas échangés. Le rapport à l'objet matériel est ici au contraire un élément clé de la société : celle-ci tend à se définir par le progrès matériel qu'elle permet.

Si la culture et les arts sont florissants dans la *Gesellschaft*, c'est dans la logique capitaliste qu'ils vont se développer : ils sont à vendre.

♣ ***L'exercice « quand l'art rime avec dollars » apporte des éléments intéressants sur cette question.***

La *Gesellschaft* s'enorgueillit du développement des sciences, ramenant la question religieuse à un choix individuel, une décision intime n'ayant pas à faire l'objet d'un consensus collectif. La vie personnelle s'oriente de plus en plus en fonction des découvertes scientifiques, prenant une distance critique par rapport aux dogmes imposés par les institutions religieuses.

Illustration 3.2 La science économique néo-classique : formaliser l'homme et le monde de la *Gesellschaft*

L'homo oeconomicus tel que le conçoit la science économique néo-classique est l'homme-type de la *Gesellschaft* : il vise la maximisation de son utilité, correspondant essentiellement à son intérêt matériel. Deux traits le caractérisent donc : la rationalité (via l'activité calculatrice de la maximisation) et l'intérêt, fonction de ses choix individuels. En ce qui concerne en particulier le consommateur, l'idée que les préférences sont exogènes traduit exactement cette idée : les goûts ne peuvent être expliqués par le modèle économique, ils relèvent du strict libre-arbitre, en dehors de toute détermination.

À partir de cette vision de l'individu – intéressé et rationnel – la science économique néo-classique entend fonder le social sans recourir à aucune institution collective, si ce n'est le marché, lieu de rencontre des agents économiques. Dans cette logique, le marché seul suffirait à coordonner – de façon optimale qui plus est – les choix individuels, sans que rien (un projet collectif ou des valeurs partagées) ni personne n'aient à intervenir pour limiter ou contraindre la volonté individuelle : c'est l'idée de « la main invisible ».

Cette construction théorique a bien sûr fait l'objet de multiples contestations parmi les spécialistes des sciences humaines qui rejettent l'idée que l'intérêt individuel suffirait à fonder le social et la coopération entre les hommes : en amont du contrat librement choisi, l'adhésion à des valeurs communes est indispensable (E. Durkheim entre autres a contribué à ce débat).

Dans le champ des sciences économiques également, cette vision simplifiée de la réalité a fait l'objet de critiques : différents courants (théorie de la régulation, économie des conventions par exemple) insistent sur la nécessité de contextualiser l'action des agents économiques au sein des formes institutionnelles socio-historiquement spécifiques qui leur donnent sens et les rendent possibles.

Hostilité latente

Là où il n'y a pas contrat d'association volontaire, il y a hostilité latente de tous contre tous. Chacun tente de donner le moins possible (en termes matériels) à l'autre.

La concurrence est généralisée : la perte de l'un est le gain de l'autre. Dès lors, chacun tente d'être le premier (de vendre le plus…) et de faire tomber les autres. Cette « guerre » ne s'interrompt que s'il est de l'intérêt de certains de s'associer (souvent pour battre un rival commun). Il s'agit alors d'une coalition délibérée d'intérêts. Si elle s'impose dans la vie économique, cette concurrence caractérise également d'autres champs de l'activité humaine (même ceux qui lui semblaient les plus étrangers, comme celui des arts – concurrence entre artistes – ou de l'éducation – concurrence entre institutions d'enseignement).

Ex. : les sociologues de l'éducation ont ainsi montré comment le fonctionnement des classes s'explique mieux aujourd'hui par la concurrence entre élèves stratèges, visant leur réussite individuelle – typique de l'univers de la *Gesellschaft* – que par une solidarité de groupe – propre à la logique de la *Gemeinschaft* – acceptant de soumettre l'intérêt individuel à la réussite du collectif (que celui-ci soit défini par l'obtention du diplôme, ou par l'exaltation du groupe lui-même via des pratiques telles que le chahut organisé par un meneur).

Les rapports d'opposition sont donc fondamentaux, interrompus quelque fois par des rapports d'associations.

Universalisme

L'intérêt pour l'échange de biens domine tous les particularismes, toutes les singularités. L'échange universel apparaît comme un idéal, dans la mesure où il rencontre l'intérêt individuel. Dès lors :

> *« il faut faire abstraction de tous les rapports primitifs et naturels des hommes les uns envers les autres. La possibilité d'un rapport social ne suppose rien d'autre qu'une pluralité de personnes pures, capables de produire et, par conséquent, de promettre. La société comme collectivité, sur laquelle doit s'étendre un système conventionnel de règles, est par là, d'après son idée, illimitée ; elle brise continuellement ses frontières, réelles ou fortuites. »* [*op. cit.*, p. 93]

Dans cette logique, revendiquer un attachement à ses racines familiales ou locales pour refuser d'entrer dans des projets (de formation, de promotion professionnelle par exemple) supposant la mobilité n'est pas légitime.

La réalité et les discours actuels portant sur « le village global », ou « la mondialisation » entrent bien sûr directement dans cette perspective.

Tableau 3.1 Comparaison des liens « communauté/société » selon différents critères

Critères de distinction	Communauté	Société
Rapport de l'individu au groupe	Dépendance	Indépendance
Ce qui unit les individus	L'affection	L'intérêt
Ce qui oriente la vie personnelle	La religion, les valeurs communes	La science, la rationalité
La force du lien	« Liés malgré toute séparation »	« Séparés malgré toute liaison »
Valeurs dominantes	Spirituelles	Matérielles
Orientation de l'hostilité	Vers l'extérieur de la communauté	De tous contre tous (à l'intérieur de la société)
Limites du lien	Unit « les mêmes » (particularisme)	Sans limite (universalisme)
Rapport aux biens matériels	Se partagent	S'échangent selon une stricte équivalence

♣ ***Les exercices permettront d'apprendre à analyser dans quelle mesure une réalité ou un groupe social se rapprochent de l'un et/ou l'autre de ces deux types de lien social. En l'occurrence, les exercices proposés portent entre autres sur deux des entités analysées par F. Tönnies : la famille (« Féminin pluriel », « Divorcés en un couple nouveau » concernant deux formes de conjugalités contemporaines, et « Les Rothschild, une famille bien ordonnée », à propos de la trajectoire d'une famille particulière) et la nation (« Pour en finir avec la bêtise nationaliste », « Aimer le pays où l'on paye ses impôts », « Les flamands », reflétant différents points de vue sur l'appartenance nationale et communautaire en Belgique, l'exercice « Pour ou contre la Turquie dans l'Europe » permettant de réfléchir à ce qui fonde la possibilité de l'appartenance à l'Union européenne).***

1.3 L'analyse de la modernité

> «*Communauté est vieux, société est nouveau comme chose et comme nom.*» [*op. cit.*, p. 49]

Ces mots de F. Tönnies synthétisent bien son point de vue. Le sociologue considère en effet qu'il y a une évolution des sociétés occidentales vers la «*Gesellschaft*»; si certains traits communautaires se manifestent encore, il s'agit d'une subsistance du passé qui tendra à disparaître. La polarité «communauté/société» rend ainsi compte du passage des sociétés d'avant/après la Révolution française, d'avant/après la révolution industrielle: le lien «*Gesellschaft*» est emblématique de la modernité.

D'après R.A. Nisbet [1984], F. Tönnies va même jusqu'à considérer que, loin d'être un facteur simplement descriptif du passage du monde pré-industriel d'ancien régime au monde moderne, l'émergence de la *Gesellschaft* est un facteur explicatif de cette évolution. Là où Marx par exemple voyait dans la disparition des communautés la conséquence du capitalisme, F. Tönnies au contraire considère que le capitalisme et l'état moderne apparaissent suite au remplacement de la communauté par la société. Le principe d'explication est pour lui proprement sociologique.

1.4 Approche critique

Nous allons identifier trois critiques pouvant être faites à la typologie proposée par F. Tönnies. Elles sont relatives à son contenu (les traits retenus par l'auteur), à son statut et à son mode de construction.

1.4.1 *Biais et rapport aux valeurs*

En ce qui concerne les traits par lesquels F. Tönnies décrit la *Gemeinschaft* et la *Gesellschaft*, on peut constater que le sociologue tend à attribuer des traits essentiellement positifs à la première (amour, affection, compréhension, solidarité...), négatifs à la seconde (égoïsme, intérêt, isolement...). Il n'est sans doute pas inutile de rééquilibrer quelque peu cette vision (1.4.1.1), puis de mieux en comprendre les ressorts en explicitant le rapport aux valeurs de F. Tönnies (1.4.1.2).

1.4.1.1. En ce qui concerne la *Gemeinschaft*, F. Tönnies insiste peu sur certains traits qu'il introduit, n'élaborant pas les dangers qu'ils comportent. Ainsi, L. Dumont [1981], commentant F. Tönnies, souligne que l'affirmation de soi et l'expansion vont de pair: la destruction de l'autre, c'est-à-dire de tout qui n'est pas «semblable» à ce qui définit l'unité communautaire est sans doute inhérente à la logique de la *Gemeinschaft*. L'essai d'Amin Maalouf intitulé «les identités meurtrières» (cf. illustration 3.3) correspond bien à cette dénonciation des dangers de la *Gemeinschaft*, auxquels notre sociologue ne semble pas sensible.

Illustration 3.3 « Les identités meurtrières »

Dans un livre homonyme [Grasset, Paris, 1998], Amin Maalouf dénonce tous les dangers d'une identification exclusive à une communauté. Il prône une façon de concevoir son identité comme étant faite d'appartenances multiples, ce qui rend possible les métissages et évite l'affrontement en blocs communautaires [*op. cit.*, pp. 43-45].

Amin Maalouf est un écrivain libanais de langue française, résidant en France depuis 1976.

> « Dès le commencement de ce livre, je parle d'identités "meurtrières" - cette appellation ne me paraît pas abusive dans la mesure où la conception que je dénonce, celle qui réduit l'identité à une seule appartenance, installe les hommes dans une attitude partiale, sectaire, intolérante, dominatrice, quelque fois suicidaire, et les transforme bien souvent en tueurs, ou en partisans des tueurs. Leur vision du monde en est biaisée et distordue. Ceux qui appartiennent à la même communauté sont "les nôtres", on se veut solidaire de leur destin mais on se permet aussi d'être tyrannique à leur égard ; si on les juge "tièdes", on les dénonce, on les terrorise, on les punit comme "traîtres" et "renégats". Quant aux autres, quant à ceux de l'autre bord, on ne cherche jamais à se mettre à leur place, on se garde bien de se demander si, sur telle ou telle question, ils pourraient ne pas être complètement dans leur tort, on évite de se laisser adoucir par leurs plaintes, par leurs souffrances, par les injustices dont ils ont été victimes. Seul compte le point de vue des "nôtres", qui est souvent celui des plus militants de la communauté, des plus démagogues, des plus enragés.
>
> À l'inverse, dès lors qu'on conçoit son identité comme étant faite d'appartenances multiples, certaines liées à une histoire ethnique et d'autres pas, dès lors que l'on voit en soi-même, en ses propres origines, en sa trajectoire, divers confluents, diverses contributions, divers métissages, diverses influences subtiles et contradictoires, un rapport différent se crée avec les autres, comme avec sa propre "tribu". » ©

En ce qui concerne la *Gesellschaft* par contre, F. Tönnies semble peu sensible à ses dimensions positives pour les individus qui la composent. La liberté individuelle, qu'il reconnaît comme faisant partie des valeurs de la *Gesellschaft* semble pour lui de peu de poids : c'est pourtant à partir d'elle que l'idéal politique de la démocratie est possible. C'est aussi à partir d'elle que, au plan plus personnel, va se développer l'idéal de la réalisation de soi, de l'authenticité qui, un siècle plus tard en tout cas, va prendre tellement de place. Or, cet idéal ne peut être ramené à la seule recherche de l'intérêt personnel, en tout cas pas si on le réduit à sa dimension matérielle.

De la même manière, F. Tönnies ne relie l'universalisme qu'à la recherche de l'intérêt matériel. Si cette dimension est très certainement pertinente (pour comprendre par exemple les phénomènes de «globalisation» dont on parle tant aujourd'hui), il n'est pas inutile de souligner que l'universalisme peut aussi être inspiré par des valeurs telles que la bienveillance et la fraternité, l'égalité entre tous les hommes (cf. e.a. L. Dumont, C. Taylor). Le mouvement «altermondialiste» par exemple a bien pour enjeu de rappeler qu'une autre mondialisation est possible, fondé sur des valeurs différentes de l'intérêt ou du profit. Il est donc réducteur de ne lier l'universalisme qu'à la recherche du profit : il peut aussi avoir d'autres principes. D'autre part, F. Tönnies ne prend pas en considération ce à quoi Adam Smith pourtant était déjà très sensible : l'idée que la poursuite de l'intérêt individuel permet d'éviter les guerres, favorise la paix (c'est en ce sens qu'il parle du «doux commerce»). Au contraire des idéaux religieux au nom desquels longtemps l'Europe s'est déchirée et qui renvoient à une logique communautaire.

Il y a donc plus de tensions entre les valeurs qui traversent la *Gesellschaft* que ne le prétend F. Tönnies, tant en ce qui concerne la vie personnelle que collective.

1.4.1.2. De l'opposition dualiste qu'il crée, F. Tönnies semble opter clairement pour la première branche de l'alternative, manifestant son attachement aux valeurs de la *Gemeinschaft*, sa préférence pour l'esprit contre le matérialisme, pour l'union contre la division, pour les sentiments contre la rationalité. C'est ce ***rapport aux valeurs*** qui explique la connotation exclusivement positive donnée à la *Gemeinschaft*, massivement négative conférée à la *Gesellschaft* que l'on a relevée parmi les critiques de l'œuvre. Cette non neutralité par rapport aux valeurs, altérant la construction théorique peut dès lors être reprochée à F. Tönnies.

Mais le choix de F. Tönnies est-il si clair ? En ce qui concerne les concepts eux-mêmes, W. Stafford [1995] considère qu'il y a plutôt ambiguïté de l'auteur, au moins sur un point. Étant un intellectuel travaillant à la compréhension critique du monde qui était le sien, F. Tönnies ne pouvait pas ne pas préférer l'esprit critique, réflexif, rationnel, valorisé par la *Gesellschaft* à la soumission à l'autorité et aux superstitions de la *Gemeinschaft*. S'il était clairement opposé au capitalisme, à la recherche du profit matériel qui le caractérise, il savait néanmoins reconnaître cette dimension positive de la *Gesellschaft*.

Que produit cette ambiguïté du sociologue lorsqu'il tente de dégager ce que sera l'avenir de la modernité ? On trouve chez lui, on l'a dit, l'annonce de la domination de plus en plus absolue de la *Gesellschaft* ; mais il espère néanmoins un dépassement de celle-ci par une *Gemeinschaft* socialiste, alliant la mise en place d'un état mondial, avec une planification économique rationnelle et la prolifération de groupes coopératifs [W. Stafford, 1995 ; R. Aron, p. 21, 1981].

Contrairement à ce qu'ont souvent dit les commentateurs voyant en lui un nostalgique ne rêvant qu'au retour d'une *Gemeinschaft* primitive, F. Tönnies serait un visionnaire [C. Adair-Toteff, 1995], projetant une utopie qui préserverait les meilleurs traits de la *Gemeinschaft* au sein de la *Gesellschaft*. Ce faisant, il irait dans le sens recherché par certains penseurs contemporains (cf. chapitre 4) : une combinaison heureuse de traits de la *Gemeinschaft* et de la *Gesellschaft*.

W. Stafford [2002] considère quant à lui qu'il y a plutôt, là aussi, ambiguïté, F. Tönnies étant émotionnellement attaché à une *Gemeinschaft* telle qu'en rêvaient les conservateurs de son temps, tout en étant intellectuellement engagé en faveur d'une *Gemeinschaft* progressiste, visant non le retour vers un état antérieur de la société, mais la construction, à inventer, d'un avenir meilleur.

1.4.2 *Statut des concepts : idéaltype ou description?*

En principe, les deux formes de lien social que sont la *Gemeinschaft* et la *Gesellschaft* sont des idéaltypes, c'est-à-dire des constructions intellectuelles destinées à rendre la réalité plus intelligible, sachant que celle-ci est toujours plus complexe et mêlée que l'idéal conceptuel que l'on s'est donné. Pourtant, dans certains passages de son œuvre, F. Tönnies est ambigu, présentant ces concepts comme s'ils étaient simplement descriptifs de deux moments de l'histoire : les sociétés d'ancien régime et le monde moderne [K. Bonner, 1998]. C'est bien ce qu'il fait lorsqu'il associe la *Gemeinschaft* au passé, la *Gesellschaft* au présent et encore plus, à l'avenir du monde moderne, ce qui fige les différences entre nos sociétés et les sociétés autres (dans l'espace et dans le temps). Les commentateurs de l'œuvre sont bien entendu beaucoup plus critiques par rapport à la prétention descriptive, historique des deux concepts qu'à leur pertinence en tant qu'idéaltype.

1.4.3 *Une construction en miroir?*

Même considérés comme des idéaltypes, il reste le problème du mode de construction de ces concepts. Pour bien saisir le problème, il faut se rappeler de l'histoire du concept de *Gemeinschaft* (cf. « L'œuvre dans le contexte de l'histoire des idées »), émergeant au début du XIXe siècle, en lien à la critique, à la fois conservatrice et socialiste, de la modernité. Dans ce contexte, plusieurs commentateurs (par exemple P. Wagner [1996] ou S. Vibert [2004] considèrent que le concept de *Gemeinschaft* est construit dans une symétrie inverse de la modernité, produisant un mythe, un lieu utopique, destiné à mieux comprendre qui l'on est en projetant une image opposée de soi. À travers le couple conceptuel *Gemeinschaft-Gesellschaft*, on n'aurait, au fond, qu'un seul modèle de lien social, celui de la société moderne, tel que vu par ses critiques, celui de la *Gemeinschaft* n'étant produit que par inversion des traits de la *Gesellschaft*.

Contrairement aux apparences, la *Gemeinschaft* ne serait pas un concept alternatif de lien social, ce qui appauvrit nos capacités d'appréhension de la diversité des modalités du vivre-ensemble.

Des trois critiques énoncées, la dernière est la plus forte dans la mesure où elle est sans issue. On peut en effet rééquilibrer, comme on l'a fait, la vision de la *Gemeinschaft* en étant attentif à ses dangers et celle de la *Gesellschaft* en étant ouvert à ses mérites ; on peut également veiller à toujours bien considérer les deux concepts comme des idéaltypes, toute réalité socio-historique concrète étant nécessairement un combiné de traits des deux modèles ; on ne peut produire une alternative à l'opposition *Gemeinschaft/Gesellschaft* sans remettre fondamentalement en question la construction proposée par F. Tönnies.

En travaillant les exercices, l'étudiant aura l'occasion d'apprécier par lui-même la pertinence et les limites des concepts proposés par F. Tönnies ; on reviendra sur leur discussion dans les conclusions de ce chapitre et dans le chapitre suivant, en voyant comment deux sociologues contemporains réélaborent la question.

1.5 Question croisée identité/lien social : à qui profite l'individualisme ?

En articulant la problématique de la première partie consacrée à l'identité à celle qui émerge de l'analyse de Tönnies, on peut faire apparaître de nouvelles questions.

Si on peut, avec Tönnies, faire l'hypothèse que le monde occidental est marqué par le système de valeurs de la *Gesellschaft* (l'individu étant la mesure de toute chose, avec pour corollaire la liberté, l'autonomie, la réalisation de soi…), on peut se demander comment les différentes classes sociales ont pu s'approprier cette idéologie. Ou se demander s'il existe une identité collective propre à certaines de ces classes qui permettrait de la considérer comme une *Gemeinschaft*.

Là où Tönnies situe sa réflexion au niveau de l'ensemble d'une société, on peut, dans une perspective plus proche de celle de Bourdieu, situer la réflexion au niveau des différentes positions au sein d'un même ensemble social.

♣ ***L'exercice « France culture » proposant d'analyser une chanson d'Arnaud Fleurent-Didier permet de travailler sur l'articulation entre ces deux niveaux de réflexion.***

Avec Louis Chauvel (1er chapitre, 3.3), on a déjà constaté que les classes populaires risquaient de faire les frais de ces aspirations à la réalisation de soi, alors qu'elles avaient relativement peu de moyens pour les accomplir. D'autre part, de nombreux auteurs (dont R.Sennett) ont considéré qu'à partir de la fin du XIXe siècle, la classe ouvrière formait une *Gemeinschaft* structurée autour d'un ensemble de collectifs (partis, syndicats, mutuelles liés au mouvement ouvrier) au sein desquels la solidarité jouait un rôle important. Or, à partir des années 1970, cette *Gemeinschaft* n'est plus, l'adhésion à ces collectifs ayant faibli, ce qui réduit encore les appuis disponibles pour la réalisation de soi.

À l'autre bout de l'échelle sociale, la grande bourgeoisie a, au contraire, selon les sociologues M. Pinçon et M. Pinçon-Charlot [2004], maintenu la force de cohésion d'une *Gemeinschaft*: l'individu y compte moins que la lignée (repérable par le nom) au sein de laquelle se transmettent les capitaux, économiques et culturels, mais aussi social et symbolique. De façon révélatrice, la cohésion familiale s'y est davantage maintenue que dans les autres catégories sociales, tant son rôle dans la formation des héritiers (de l'éducation au contrôle de l'homogamie des alliances) est crucial. Ce sens du collectif serait «l'ultime privilège» (*op. cit.*, p. 74) de cette classe sociale qui défend en théorie, et pour les autres qu'elle-même, toutes les valeurs de l'individualisme libéral dans la mesure où elles rencontrent son intérêt. En faveur de l'individualisation des rapports entre les salariés et leur entreprise, de la flexibilité, de la réduction du rôle de l'État pour ce qui concerne les travailleurs qu'elle emploie, cette classe sociale se garde bien d'utiliser les mêmes principes lorsqu'il s'agit d'elle-même.

♣ ***L'exercice concernant la grande bourgeoisie textile de la région de Roubaix au départ du film de Samuel Gantier permet de bien repérer cette articulation particulière entre Gemeinschaft et Gesellschaft.***

En ce qui concerne les classes moyennes, L. Chauvel [2004, 2006] distingue nettement deux périodes: de 1945 à 1975, les classes moyennes sont au cœur de la perspective individualiste, étant à la fois le relais de ces valeurs vers les catégories populaires et la grande bénéficiaire des possibilités d'ascension sociale qui l'accompagnent; après 1975, dans une large majorité des pays de l'OCDE, on observerait une hétérogénéisation de la classe moyenne, une fraction pouvant se rapprocher des classes supérieures, une autre des catégories populaires. Seule la classe moyenne supérieure continuerait à disposer des ressources économiques, culturelles, mais aussi sociales (par son investissement dans le tissu associatif et politique local) pour concrétiser les injonctions à l'autonomie et en tirer un mieux-être.

2 Max Weber (1864-1920)

> *«Chaque révolution s'évapore en laissant seulement derrière elle le dépôt d'une nouvelle bureaucratie.»*
>
> F. Kafka

Max Weber est considéré comme un des auteurs incontournables de la tradition sociologique, un de ses classiques par excellence. De son vivant et jusqu'à la Seconde Guerre mondiale, il n'était pourtant pas au centre du débat sociologique, ce qui peut s'expliquer par plusieurs facteurs dont les deux suivants. Pour des raisons de santé, sa carrière universitaire a été courte (13 années), ce qui l'a maintenu dans une relative marginalité. D'autre part, cet érudit, formé en droit, économie, histoire, philosophie, théologie, ayant publié et enseigné le droit et l'économie ne se dira explicitement sociologue qu'à la fin de sa vie, cette ouverture sur différentes disciplines ayant peut être retardé sa reconnaissance par les sociologues. En dépit de cette reconnaissance tardive, il est sans doute, parmi les classiques de la sociologie, celui dont l'épistémologie est la plus proche de la nôtre, différentes écoles contemporaines se prévalant de son approche «compréhensive» (*cf.* chapitre 5).

En anticipant quelque peu sur ce chapitre, il est intéressant de présenter un concept faisant partie de la réflexion épistémologique de M. Weber : celui d'idéaltype. En effet, la démarche proposée dans les exercices consiste au fond à attribuer aux concepts utilisés le statut d'idéaltype. On va mieux comprendre cela dans l'encadré qui suit.

L'idéaltype

Max Weber a tenté d'élucider ce qu'est l'objet de la sociologie et la démarche de connaissance propre à cette discipline. Dans cette perspective, il a réfléchi au statut des concepts construits par le sociologue, qualifiant d'«idéaltypes» la plupart de ceux-ci.

En sélectionnant les traits les plus pertinents du phénomène à étudier, l'idéaltype va permettre de mieux le comprendre. C'est parce que le réel est infiniment complexe que, pour le saisir intellectuellement, il va falloir opérer cette sélection. Comment ? En ne retenant que les traits «auxquels nous attribuons une signification générale pour la culture» [M. Weber, *Essais sur la théorie de la science*, p. 158]. Cette signification pour la culture fonde l'intérêt scientifique de la sélection opérée. Elle correspond à ce qui excite nos intérêts dans le cadre de la société où nous vivons. C'est l'intérêt du savant, son rapport aux valeurs, qui découpent l'objet dans l'illimité de la réalité humaine.

Dès lors, des chercheurs différents, rapportant les faits observés à des valeurs différentes produiront des idéaltypes différents. Cette multiplicité n'est pas gênante dans la mesure où l'intérêt des phénomènes de société tient précisément aux significations qu'ils peuvent avoir pour nous, significations diverses selon les valeurs auxquelles on les rapporte.

Puisqu'il sélectionne délibérément un certain nombre de traits de la réalité, l'idéaltype ne prétend pas rassembler les caractères repris par tous les individus concernés par le concept : il n'est pas non plus une moyenne de tous les individus observés. Il vise l'essentiel de cette réalité, en opérant une reconstruction stylisée, en isolant des faits typiques.

M. Weber [in « Essais (...) », pp. 172-173] :

> « *On obtient un idéaltype en accentuant unilatéralement* un ou plusieurs *points de vue et en enchaînant une multitude de phénomènes donnés* isolément, *diffus et distincts, que l'on trouve tantôt en grand nombre et par endroits pas du tout, qu'on ordonne selon les précédents points de vue choisis unilatéralement, pour former un* tableau de pensée *homogène. On ne trouvera nulle part empiriquement un pareil tableau dans sa pureté conceptuelle :* il est une utopie. *Le travail historique aura pour tâche de déterminer dans chaque cas particulier combien la réalité se rapproche ou s'écarte de ce tableau idéal (...)* »

Considéré comme idéaltype, le concept est donc une utopie, non au sens d'un idéal mais d'une idée-limite, à laquelle on va comparer la réalité pour mieux la comprendre. C'est bien ainsi que les énoncés des exercices sont conçus, proposant de comparer la réalité aux concepts pour mieux la comprendre.

L'homme

Max Weber naît à Erfurt en 1864, dans une famille de la bourgeoisie allemande, étant l'aîné de sept enfants. Son père, issu d'une famille d'entrepreneurs protestants, quitte sa profession de magistrat pour une carrière politique qu'il mènera à Berlin à partir de 1869 dans un parti de la droite libérale. Sa mère vient d'une bourgeoisie plus intellectuelle, très investie dans des responsabilités sociales et religieuses (calvinistes en l'occurrence). Les conflits existant entre ses parents semblent avoir marqué durablement M. Weber.

Avant même ses études universitaires, il lit énormément, aussi bien les auteurs de l'antiquité classique que les philosophes allemands. Ayant suivi son cursus universitaire à Berlin, Heidelberg et Strasbourg, il défend sa thèse à Berlin et, en 1894, est nommé professeur (d'économie et de sciences financières) à Fribourg en Brisgau, puis à Heidelberg. Il mène en parallèle une importante activité politique, d'abord en suivant l'orientation libérale familiale, puis en adhérant aux idées nationalistes.

À partir de 1897, il est affecté pendant plusieurs années d'une dépression profonde, que ses biographes relient aux conflits familiaux évoqués plus haut ainsi qu'à un surmenage. Dès lors, il va renoncer à l'enseignement, voyager en Italie, en Corse, en Suisse, tout en continuant malgré tout à publier. Cette fragilité psychique se manifestera encore ultérieurement.

C'est autour de 1903-1904 que son orientation intellectuelle va changer, se centrant davantage sur des travaux de sociologie. Il fonde avec W. Sombart les *Archiv für Sozialwissenschaft und Sozialpolitik* qui deviendront la plus importante revue de sciences sociales en langue allemande. Après un voyage aux États-Unis où il est frappé par le rôle des Églises protestantes au niveau de l'activité économique et de l'organisation de l'état, il va publier ce qui deviendra son œuvre la plus célèbre *L'éthique protestante et l'esprit du capitalisme* [1905, remanié en 1920].

En 1910, il fonde avec F. Tönnies et G. Simmel la société allemande de sociologie. Il consacre le début de la décennie suivante à ses travaux de sociologie de la religion et à différents articles qui seront publiés de façon posthume en 1922 sous le titre *Économie et société*.

Il s'engage comme volontaire pendant la première guerre conformément à son idéal nationaliste, mais dès 1915, perdant certaines de ses illusions, il va se rapprocher progressivement des thèses pacifistes. Dès 1918, il va à nouveau développer une activité politique très importante : d'abord très critique vis-à-vis de la révolution qui mènera à la République de Weimar, il y adhère néanmoins et est un membre fondateur du parti démocrate allemand, dont il sera un des élus. Il est conseiller de la délégation allemande à la Conférence de Versailles, chargée de préparer la réponse allemande au texte des puissances victorieuses.

Il meurt en juin 1920 d'une pneumonie faisant suite à la grippe espagnole.

Au sein d'une œuvre foisonnante, on a choisi de présenter les analyses de M. Weber qui nous permettent de répondre à une question centrale : qu'est-ce qui caractérise en propre la modernité occidentale ? Selon lui, le mouvement dans lequel est engagée la société moderne est celui d'une « rationalisation », c'est-à-dire de la domination d'une forme de rationalité – instrumentale – sur toutes les sphères de l'existence (économique, politique, mais aussi artistique et culturelle). Nous décrirons avec lui la spécificité de cette rationalité, pour nous interroger à sa suite sur les avantages et le prix de ce processus.

En nous centrant sur le processus de rationalisation, nous sommes donc au cœur de ce qui caractérise, pour M. Weber, la modernité occidentale. Pour bien comprendre le contenu de ce processus (2.3), il faudra au préalable avoir décrit les formes d'action (2.1) et de domination (2.2) les plus probables dans le monde moderne. Ce faisant, nous n'aborderons pas ce qui, dans son œuvre, porte sur d'autres périodes de la société occidentale ou sur d'autres sociétés. C'est de fait sur la deuxième partie de son œuvre que nous nous concentrerons davantage [N. Gane, 2004].

L'œuvre

En dépit de l'apparente diversité des objets de recherche de M. Weber, on peut considérer, avec D. Kaesler [1996], qu'une problématique centrale parcourt son œuvre : quels sont les origines, la spécificité et les effets du capitalisme et de l'état moderne ?

Montrons-le en présentant les différents terrains étudiés par M. Weber (en suivant toujours D. Kaesler). Son premier centre d'intérêt a porté sur *l'histoire agraire, économique et sociale dans l'Antiquité et au Moyen Âge*. Dans sa thèse (sur l'histoire des sociétés commerciales au Moyen Âge) et sa thèse d'habilitation (à propos de l'histoire agraire de Rome), ce qui l'intéresse, ce sont les conditions d'émergence de la gestion capitaliste des affaires. Ensuite, dans ses travaux sur la ville (comparant les villes à différents moments de l'histoire de l'Occident mais aussi d'Inde, de Chine, du Japon...), c'est à la question de savoir quelle est la contribution de la ville, dans ses spécificités occidentales, à la naissance du capitalisme et de l'état moderne qu'il attache son attention. Son deuxième objet de recherche a été *l'état économique et social de l'Allemagne sous Guillaume II.* En menant de grandes enquêtes sur les ouvriers agricoles, puis industriels en Allemagne, enfin sur le fonctionnement des bourses, il s'interroge sur la progression du capitalisme dans son pays – en 1880, 47 % des la population active exerce encore une activité agricole – et ses effets sur la question sociale (la condition ouvrière dans l'industrie est-elle objectivement préférable à la condition des ouvriers agricoles ?). Son troisième champ d'investigation a été la *sociologie des religions.* On relève bien sûr le livre déjà mentionné *L'éthique protestante et l'esprit du capitalisme* (voir encadré *infra*), mais aussi un ensemble impressionnant d'études sur ce qu'il appelle « les religions universelles » (confucianisme et taoïsme, hindouisme, bouddhisme, islam et judaïsme). À propos de toutes ces religions, il s'interroge sur le type d'incitation à l'action, le type d'éthique économique qu'elles suscitent chez les fidèles. Il étudie pour chacune d'elles les relations qu'elles ont entretenues à l'économie et à la stratification sociale. En dernière analyse, l'enjeu est de comprendre, par la comparaison, ce qui a fait la spécificité de l'Occident (et en particulier, le rôle qu'a joué le protestantisme dans le développement du capitalisme). Enfin, dans son ouvrage posthume « Économie et société », sont rassemblées des études de *sociologie générale* (un ensemble de définitions plus abstraites, dont celle de la sociologie, de l'action sociale...), *de sociologie économique, politique* (avec entre autres, sa typologie de la domination (2.2)), de *sociologie du droit*... tous domaines à travers lesquels il observe les différentes formes d'un même processus, la rationalisation de la vie (2.3), mouvement caractéristique du monde capitaliste occidental selon lui.

2.1 Types d'action

L'objet central de la sociologie telle que la conçoit M. Weber est l'action sociale. Dès lors, proposer une typologie de ces actions est au cœur de l'effort d'analyse sociologique. Cette typologie va nous intéresser ici car elle est liée au type de société où est inséré l'individu. Avant de présenter cette typologie, il faut comprendre comment M. Weber définit une action, puis une action sociale.

L'action est

> *«un comportement humain quand et pour autant que l'agent ou les agents lui communiquent un sens subjectif.»* [M. Weber, *Économie et société*, p. 28]

Dégager le sens de l'action pour l'acteur est dès lors une exigence fondamentale et une spécificité des sciences sociales. En effet, les phénomènes humains (contrairement aux phénomènes naturels) impliquent une conscience, un esprit humain. Si cette définition centre l'intérêt du sociologue sur le sens de l'action, elle le focalise en même temps sur l'individu comme agent de l'action. Ce qui peut paraître évident au néophyte a fait l'objet de tout un débat dans les sciences humaines, polarisées entre le choix méthodologique de prendre comme unité d'analyse l'individu – c'est celui que fait M. Weber dans cette définition et que feront d'autres à sa suite (derrière la bannière de l'individualisme méthodologique) – ou les collectifs où il s'insère (revendiquant un holisme méthodologique, *cf.* chapitre épistémologique).

Parmi les actions humaines, M. Weber s'intéresse en particulier à l'action sociale. Par là, il entend :

> *«l'activité qui, d'après son sens visé par l'agent ou les agents, se rapporte au comportement d'autrui, par rapport auquel s'oriente son déroulement.»* [*Économie et société*, p. 28]

L'important, de ce point de vue, n'est pas la co-présence d'autrui (*cf.* E. Goffman) mais de se rapporter à l'action d'autrui pour orienter la sienne.

Envisageons comment M. Weber établit une typologie d'action permettant de mettre en évidence différentes rationalités.

L'action rationnelle par rapport à un but ou action instrumentale

Dans le cadre d'objectifs donnés, l'acteur rationnel par rapport à un but choisit les moyens les plus appropriés, à la limite quels qu'ils soient («la fin justifie les moyens»), en tenant compte des conséquences prévisibles. La rationalité a pour objet le calcul, le choix des moyens et non la définition de la fin à poursuivre. Elle est centrée sur la question du «comment» plutôt que sur celle du «pourquoi». C'est ce qui fait qu'on parle aussi à son propos de rationalité instrumentale. Il s'agit d'une rationalité orientée vers une action dans le monde, cherchant à produire des comportements efficaces et non d'une réflexion sur l'ultime signification du monde. Dans cette logique, la fidélité à certaines valeurs peut devenir un obstacle à la poursuite des objectifs. Dès lors, une érosion des valeurs risque d'accompagner le développement de l'action instrumentale. M. Weber considère qu'elle fonde une «éthique de la responsabilité».

La pensée de Machiavel est un bel exemple de ce type de rationalité: dans la mesure où le but fixé est la grandeur de la cité, l'homme public doit utiliser tous les moyens, dont ceux réprouvés par la morale (par exemple, mentir aux citoyens) si cela correspond au bien de tous, fût-ce au péril de son âme.

L'action instrumentale prend une signification particulière dans le contexte du capitalisme: Weber définit celui-ci comme le système poursuivant la recherche du profit de façon rationnelle. La rationalité dont il s'agit est bien de type instrumental (visant le maximum d'efficacité dans les moyens), la finalité non interrogée étant le profit. Le nœud de la critique weberienne du capitalisme est précisément le fait que la recherche de profit, de moyen qu'elle était pour répondre aux besoins de l'homme, est devenue la finalité en soi de toute l'activité économique, sans plus d'interrogation critique sur la capacité de cette finalité à répondre aux besoins de l'humanité.

Autant Weber considère que la recherche de moyens efficaces est une conquête de la modernité (via le développement des sciences), autant il déplore que la liberté associée au choix réfléchi des finalités à poursuivre s'estompe avec le capitalisme.

Avec le développement du capitalisme, toutes les sphères de la vie sociale vont être envahies par ce type de rationalité: c'est ce que M. Weber nomme la rationalisation (*cf.* 2.3).

L'action rationnelle par rapport à des valeurs

Le propre de celui qui s'oriente selon cette logique est d'agir selon ses convictions sans tenir compte des conséquences prévisibles. L'essentiel est ici la fidélité à sa conscience, aux valeurs auxquelles il adhère. On est en présence d'un devoir moral qui s'impose personnellement et inconditionnellement à l'individu. Une maxime illustre bien la logique propre à ce type de rationalité: «*Fais ce que dois, advienne que pourra.*»

> *Ex.* : lorsque des associations humanitaires appellent à un boycott des produits en provenance d'un état violant massivement les droits de l'homme (par exemple les oranges et les pommes d'Afrique du Sud du temps de l'apartheid), elles sont irréfutables du point de vue des valeurs (ici, la défense des droits l'homme) tout en pouvant être inefficaces en termes de conséquence de leur action (dans la mesure où ce sont les plus pauvres,

ici, les noirs, dont elles entendent protéger les droits, qui risquent d'être le plus affectés par les mesures de boycott, les ouvriers agricoles, essentiellement noirs, étant les premières victimes économiques de celui-ci).

Au niveau politique, ce type de rationalité peut donner naissance à une éthique fondamentaliste, dans le cadre de laquelle l'adhésion à la cause l'emporte sur toute autre considération, qu'il s'agisse des chances d'aboutir ou du coût humain de l'entreprise. M. Weber pense à l'époque au syndicalisme révolutionnaire ; on peut aujourd'hui prendre pour exemple les formes radicales de l'islamisme, justifiant les actes terroristes au nom de la grandeur de la cause.

Cette éthique de la conviction met en évidence l'irrationalité du monde : du bien – des valeurs poursuivies – ne sort pas que le bien. Les conséquences les plus désastreuses peuvent accompagner les intentions les plus pures.

De plus, les valeurs entre elles peuvent entrer en conflit : c'est ce que M. Weber va appeler «l'antagonisme des valeurs» ou «la guerre entre les dieux». En se différenciant, les sphères de notre existence (économique, politique, esthétique, intellectuelle, religieuse…) vont générer leurs valeurs propres sans qu'aucune transcendance ne permette d'arbitrer le conflit entre elles. La science en effet, en renvoyant le religieux au domaine de l'irrationnel et du subjectif, déboulonne ce qui permettait de trancher entre les conflits de valeur sans mettre en place aucune transcendance alternative.

Cette difficulté est en même temps ce qui restitue à l'homme sa liberté et son entière responsabilité : à lui de choisir, en toute conscience, les valeurs à poursuivre, sans pouvoir s'appuyer ni sur l'objectivité des sciences ni sur l'absolu d'une transcendance.

♣ ***Les exercices «Combat contre la fraude fiscale et délation», «Un clic antidémocratique» ou «Faut-il exposer les pygmées?» permettent de distinguer et d'articuler les deux types de rationalité.***

Une réconciliation possible des deux types de rationalité ?

La question qui taraude Weber est celle de la possibilité de conserver la liberté et la dignité de l'homme à l'époque où le capitalisme semble s'imposer comme un destin [Löwith, 2009 (1932)]. Or, une façon pour lui de préserver l'intégrité de l'homme est de parvenir à concilier les deux types de rationalité, poursuivant une finalité réfléchie dans la perspective de rencontrer ses besoins vitaux avec les moyens les plus adéquats. Weber a particulièrement réfléchi à cette question en ce qui concerne l'homme politique, et plus généralement, l'homme d'action.

Le sociologue pourra aider celui-ci à clarifier les valeurs sous-jacentes aux différents choix : il ne pourra pas éviter que joue l'antagonisme fondamental entre les valeurs menant à des choix toujours difficiles.

♣ ***Les exercices «Le sport, le dopage, la tricherie, l'inadmissible association», «Le sens du politique» et «La banque Triodos: une banque durable?» permettent de travailler ce défi de l'homme d'action.***

Action affective ou émotionnelle et action traditionnelle

Ces deux types d'action sont présentés pour mémoire.

L'action affective ou émotionnelle est dictée immédiatement par l'état de conscience ou l'humeur de l'intéressé.

L'action traditionnelle est motivée par l'obéissance à la coutume, à l'habitude, aux mœurs. Elle correspond davantage à un stade antérieur à la société capitaliste.

2.2 Trois types de domination

Pour M. Weber, le combat est un rapport social fondamental: chaque agent tente d'imposer sa volonté malgré la résistance de l'autre. Le rapport social est fondamentalement un rapport de force (au cours duquel certains peuvent imposer leur volonté contre celle des autres). Quand la domination (c'est-à-dire l'inégalité des forces) est légitime, l'imposition est acceptée, la soumission est vécue comme un devoir. La domination s'inscrit bien dans une relation sociale (elle n'est pas l'attribut d'un agent qui «aurait» du pouvoir).

La question que se pose M. Weber est celle de savoir quelle croyance, quelle motivation explique la soumission des agents. Ceci est cohérent avec son souci de comprendre ce par quoi se définit toute action, à savoir sa signification pour l'agent.

À partir de cette question, il dégage trois types de domination, autrement dit trois types de motivation pour accepter la volonté du plus fort, ou encore, trois raisons pour obéir. Les deux premiers correspondent à des types stables de domination, le dernier – charismatique – à une forme de pouvoir révolutionnaire, permettant la transition entre les formes stables ou la transformation du système rationnel légal suite à sa critique dans une perspective réformiste.

La domination traditionnelle

> *«Nous qualifions une domination de traditionnelle lorsque sa légitimité s'appuie et qu'elle est ainsi admise, sur le caractère sacré des dispositions transmises par le temps et des pouvoirs du chef. Le détenteur du pouvoir (ou divers détenteurs du pouvoir) est déterminé en vertu d'une règle transmise. On lui obéit en vertu de la dignité personnelle qui lui est conférée par la tradition. Le groupement de domination est, dans le cas le plus simple, prin-*

> *cipalement fondé sur le respect et déterminé par la communauté d'éducation.»* [M. Weber, in «Économie et société», pp. 301-302]

Ainsi, l'autorité traditionnelle tire sa force de son ancienneté, investie d'une sagesse inhérente et inattaquable.

Son essence est la relation directe, personnalisée.

> *Ex.* : entre le professeur et son élève, le serviteur et son maître…

Historiquement, le Moyen Âge occidental a présenté ce type de domination de façon exemplaire : l'autorité du roi est transmise par une noblesse à ses vassaux par le même type de relation qui les unit au roi. Elle est liée à une forme communautaire de l'organisation sociale, valorisant les relations personnelles et le pouvoir fort du maître.

L'appareil qui sied à ce type de domination est la suite personnelle (composée de dignitaires, de favoris) ou d'une noblesse acquise à la personne royale.

La domination rationnelle légale

Son fondement est la règle, valable pour tous, appliquée par des principes communs à tous, au moyen d'une machine judiciaire et administrative.

Même s'il existe une hiérarchie, cette domination met l'accent sur l'égalité de tous devant la loi. C'est une forme de domination impersonnelle. Le pouvoir du chef est défini et limité par le règlement. S'il peut ordonner, c'est uniquement conformément aux règles auxquelles il est lui-même soumis.

> *«L'accent est mis sur les règles plus que sur les personnes ou les mœurs. L'organisation règne en maître et, de par sa nature même, elle tend à augmenter sa propre rationalité en réduisant l'importance de la parenté, de l'amitié et de tous les facteurs, y compris l'argent, qui prédominent dans le système traditionnel. Fonction, autorité, hiérarchie et obéissance existent bien mais sont conçues comme découlant uniquement de l'application de la raison organisationnelle.»* [R.A. Nisbet, p. 181]

Le moyen le plus pur et le plus approprié de domination rationnelle légale est un système d'administration **bureaucratique.** Celui-ci accompagne nécessairement le processus de rationalisation sur lequel on reviendra ultérieurement (2.3).

M. Weber définit la bureaucratie par :

1. la **spécialisation** des fonctions : la bureaucratie est un système organisant la coopération d'individus aux fonctions spécialisées (en lien avec une division du travail). Cette spécialisation des fonctions suppose le développement de formations spécifiques et d'expertises : dès lors, les fonc-

tions sont attribuées selon la qualification professionnelle, attestée par un diplôme et un examen. C'est en vertu d'un savoir et d'une «connaissance des dossiers» que l'on domine.

2. la **dépersonnalisation** du pouvoir: engagés sur la base de leur qualification professionnelle pour exécuter une fonction, les individus sont déliés de toute allégeance personnelle à l'égard de leurs supérieurs. C'est «sans amour et sans haine» qu'il y a lieu d'exercer sa fonction. La vertu, pour un expert, est de ne pas s'engager personnellement dans les affaires qu'il traite. L'exécution de la fonction l'emporte d'ailleurs sur la réalisation des souhaits de l'individu.
3. La **formalisation** du pouvoir: la bureaucratie est régie par un ensemble de règles, permettant d'organiser la circulation de l'information (indispensable vu la spécialisation des fonctions) et, surtout, de définir la hiérarchie entre les professionnels, leurs conditions d'engagement (sur concours évaluant les compétences) et leur avancement.

Il s'ensuit qu'un corps de fonctionnaires est l'appareil définissant le mieux la domination rationnelle légale.

Comment M. Weber évalue-t-il les avantages et les risques de la bureaucratie?

Son avantage majeur est son efficacité technique. D'un point de vue politique, elle favorise la démocratie dans la mesure où elle combat le système des privilèges; elle la compromet par contre en tendant à faire de tous les problèmes des problèmes techniques, du ressort de la seule expertise. Il est donc essentiel que des hommes politiques, non bureaucrates, la contrôlent et orientent ses décisions. D'un point de vue culturel, elle présente également des risques en valorisant un type d'homme, des «spécialistes sans vision» (on y revient).

Il faut être attentif au fait que le concept weberien de bureaucratie s'éloigne du sens courant donné aujourd'hui à ce terme sur deux points essentiels:

- c'est une forme d'organisation du travail qui peut caractériser aussi bien le secteur privé que le secteur public (auquel elle est souvent identifiée); elle peut en fait s'appliquer à «tous les domaines (État, Églises, armée, parti, entreprise économique, groupements d'intérêts, association, fondation...)» [*Économie et société*, p. 298]. Même si le capitalisme et la bureaucratie ont des origines différentes, «le capitalisme requiert la bureaucratie» [*op. cit.*, p. 299];
- c'est une forme d'organisation qui vise l'efficacité: au moment où M. Weber dégage les caractéristiques de la bureaucratie, celles-ci, dans son esprit, visent essentiellement la recherche de l'efficacité. M. Weber dira que c'est «la forme de pratique de la domination la plus rationnelle d'un point de vue formel (...) et d'un point de vue technique» [*op. cit.*, p. 298]. C'est bien plus tard (dans les années 1950-1960 avec certains sociologues américains comme R.K. Merton ou français comme M. Crozier) que

le fonctionnement bureaucratique va être souvent associé à une forme d'inefficacité (lié à l'excès de règles, à l'incapacité de s'adapter à l'environnement, à la coupure entre les bureaucrates et leur public...).

La domination charismatique

> «*Nous appellerons charisme la qualité extraordinaire (à l'origine déterminée de façon magique tant chez les prophètes et les sages, thérapeutes et juristes, que chez les chefs des peuples chasseurs et les héros guerriers) d'un personnage, qui est, pour ainsi dire, doué de forces ou de caractères surnaturels ou surhumains ou tout au moins en dehors de la vie quotidienne, inaccessibles au commun des mortels; ou encore qui est considéré comme envoyé par Dieu ou comme un exemple, et en conséquence, considéré comme un "chef". Bien entendu, conceptuellement, il est tout à fait indifférent de savoir comment la qualité en question devrait être jugée correctement sur le plan "objectif", d'un point de vue éthique, esthétique ou autre; ce qui importe seulement, c'est de savoir comment la considèrent effectivement ceux qui sont dominés charismatiquement, les adeptes.*» [in «Économie et société», pp. 320-321]

Le phénomène de la domination charismatique peut exister dans tous les domaines et à toutes les époques. Le chef charismatique s'impose souvent par un «coup de théâtre», qu'il soit par exemple religieux (ainsi Jésus ou Mahomet) ou politique (comme Cromwell, Napoléon...) à partir duquel il ne se sent plus lié par les lois. Il apparaît dans les situations considérées comme «exceptionnelles» par les individus, c.-à-d., ne correspondant pas à leurs attentes (comme dans les contextes de guerre – par exemple Churchill ou de Gaulle pendant la Seconde Guerre mondiale – ou de crise économique et politique – par exemple Hitler après la défaite de l'Allemagne en 1918 et la crise économique des années 1920).

Son autorité est révolutionnaire: elle ne peut être stable ou durable. Par nature, il cédera le pas à la tradition ou à la raison. C'est ce que M. Weber va appeler la routinisation du charisme (qui survient nécessairement à la mort du chef ou parfois déjà de son vivant).

Le chef charismatique est entouré d'une «communauté émotionnelle» formée par des adeptes: ce qui compte est leur dévouement, leur zèle (et non leur capacité de travail). C'est d'eux en définitive que dépend la reconnaissance du charisme. Dans cette communauté, pas de fonctionnaire, de hiérarchie, de carrière ou de nomination. Seulement la réponse à l'appel du chef. Pas de règlement ou de droit coutumier: seule la volonté du chef énonce au cas par cas ce qui doit être fait.

Ce mode de domination va apparaître à la fois comme une forme transitoire entre la domination traditionnelle et la domination rationnelle légale mais aussi comme une forme d'opposition à la logique rationnelle légale en ce qu'elle s'épuise dans une logique trop exclusivement instrumentale :

> *« Le chef charismatique est celui qui peut s'imposer contre les appareils politiques ou encore passe outre des obstacles « techniques » pour faire valoir des exigences proprement politiques fondées sur des décisions et non sur des calculs ou des compromis. »* [Ph. Raynaud, *Max Weber et les dilemmes de la raison moderne*, p. 153]

♣ ***Deux exercices permettent d'analyser certains aspects de la démocratie belge et du rôle qu'y joue la monarchie à la lumière des concepts weberiens qui viennent d'être présentés : « Pour en finir avec la monarchie » et « Docteur honoris causa ».***

2.3 La modernité : vers une rationalisation généralisée

La rationalisation est, pour M. Weber, le processus central en cours dans la modernité, correspondant à son présent et à son avenir. Avec le capitalisme et le système rationnel légal, bureaucratique qui l'accompagnent, la rationalité instrumentale (c.-à-d., l'action rationnelle par rapport à un but) s'étend à l'ensemble des activités humaines : économique et politique bien sûr, mais aussi monde de la justice, des sciences, de la culture, de la religion, de l'enseignement, des soins de santé (voir les 3 encadrés suivants).

Autrement dit, dans tous les domaines, par définition de la rationalité instrumentale, la question des moyens l'emporte sur celle des fins et des valeurs, la recherche de l'efficacité de l'action est plus forte que toute autre considération. Dans son livre *Malaises de la modernité*, très proche au fond de l'analyse weberienne, le philosophe contemporain Ch. Taylor nomme ce phénomène « l'éclipse des fins ». Mais alors, au service de quelle fin se met cette rationalité ? Dans le contexte du monde capitaliste, c'est la recherche du bien-être matériel qui va devenir la finalité non interrogée, ce que M. Weber va nommer, à la fin de *L'éthique protestante* « une cage d'acier » : une cage, car les hommes sont enfermés, obsédés et possédés par le souci des biens matériels, toute autre finalité ayant disparu, une cage, pour dire la perte de liberté qu'accompagne une recherche d'efficacité se mettant au service d'une finalité non interrogée.

Pour gagner en efficacité, les sciences et les techniques deviennent centrales : par spécialisation croissante, elles permettent une maîtrise plus grande du monde extérieur et une amélioration des conditions de vie.

Illustration 3.4 La rationalisation du champ médical

On peut considérer que l'évolution du champ médical (au niveau des recherches menées et des soins donnés aux patients) renvoie au processus de rationalisation décrit par M. Weber au sens où les actions rationnelles par rapport à une fin tendent à y prédominer. Autrement dit, les finalités n'y sont pas interrogées, l'essentiel de l'effort rationnel portant sur la recherche de moyens efficaces.

Dans le champ médical en effet, ***la finalité*** s'imposant comme une évidence est la santé définie de fait comme l'absence de maladies, l'objectif des professionnels étant de lutter contre celles-ci. Une approche plus globale de la santé définie comme un « état de complet bien-être physique, psychique et social » (OMS) n'est pas véritablement prise au sérieux. Or, dans la mesure où le souci d'efficacité est central, les maladies qui vont de fait être privilégiées – donner lieu à davantage de recherches et de ressources dans la mise en œuvre des traitements – sont celles pour lesquelles il existe des (chances de) traitements efficaces, et d'une efficacité mesurable, objectivable. Dès lors, sans que cela ne soit explicité ni discuté, une sélection s'opère qui tend à privilégier la lutte contre certaines maladies, les ***maladies somatiques*** (au détriment des troubles psychiques, ou psychosomatiques) et les ***maladies aiguës*** (au détriment des maladies chroniques qui ne peuvent, par définition, trouver de traitement curatif). Dans la logique instrumentale qui prévaut, certains ***malades*** aussi vont attirer davantage l'attention et les ressources, ceux qui sont encore productifs (ou vont le devenir), au détriment des patients âgés. L'ensemble de ces choix ne fait pas l'objet de discussions approfondies, tant la préoccupation d'une médicine efficace s'impose. Tout l'effort va donc porter sur la ***recherche des moyens*** de traitement les plus opérationnels, quels qu'ils soient :

- parce que les sciences de la nature apparaissent comme le modèle de connaissance le plus fiable, la médecine va reposer sur une conception sous-jacente de l'homme comme un corps-machine (subissant des pannes, à réparer), isolé de son esprit, de son histoire et de sa culture, découpé en morceaux de plus en plus étroits, faisant l'objet de spécialités toujours plus pointues : au nom de l'idéal d'efficacité, c'est la maladie qui est traitée, plus le malade, parce que la prise en compte d'un sujet nécessairement complexe échapperait en partie au contrôle du médecin ;
- parce que l'efficacité technique du geste soignant semble primordiale, la dimension relationnelle du rapport soignant/soigné est peu travaillée : au niveau médical, cela va par exemple se traduire par un remplacement progressif du diagnostic clinique, fait au chevet du malade par le médecin utilisant un savoir global, par le recours à des technologies diagnostiques (analyses bio-médicales, recours aux machines pour établir le diagnostic) ; au niveau infirmier, la formation va porter essentiellement sur les soins techniques et non sur les soins de base, sans égard pour la dimension

relationnelle du soin ; au niveau de toutes les professions (para-)médicales, ce sont les disciplines les plus techniques, les plus spécialisées qui sont les plus valorisées (le prestige – et la rémunération – du médecin spécialiste s'éloignant ainsi toujours plus de celui du généraliste) ;

- pour atteindre ce maximum d'efficacité, on va observer le développement d'un « complexe médical industriel » [S. Hewa et R.W. Hetherington, 1990], où se retrouvent les entreprises pharmaceutiques, de technologies médicales, les hôpitaux, les compagnies d'assurance, tous acteurs pour lesquels la mesure coût-efficacité est primordiale, voire même, pour les premiers cités, les intérêts marchands.

Focalisé comme il l'est sur la recherche d'une efficacité réduite à la lutte contre la dimension objectivable de la maladie, le processus de traitement de cette médecine rationalisée a pu apparaître comme déshumanisant ceux qui y sont engagés, soignés comme soignants.

À la fois pour les limites évoquées des finalités poursuivies et les modalités de sa mise en œuvre, le processus de rationalisation du champ médical va entraîner une contestation, par certains, du modèle médical dominant : en son sein, des voix vont se lever demandant une humanisation de l'hôpital, ouvrant de nouvelles questions sur la qualité des soins ; en dehors du modèle dominant vont se développer des médecines alternatives (homéopathie, acupuncture...) refusant la logique instrumentale rapidement décrite ici.

La nécessité d'une réflexion éthique sur les finalités du soin qui encadre les préoccupations d'efficacité technique se fait jour [par ex. C. Taylor, 2002].

Tout ceci va de pair avec une place plus importante faite à l'éducation : le diplôme succède au blason dans la course aux honneurs. Les connaissances techniques transmises aboutissent à la création d'une nouvelle strate de privilèges et de pouvoir liés au savoir (les technocrates).

On peut considérer aujourd'hui que la transmission des savoirs est elle-même rationalisée : une discipline spécialisée, la pédagogie, se préoccupe de son efficacité ; les lieux de formation s'inscrivent dans une logique marchande, les élèves devenant des « clients », dont on vise la « satisfaction », ces clients étant en demande de diplômes utiles à l'insertion sur le marché du travail.

Le développement des sciences et des techniques s'accompagne de ce que M. Weber va appeler, « le désenchantement du monde » :

> *« L'intellectualisation et la rationalisation croissante ne signifient donc nullement une connaissance générale croissante des conditions dans lesquelles nous vivons. Elles signifient bien plutôt que nous savons ou que nous croyons qu'à chaque instant nous pourrions, pourvu seulement que nous le voulions, nous prouver*

qu'il n'existe en principe aucune puissance mystérieuse et imprévisible qui interfère dans le cours de la vie; bref, que nous pouvons maîtriser toute chose par la prévision. Mais cela revient à désenchanter le monde. Il ne s'agit plus pour nous, comme pour le sauvage qui croit à l'existence de ces puissances, de faire appel à des moyens magiques en vue de maîtriser les esprits et de les implorer mais de recourir à la technique et à la prévision.» [*Le savant et le politique*, pp. 69-70]

Une des origines du capitalisme : l'éthique protestante

L'éthique protestante et l'esprit du capitalisme est sans doute le livre le plus célèbre et le plus controversé de M. Weber. Il s'inscrit dans la recherche des origines du capitalisme et de la modernité, s'interrogeant sur le rôle qu'ont pu y jouer les idées. En l'occurrence, M. Weber se demande comment certaines croyances religieuses ont pu contribuer à l'apparition d'un comportement économique de type capitaliste.

Constatant que, dans les pays où coexistent diverses confessions religieuses, il y a une fréquence relative élevée de protestants parmi les détenteurs de capitaux et de dirigeants de grandes entreprises industrielles capitalistes, M. Weber fait l'hypothèse que quelque chose dans le protestantisme, en particulier calviniste, prédispose au comportement capitaliste. Quelle est donc la spécificité de ce comportement, de cet « esprit du capitalisme » ? L'éthique de vie du capitaliste est d'accroître toujours son capital, non d'en jouir, ni de le dépenser de façon ostentatoire. Curieusement donc, cette éthique prédispose à un certain ascétisme, permettant d'accumuler toujours plus de capital. Comment cette éthique est-elle un produit de la Réforme ?

D'abord, de par l'idée, que l'on retrouve chez Luther mais plus encore chez Calvin, que c'est dans le monde, non dans la vie monastique que s'accomplit le mieux la vocation du chrétien. Quelle est cette vocation ? De contribuer, par un travail sans relâche, à la plus grande gloire de Dieu et Dieu veut que l'action du chrétien soit socialement efficace pour être conforme à ses commandements. « L'ascétisme séculier » qui en découle a donc, à l'origine, un sens profondément religieux.

D'autre part, le dogme de la prédestination établit que, de toute éternité et quoi qu'ils fassent en ce bas monde, certains hommes ont été élus par Dieu, d'autres damnés, promettant aux uns le bonheur éternel, vouant les autres aux flammes de l'enfer. Là où, dit M. Weber, le calvinisme est d'une « inhumanité pathétique » [cité par D. Kaesler, 1996, p. 102], c'est que rien ni personne ne peut aider l'homme à gagner son salut ou à adoucir son sort : ni ses œuvres – le travail sans relâche doit être accompli pour glorifier Dieu, pas pour gagner son ciel – ni ses prières, ni l'exécution d'aucun rite ou sacrement, ni l'aide d'aucun intercesseur. Ceci est la contribution du calvinisme au désenchantement du monde :

> «*Ainsi, dans l'histoire des religions, trouvait son point final ce vaste processus de «désenchantement» du monde qui avait débuté avec les prophéties du judaïsme ancien et qui, de concert avec la pensée scientifique grecque, rejetait tous les moyens magiques d'atteindre le salut comme autant de superstitions et de sacrilèges*». [*L'éthique...*, p. 122]

Se pose alors une question cruciale pour les fidèles, celle de savoir s'ils sont ou non élus. Calvin ne proposera qu'une réponse intransigeante à cette question, considérant que rien ne permettait de savoir quel avait été le choix de Dieu. Après sa mort néanmoins, les prédicateurs calvinistes ont aménagé cette position, diffusant l'idée que le travail sans relâche et la richesse matérielle de celui qui s'y adonne ne modifient pas le destin mais sont un signe d'élection. C'est donc de deux manières que le calvinisme incite au comportement capitaliste : en faisant du travail sans relâche, organisé rationnellement, un devoir permettant la glorification de Dieu ; en considérant la richesse qui l'accompagne comme un signe d'élection.

D'autre part on l'a vu, c'est également à la modernité qu'il contribue en développant, au sein même de l'univers religieux, un monde désenchanté.

M. Weber ne se contente pas de décrire les différentes composantes de la rationalisation, il s'interroge, de façon plus normative, sur la question de savoir dans quelle mesure elle peut être considérée comme un progrès.

Si l'on peut considérer que l'accroissement du bien-être ou des connaissances scientifiques sont, dans le registre qui leur est propre, des «progrès», M. Weber est en tout cas très clair sur le fait que, pour la vie de l'homme prise dans son ensemble et sa vie morale en particulier, ainsi que pour l'humanité en général, la rationalisation ne constitue pas un progrès. Elle s'accompagne en effet d'une ***perte de sens*** :

1. ***du monde*** : vidé de toute signification suite au désenchantement, celui-ci est réduit à apparaître comme un moyen de production ;

   Ex. : la destruction progressive de la planète par souci de l'accroissement du bien-être et la difficulté à s'entendre pour enrayer ce processus peuvent être interprétées aujourd'hui comme des effets de cette perte de signification du monde ;

2. ***de nos vies :*** le sens initial de la recherche de la richesse (manifester la gloire de Dieu) a progressivement disparu, nous laissant sans «horizons moraux» [Ch. Taylor, *op. cit.*] ; la science elle-même, dont on a dit l'importance dans notre type de société, n'apporte «aucune réponse à la seule question qui nous importe : Que devons-nous faire ? Comment devons-nous vivre ?» [P.J. Simon, citant M. Weber, p. 396]. Il s'agit moins de la disparition des valeurs que de leur éviction de la sphère publique, de

l'absence de consensus intersubjectif à leur endroit. Là où de nombreuses sociétés du passé étaient soudées par une même conviction religieuse, édictant à chacun et à tous une même conduite morale, chaque individu d'une société rationalisée se trouve face à un choix vécu comme personnel, entre des valeurs contradictoires (*cf.* l'antagonisme des valeurs). Reste à certains de se bricoler une religion, faite d'un bric-à-brac de «toutes les bondieuseries recueillies dans toutes les parties du monde» [*id.*, p. 396] ;

3. ***de l'homme lui-même:*** les humains comme les choses, dépourvus de toute signification transcendante, deviennent des instruments dans un calcul stratégique objectif ;
   Ex. : La justification donnée aux licenciements massifs de travailleurs par le maintien de la compétitivité de l'entreprise relève de ce processus.

   Mais les hommes eux-mêmes ne prennent pas distance par rapport au fonctionnement du système. À propos de la bureaucratie, M. Weber note ainsi, dans les dernières phrases de *L'éthique protestante*:

   «Il est horrible de penser que le monde ne pourrait être un jour rempli que de ces petits hommes qui ne sont rien d'autre que de petites roues dans un engrenage et qui s'accrochent à leur poste subalterne en essayant d'accéder à de plus hautes fonctions.»

Le comble est sans doute la prétention dont s'accompagne cette absence de progrès ; on y reconnaîtra les croyances très communes des occidentaux d'aujourd'hui d'appartenir à la civilisation «la plus avancée», voire même, à «La» civilisation. Toujours à la fin de *L'éthique protestante*, M. Weber conclut en effet :

> *«En tous cas, pour les "derniers hommes" de ce développement de la civilisation, ces mots pourrraient se tourner en vérité : "spécialistes sans vision et voluptueux sans cœur" – ce néant s'imagine avoir gravi un degré de l'humanité jamais atteint jusque là.»*

On a, par des exemples et des illustrations, évoqué comment cette analyse weberienne de la rationalisation a gardé sa pertinence et permet de comprendre certains aspects du monde d'aujourd'hui ; un certain nombre d'intellectuels se sont inscrits dans cette vision pessimiste de l'avenir de la modernité technicienne (par exemple les sociologues de l'école de Frankfort, M. Horkheimer, I. Adorno, H. Marcuse, J. Habermas).

M. Weber voit-il une issue à cette vision si pessimiste ?

Pour éviter une rationalisation bureaucratique plus complète, voire plus totalitaire, seule la force des valeurs esthétiques et morales peut constituer une limite à la pure rationalité instrumentale. La figure de l'homme politique, sachant prendre des décisions intégrant la question des finalités de l'action, prend pour M. Weber une valeur très importante dans la résistance à la rationalisation. C'est bien au sein du système rationalisé, non à côté de celui-ci, que peut se penser la dignité de l'homme : celui-ci devra être nécessairement « un spécialiste », mais il pourra tenter d'imposer au monde ses fins propres, cherchant à ne pas se laisser piéger par les finalités que ce monde fait passer pour évidentes [Löwith, *op. cit.*]. Dans certains passages de son œuvre, Weber va jusqu'à imaginer que c'est sous la forme d'une domination charismatique que de «nouveaux prophètes» pourraient faire dévier le capitalisme de sa trajectoire la plus vraisemblable.

♣ ***Deux exercices («Zinneke Parade» et «Des abeilles et des boutons»), concernant des interventions d'artistes dans la ville, permettent de concrétiser quelle peut être la contribution d'individus visionnaires pour contrer la rationalisation.***

2.4 Critiques de la perspective weberienne sur la rationalisation

Du large débat ouvert par la richesse des analyses weberiennes de la modernité, on n'évoquera ici que trois critiques, celles regrettant son irrationalisme, son pessimisme et son fatalisme.

2.4.1. En ce qui concerne son ***irrationalisme,*** certains ont reproché à M. Weber de n'envisager comme issue à la rationalisation que la créativité de certains individus – de par l'importance qu'il donne au leader charismatique – ce qui renvoie moins à la possibilité d'un débat rationnel quant au choix des valeurs qu'à une adhésion émotionnelle au leader qui les porte.

Deux dimensions de l'œuvre de Weber empêchent l'auteur de prendre en considération la possibilité d'une issue rationnelle à la perte de sens qu'il déplore :

- il pense le processus de «rationalisation» comme renvoyant exclusivement à l'ordre de la rationalité instrumentale et, dès lors, comme associé à l'érosion des valeurs ;
- il considère la science comme devant respecter la «neutralité axiologique» (ne pouvant donc entrer dans le débat entre les valeurs) ; dès lors, la raison scientifique ne peut être d'aucune aide pour redonner vie aux valeurs. La vision de l'activité scientifique qu'il défend participe elle-même au processus de désenchantement que par ailleurs il condamne, comme s'il en était lui-même prisonnier [A. J. Cascardi, 1995].

Un penseur allemand comme J. Habermas, inspiré pourtant par l'œuvre de M.Weber imaginera comment reconstruire collectivement, par le débat, un univers de valeurs communes, un débat pouvant être rationnel.

2.4.2. La critique de ***pessimisme*** qui a été faite à la perspective weberienne est assez évidente, tant sont plus présentes dans son œuvre les craintes liées au processus de rationalisation que la mise en évidence de ses possibles avantages. Ainsi, conscient de ce qu'un effort de compréhension comme celui que propose la sociologie est un des effets de la rationalisation, l'apport de ce type de connaissance ne semble pas à ses yeux contrebalancer la perte de sens liée à la modernité [K. Bonner, 1998]. Ainsi aussi, il ne développe que sa crainte de la perte de liberté du fait de la généralisation de l'action instrumentale (qui, rappelons-le, est plus de l'ordre d'un calcul technique portant sur le rapport moyens-fin qu'un débat sur le choix des fins) semblant moins sensible au gain en liberté, en autonomie individuelle qui accompagne le processus démocratique.

S'il ne peut voir dans la rationalité un instrument de libération, il ne peut pas considérer non plus le pouvoir émancipateur de la domination rationnelle-légale, les ressources qui lui sont propres et qui peuvent contribuer à lutter contre les effets nocifs de la rationalisation. À partir de l'exemple actuel du secteur de la recherche génétique, M. Albrow [in S. Whimster et S. Lash, 1986, pp. 164-184] a montré comment des efforts législatifs – qui appartiennent bien à l'univers rationnel légal accompagnant la rationalisation – permettent de faire des choix collectifs face au développement des techniques.

♣ ***Deux exercices («Sport et dopage» et «Responsabilité sociale des entreprises) montrent comment l'État peut jouer un rôle dans l'affirmation de valeurs fortes.***

Le risque de ce pessimisme est de contribuer au renforcement du désenchantement qu'il dénonce, en se privant des moyens de mettre en évidence les issues inhérentes au système rationnel-légal.

2.4.3. On a reproché à Weber son ***fatalisme*** dans la mesure où le processus de rationalisation apparaît dans ses écrits comme quasi irréversible ce qui, pour un penseur de l'action individuelle, peut sembler paradoxal. On peut répondre à cette critique à différents niveaux. D'une part, l'irréversibilité de ce processus n'est pas de l'ordre d'une loi déterministe mais d'une probabilité, liée au choix des hommes : il est peu probable, pense Weber, que ceux-ci renoncent aux avantages (entre autres matériels) que donne la rationalisation. C'est pourtant en espérant éviter cela qu'il en appelle au retour de valeurs fortes portées par des leaders charismatiques.

D'autre part, les formes que peut prendre la rationalisation sont multiples et ce, pour différentes raisons [voir J. Weiss, in S. Whimster et S. Lash, 1986, pp. 154-163] : les tensions qui existent entre les valeurs issues de différents champs (par exemple entre le marché et l'état, le champ religieux, ou artistique) peuvent donner des inflexions différentes à la rationalisation, d'autant plus que l'on peut s'attendre à des moments de contestation de la rationalisation portée par des forces charismatiques; dans ses derniers écrits en particulier, M. Weber donne d'ailleurs une image plus complexe de la rationalisation, voyant en celle-ci la généralisation de l'action rationnelle sous ses deux formes, instrumentale bien sûr, mais aussi selon des valeurs.

La question ne serait donc pas de savoir s'il faut s'attendre ou non à un processus de rationalisation au sein des sociétés modernes – la réponse de M. Weber étant à cet égard clairement affirmative – mais de s'interroger sur les formes que prendra ce processus, question qui reste beaucoup plus ouverte. Même si de nombreux textes de M. Weber prêtent le flanc à cette critique, il faut se garder d'une vision excessivement linéaire du processus de rationalisation.

Conclusions

On l'avait annoncé en commençant ce chapitre: nous allons tenter de comparer l'apport des deux «pères fondateurs» étudiés à partir de trois critères:
1. Les concepts construits pour penser le lien social;
2. L'analyse de la modernité qu'ils proposent;
3. Les dangers auxquels ils sont sensibles et, à partir de là, leur point de vue normatif sur la modernité.

1 Comparaison des concepts utilisés

On peut établir des rapprochements entre:
- la communauté / la domination traditionnelle;
- la société / l'action instrumentale, la domination rationnelle légale et la bureaucratie.

La base de ces rapprochements est à la fois l'usage qui est fait de ces concepts pour analyser les sociétés traditionnelles pour la première série de concepts, les sociétés modernes pour la seconde série (on montrera ceci dans la seconde question) mais aussi le contenu donné à ces concepts comme nous allons le voir maintenant. Ces convergences ne sont pas étonnantes dans la mesure où, «Gemeinschaft und *Gesellschaft*» ayant paru avant les œuvres essentielles de M. Weber, on sait que celui-ci en avait connaissance au moment de leur rédaction; par ailleurs l'œuvre de F. Tönnies, on l'a dit, renvoie à toute une tradition intellectuelle allemande que les deux sociologues ont en commun.

1.1 *Communauté/domination traditionnelle*

Chez F. Tönnies et M. Weber, ces concepts convergent autour de deux points clés:
- *l'individu est fortement lié au tout social*, sans être valorisé comme entité autonome: tous deux sont aussi sensibles au rôle important du *chef*

lié à *l'obéissance* des individus (considérée comme une vertu) ; les deux sociologues soulignent enfin la dimension personnalisée de ce pouvoir et des relations sociales en général ;
- Une *conscience commune* joue un rôle fondamental pour lier l'individu au social.

1.2 *Société/action instrumentale, domination rationnelle légale et bureaucratie*

La convergence entre les deux sociologues est à nouveau ce qui domine, nuancée d'accents spécifiques. Fondamentalement, ce qui traverse cette série de concepts est l'identification de l'autonomie reconnue à *l'individu* par rapport au collectif. Au niveau du champ économique, c'est l'individu qui apparaît comme premier, son intérêt étant le moteur d'une institution qui ne fait que permettre la coordination des intérêts individuels : le marché (et la notion de contrat chez F. Tönnies). Au niveau du champ politique, l'État et les règles formelles qui en sont le soubassement ont été démocratiquement définis, ce qui fait apparaître et garantit la liberté des individus et fonde l'égalité entre ceux-ci. Au niveau du champ religieux également, à la foi commune se substitue une liberté de choix parmi l'ensemble des croyances existantes.

Ces analyses seront reprises ultérieurement par de nombreux sociologues à travers le concept-clé (non explicitement présent chez F. Tönnies et M. Weber) d'« individualisme » caractérisant la société moderne. Ce terme, dans son sens sociologique, n'est pas le synonyme d'égoïsme : il désigne des sociétés où l'individu est considéré comme une valeur essentielle. La société sera considérée comme bonne, si et seulement si elle respecte les droits et les libertés individuelles. Ce primat de l'individu sur le social se retrouve bien, sous différentes formes, dans les concepts repris ici.

♣ ***L'exercice « quand l'art rime avec dollars » permet de percevoir la proximité d'analyse de F. Tönnies et M. Weber.***

1.3 *Comparaison transversale*

Que peut-on dégager de la comparaison de nos deux sociologues à propos des deux types de liens sociaux que l'on a jusqu'à présent étudiés séparément ? Deux remarques peuvent être faites.

1.3.1. Quel que soit le type de société dans lequel on se trouve, M. Weber prend pour unité d'analyse l'action individuelle et ses motivations et pas le social envisagé comme un tout. On le voit par exemple dans la façon dont M. Weber pose la question de la domination comme étant la recherche des bonnes raisons que les individus ont d'accepter celle-ci. Pour F. Tönnies, l'individu disparaît derrière le social qu'il considère comme étant non réductible aux consciences individuelles.

Il faudra revenir sur l'hypothèse que l'on peut faire à partir de là d'un attachement de M. Weber à l'individu comme valeur quand F. Tönnies situe davantage la source de la valeur dans le social.

1.3.2. M. Weber pense moins le lien social de façon dichotomique que F. Tönnies : un des deux types d'action – en l'occurrence, l'action rationnelle par rapport à des valeurs – ne peut être classée entre ces deux polarités ; il existe un autre type de domination que rationnelle légale et traditionnelle – en l'occurrence, la domination charismatique – qui ne peut être réduite à une fonction de transition de la tradition à la modernité puisqu'elle peut aussi renvoyer à la contestation de la domination rationnelle légale.

Chez F. Tönnies par contre, on avait critiqué la façon de construire le concept de *Gemeinschaft* dans une symétrie inverse à la *Gesellschaft* ce qui, non seulement réduit la diversité sociale à deux modalités du vivre ensemble, mais en plus, construit celles-ci par un jeu de miroir.

2 Usage des concepts pour penser la modernité

Chez les deux sociologues, on va retrouver une certaine identification des sociétés autres ou antérieures à la société occidentale de leur temps au modèle de la communauté (F. Tönnies), de la domination traditionnelle (M. Weber) et, dès lors, une tendance des sociétés « modernes » occidentales à se rapprocher d'une société (*Gesellschaft* – F. Tönnies), du processus de rationalisation (donc, de la bureaucratie, de la domination rationnelle légale et de l'action instrumentale chez M. Weber). Pour bien comprendre la portée de ces rapprochements, il faut resituer l'œuvre de F. Tönnies et M. Weber dans le contexte de la colonisation, rappelé dans l'introduction de ce chapitre. Dans ce contexte, les penseurs occidentaux auront tendance à creuser l'écart entre « eux », éloignés dans l'espace et dans le temps et « nous », eux étant assimilés à notre passé, « nous » à leur avenir (on voit d'emblée comment cette vision permettait de légitimer l'entreprise coloniale). F. Tönnies et M. Weber n'échappent pas à l'évolutionnisme très caractéristique de leur période.

Néanmoins, ils pensent aussi que les rapprochements évoqués plus haut ne constituent qu'une tendance, les sociétés réelles, observables mêlant davantage les deux types de liens sociaux. Mais on peut distinguer F. Tönnies et M. Weber quant à la façon de penser les liens entre les concepts construits pour analyser la réalité empirique.

F. Tönnies a tendance à considérer que, si l'on trouve dans les sociétés modernes des traits des sociétés traditionnelles, c'est essentiellement sur le mode de la subsistance. En se développant, les sociétés modernes tendront de plus en plus vers la *Gesellschaft*.

Lorsque M. Weber propose sa typologie de l'action et de la domination, sa position est beaucoup plus nuancée. Même si l'on peut faire des liens entre un type d'action et de domination et la société capitaliste, le fait même qu'il s'agisse d'idéaltype rappelle qu'aucun de ces types ne peut être identifié à une réalité empirique. Ces idéaltypes aident à formuler des hypothèses à propos de la réalité, toujours plus complexe qu'un seul idéaltype. D'autre part, les études historiques menées par M. Weber sur différentes sociétés du passé l'ont conduit là aussi à ne pas les ramener à un seul type.

Cette prise en compte de la complexité est facilitée par l'unité d'analyse choisie par M. Weber, à savoir l'individu et ses actions, la société ne pouvant être étudiée comme une totalité homogène.

3 Sensibilité aux dangers des différents types de lien social et point de vue normatif

F. Tönnies et M. Weber sont préoccupés par les dangers propres à la modernité : c'est pour mieux les anticiper et en comprendre la nature qu'ils développent leurs analyses. Du monde moderne, ils voient plus les risques que les avantages : ils partagent une vision pessimiste du monde social qui est le leur. Ils sont ainsi plus critiques face à la disparition de valeurs communes, au développement du matérialisme de leurs contemporains qu'émerveillés par les découvertes scientifiques, même si, contribuant au développement de ces connaissances, ils ne peuvent y être indifférents.

Leurs conceptions des issues possibles sont par contre distinctes.

F. Tönnies semble espérer le développement de liens communautaires, en étant partagé entre le rêve d'un retour nostalgique aux valeurs de la communauté traditionnelle et une utopie progressiste qui verrait le déploiement de nouvelles formes communautaires (proches des expériences mutuellistes, coopératives...) encadrées par un état mondial.

M. Weber en revanche mise davantage sur l'action d'individus – plus que sur la mise en place de collectifs – porteurs de valeurs autres que celles qui orientent le processus de rationalisation (la poursuite de l'intérêt individuel dans la plus grande efficacité possible). Son utopie pourrait se ramener à cette formule [E. Donaggio, in K. Löwith, p. 38] : « la dignité de quelques-uns, malgré le capitalisme ».

Se retrouve ainsi chez tous les deux l'aspiration au développement d'autres valeurs que celles qui leur semblent dominer la modernité, mais par des processus distincts : porté par des collectifs en ce qui concerne F. Tönnies – des communautés, qu'elles soient anciennes ou nouvelles –, exhaltée par des individus, en ce qui concerne M. Weber.

4

L'analyse du lien social dans les sociétés contemporaines

Introduction

Pour introduire à l'analyse du lien social contemporain proposé par les sociologues J.T. Godbout et R. Sennett – choisis pour la diversité de leurs approches, sans prétention à une quelconque exhaustivité – essayons de décrire à grands traits les sociétés occidentales d'aujourd'hui par rapport à celles qui les précèdent.

On avait présenté les sociétés modernes (fin XIXe, début du XXe siècle) en pointant les deux révolutions, démocratique et industrielle, et l'expansion coloniale sans précédent qui les singularisaient ; avec F. Tönnies et M. Weber, on avait poursuivi notre analyse de la modernité en identifiant deux institutions-clés, l'État-nation et le marché, le processus de rationalisation, et la reconnaissance de l'individu comme valeur.

Comment situer la société occidentale contemporaine dans cette vision de la modernité ?

On choisira ici le terme de « modernité avancée »[1] (U. Beck) pour qualifier ce qui est à la fois une continuité d'avec la modernité et des points d'in-

1 Avec Y. Bonny [2004], dont l'ouvrage de synthèse nous a été ici particulièrement précieux, on privilégiera cette approche par rapport à celle qui, à travers un terme comme celui de « postmodernité » tend à considérer qu'il y a eu rupture entre le processus contemporain et l'univers de la modernité.

flexion par rapport à celle-ci. On les examinera en distinguant trois ordres de phénomènes.

1 ***Au niveau socio-économique***, le terme de « globalisation » ou de « mondialisation » est bien sûr ce qui vient d'abord à l'esprit.
Que des biens et des services circulent d'un pays à l'autre n'est pas un phénomène nouveau. Ce qui est propre à la mondialisation contemporaine, c'est qu'elle opère sur plusieurs dimensions. La première, dite « internationale » [C. Michalet, 2002], date de la Renaissance même si elle n'a pris de l'ampleur qu'au XIXe siècle. Elle correspond à une spécialisation des économies nationales allant de pair avec un échange important de biens et de services entre pays. La deuxième dimension, dite « multinationale » [ibidem], apparue dans les années 1960, correspond à l'apparition de firmes transnationales faisant des investissements directs à l'étranger, échappant largement au contrôle des États-nations. La troisième, apparaissant dans les années 1980 et coexistant avec les formes antérieures, consiste en des mouvements financiers importants. S'autonomisant par rapport à l'économie réelle, de nouveaux acteurs (Fonds de pension ou d'investissement par exemple) apparaissent.
Cette forme globalisée de capitalisme s'accommode du processus de décolonisation (démarrant après la Seconde Guerre mondiale pour s'achever dans les années 1970), qui est allé de pair avec une insertion dépendante des économies des pays du Sud dans l'économie-monde.
Au niveau des entreprises, les modes de gestion, en appelant à une implication personnelle des salariés avec individualisation des salaires en fonction des performances, réduit la pertinence d'identification à des collectifs (conscience de classe et adhésion forte aux organisations collectives, syndicale, mutuelliste…) [L. Boltanski et E. Chiapello, 1999].
Associée à un relatif recul de l'État-providence (voir point 2), ce type de politique d'entreprise va conduire à une recrudescence des inégalités socio-économiques et de la précarité des groupes les plus faibles.
Dans *La société du risque* [1986 dans la version originale allemande, 2001 en français], U. Beck part de l'analyse de l'ampleur prise par les risques sanitaires et environnementaux (amiante, OGM, dioxine, nucléaire, sang contaminé…) pour penser les traits nouveaux de la modernité. Ces risques, au lieu d'opposer deux classes sociales (typiquement, dans la société moderne, capitalistes et ouvriers), sont communs à tous les membres de la société ; ils sont sans frontière étatique, appelant à des modes de gestion mondialisés. Ils transforment également le rapport à la science : à la foi moderniste dans la science, qui avait remplacé la foi religieuse pendant deux siècles, se substitue une démystification de celle-ci pour deux raisons. D'une part, c'est le développement technico-scientifique qui produit ces risques, manifestant, sans même devoir aller jusqu'à Hiroshima, son versant sombre ; d'autre part, la multiplicité non concordante des dis-

cours experts amène à mettre en question leur pouvoir à dire une vérité absolue, conduisant à considérer ces discours comme des points de vue à confronter à d'autres, en particulier celui des non-experts.

2 ***Au niveau socio-politique***, on peut considérer que la modernité a pris la forme institutionnelle de l'État-nation, s'investissant progressivement dans le rôle d'État-providence (avec en particulier le développement des mécanismes de sécurité sociale, ayant connu leur apogée au milieu des années 1970). La légitimité de cette institution va se trouver affaiblie avec la modernité avancée pour un ensemble de raisons liées à la crise budgétaire que traverse l'État à partir des années 1970, mais aussi, pour des raisons idéologiques (avec la montée du néo-libéralisme). En lien avec ce que l'on a dit précédemment de la globalisation, de nouveaux acteurs, économiques et financiers échappent pour une bonne part au contrôle des États nationaux ; un ensemble de problèmes (les risques environnementaux et sanitaires dont on a parlé, mais aussi, l'importance des flux migratoires, le développement au niveau mondial du crime organisé, de réseaux terroristes...) se pose à une échelle dépassant les possibilités de régulation par un État.
La crédibilité, aux yeux des citoyens, des institutions démocratiques associées à l'État-nation (parlements, partis, syndicats) va elle aussi être affaiblie, menant à un certain désengagement des citoyens vis-à-vis de la vie démocratique.

3 ***Au niveau socio-culturel***, trois composantes de la modernité avancée peuvent être mises en avant.

3.1 ***Une « seconde révolution individualiste »*** [G. Lipovetsky, cité par Y. Bonny, p. 121] donne une nouvelle extension aux valeurs individualistes : confinées par la modernité aux sphères politique et économique, ces valeurs investissent tous les espaces et toutes les institutions, amenant à une contestation de toutes les formes de pouvoir et d'autorité (dont le fameux slogan de mai 68 « il est interdit d'interdire » illustre la radicalité). Ainsi, par exemple dans la sphère familiale, le projet collectif porté par le couple ne conserve sa légitimité que si chaque partenaire peut le concilier avec son épanouissement individuel (ce qui va fortement fragiliser l'institution familiale). Les valeurs individualistes vont prendre une inflexion hédoniste qu'elles n'avaient pas à l'origine.

3.2 ***De nouveaux mouvements sociaux*** vont apparaître, autour de nouveaux enjeux (délaissant le terrain de prédilection du monde industriel, les conflits autour du travail), via de nouvelles formes d'organisations (plus décentralisées, relevant davantage de l'action directe autour de questions circonscrites et multiples, utilisant les nouvelles technologies de l'information et de la communication).

Après avoir vu émerger dans les années 1960 de forts mouvements féministes et écologistes, aspirant à la constitution d'espaces culturels et politiques autonomes, la modernité avancée voit apparaître au sein de différentes communautés religieuses (musulmanes, juives, protestantes, puis bouddhistes et hindouistes) des mouvements fondamentalistes porteurs de revendications anti-modernes ou anti-occidentales [S. Eisenstadt, 2004]. Le statut de la « tradition » change, étant questionnée, réinventée, utilisée dans une dynamique de transformation permanente. À partir des années 1980 prennent de l'ampleur des mouvements et des identités « ethniques » particularistes (dans les nouvelles républiques de l'ex-union soviétique, en Afrique, en ex-Yougoslavie...) contestant le modèle universaliste de l'État-nation, demandant une reconnaissance et revendiquant une place spécifique dans ce qui permettait jusque-là une homogénéisation culturelle : programmes éducatifs, médias, usage des langues...

3.3 ***Le post-modernisme***, courant philosophique et artistique, va contester les valeurs associées à la modernité. Au plan philosophique, c'est l'idéal de la philosophie des Lumières, la Raison (et la connaissance scientifique qui y est associée) qui va faire l'objet de différentes critiques : la science ne peut prétendre à la vérité absolue, demandant à être discutée dans ses présupposés, dans son lien nécessaire au pouvoir (M. Foucault) ; il faut reconnaître « l'autre de la raison » [Y. Bonny, 2004, p. 53], la folie, le désir, l'inconscient, le corps. Au plan artistique et, en particulier, de l'architecture[2], le modernisme contesté prend ici la forme d'une opposition à l'esthétique propre à la civilisation industrielle, donnant priorité à la fonction sur la forme, recourant de façon systématique aux matériaux et aux procédés les plus contemporains, déconnectant le bâtiment de son contexte d'implantation. Sera au contraire réhabilitée une approche moins utilitaire de l'architecture, laissant sa place à l'ornement, à la multiplicité des styles (éclectisme), aux références visuelles au contexte.

Réfléchissant au cœur de cette modernité avancée, les deux sociologues en question vont retenir certains traits et en proposer une analyse que nous allons organiser selon les trois questions qui nous ont guidés dans le troisième chapitre : présentation des concepts élaborés pour analyser le lien social, mode d'utilisation pour comprendre les sociétés contemporaines, dangers propres au type de lien social mis en évidence et rapport aux valeurs des sociologues étudiés.

2 Ce qui nous sera utile pour mieux comprendre les critiques et les propositions de R. Sennett.

Pour conclure ce chapitre, on comparera les deux sociologues retenus ici à la fois entre eux et par rapport aux pères fondateurs étudiés au chapitre précédent.

1 Le M.A.U.S.S. ou l'importance du don dans les sociétés contemporaines

> *«Pourquoi donne-t-on? Pour se relier, pour rompre la solitude et faire partie de la chaîne à nouveau, pour se brancher sur la vie, pour faire circuler les choses dans un système vivant, sentir que l'on fait partie de quelque chose de plus vaste et notamment de l'humanité chaque fois qu'on fait un don à un inconnu (...).»*
>
> J.T. Godbout

Depuis l'analyse qu'en ont faite les fondateurs de la sociologie (dont F. Tönnies et M. Weber), la modernité apparaît comme caractérisée par deux institutions, le marché et l'État, et un type d'homme, l'homme moderne, avant tout intéressé et rationnel.

Or, à partir des années 1980, Alain Caillé et à sa suite le Mouvement Anti-Utilitariste en Sciences Sociales (le M.A.U.S.S.) contestent cette vision devenue commune en s'inspirant de l'œuvre de Marcel Mauss (voir l'encadré biographique), en particulier de son *Essai sur le don* (1923-1924; voir l'encadré consacré à l'œuvre de M. Mauss).

Marcel Mauss (1872-1950): repères biographiques

Marcel Mauss naît à Epinal, dans les Vosges, dans une famille juive possédant une petite entreprise de broderie. Il est le fils aîné de la sœur aînée de E. Durkheim, un des pères fondateurs de la sociologie. Son intérêt pour le social est à la fois théorique – il sera un disciple, puis un collaborateur de E. Durkheim – et pratique – il est un militant socialiste, ami de J. Jaurès [C. Tarot, p. 5, 2003].

Après un cursus en philosophie, M. Mauss étudie les langues indo-européennes et sémitiques à l'École pratique des Hautes Études, dont il deviendra un peu plus tard un des enseignants, très apprécié de ses élèves.

Très vite, il est aussi un collaborateur essentiel de la revue fondée par E. Durkheim, *L'année sociologique*, dont l'objectif est de permettre le développement de la sociologie. Ses relations avec son oncle seront, jusqu'à la mort de celui-ci, à la fois essentielles à sa formation et à ses orientations professionnelles et très conflictuelles.

À la mort de son oncle (1917), il se retrouve seul à diriger la revue. C'est à ce moment qu'il atteint sa maturité intellectuelle avec, dans les années 1920, ses travaux sur le don, dans les années 1930, ses études sur le rapport corps-individu-société et sa réflexion épistémologique et méthodologique sur les « faits sociaux totaux ». De nombreux commentateurs [dont C. Tarot, p. 18, 2003] lui reconnaissent une réelle originalité. Il ne peut être réduit à n'être que le continuateur de l'œuvre de E. Durkheim.

La persécution antisémite dont il sera victime lors de la Seconde Guerre mondiale a marqué durablement les dix dernières années de sa vie.

Il faut d'emblée avoir à l'esprit que, dans l'*Essai*, le terme de don n'est pas utilisé dans son sens habituel, où il renvoie à un acte purement gratuit et désintéressé, mais prend un sens sociologique particulier : le don institue une relation d'échange faite à la fois d'intérêt et de désintérêt. En se basant sur l'étude de sociétés antérieures aux nôtres, M. Mauss va d'abord mettre au jour le système d'échange que constitue le don pour montrer comment, dans ces sociétés mais aussi dans les nôtres, le don peut être considéré comme le « roc » du social.

Dans le prolongement de ce travail de M. Mauss, tout en étant centré cette fois sur le monde contemporain le M.A.U.S.S. contribue à repenser ce qui singularise l'individu occidental contemporain (étant à la fois intéressé et désintéressé) et à renouveler la réflexion sur les nécessaires articulations entre les logiques étatique, marchande et la logique du don. Par sa revue, il entretient les débats autour de l'œuvre de M. Mauss mais surtout aborde ses enjeux contemporains : place du don relativement à d'autres logiques, fondement du lien social, rôle des associations…

À partir de l'œuvre de M. Mauss, le M.A.U.S.S. propose aussi la formulation d'un nouveau paradigme (comme on le verra au chapitre 5) poursuivant la critique maussienne de l'utilitarisme qui marque l'anthropologie de plusieurs sciences humaines.

M. Mauss : l'œuvre

La préparation de l'*Essai sur le don* [1923-1924, *Sociologie et anthropologie*, pp. 145-279], considéré très largement comme le chef d'œuvre de M. Mauss, commence dès 1904, suite à la découverte des écrits de l'anthropologue F. Boas sur le potlatch. L'intérêt de M. Mauss est relancé en 1922, lors de la parution des *Argonautes du Pacifique occidental* de B. Malinowski, décrivant le système d'échange de coquillages aux îles Trobriand.

Cette œuvre ne constitue pourtant qu'une partie du travail et des thématiques qui aborde M. Mauss. Jusqu'en 1914, il va surtout poursuivre ce qui est une marque de fabrique des durkheimiens, l'étude des religions, mais loin de l'évolutionnisme qui marquait la pensée de son oncle. À cette thématique peut être associée celle de son travail sur la magie.

La pensée de M. Mauss s'est aussi développée dans le champ politique (M. Fournier en rassemble les éléments essentiels in *M. Mauss, Écrits politiques*, Fayard, 1997). Socialiste toute sa vie, M. Mauss a toujours affirmé, contre les grandes utopies politiques – celle du socialisme révolutionnaire en particulier – la prééminence du social sur le politique et l'économique, et la nécessité de resocialiser l'économique. Il s'engagera personnellement dans le mouvement des coopératives ouvrières. Avec J. Jaurès, puis sans lui après son assassinat en 1914, il a une position internationaliste, soutenant avec vigueur le projet de la Société Des Nations. Il analyse, dès les années 1920, la parenté du fascisme et du bolchevisme, dénonçant sans doute avec plus de lucidité les dérives du second que du premier [C. Tarot, p. 96, 2003].

Dans la dernière partie de son œuvre enfin, il étudie comment le social travaille le corps : il considère le corps comme l'outil par excellence. Il propose une typologie des savoir-faire incorporés, des manières de se tenir à table à celles de manger, courir, se reposer... (in « Les techniques du corps », *Sociologie et anthropologie*).

Pour présenter l'analyse du M.A.U.S.S. on suivra essentiellement ici l'ouvrage de J.T. Godbout (écrit avec la collaboration d'A. Caillé), *L'esprit du don* tout en l'enrichissant d'autres écrits de membres du M.A.U.S.S. (voir bibliographie).

Après avoir présenté ce qu'est le mécanisme du « don » (1.1), on s'interrogera sur la place du don dans les sociétés contemporaines (ses différentes sphères et ses différentes logiques, 1.2), en s'interrogeant sur ses dangers dans la société contemporaine (1.3). On terminera par un premier recul critique (1.4).

Objectifs pédagogiques

Face à un matériau empirique, l'étudiant doit être capable d'analyser finement quels aspects des phénomènes en question relèvent de chacune des trois logiques qui nous intéresseront (celle du don bien sûr, mais aussi celle du marché et de l'État), pour analyser ensuite comment s'articulent, de façon chaque fois singulière, ces différentes logiques.

1.1 La logique du don

Qu'est-ce que le don ? Dans la perspective où l'envisagent les sociologues, il ne s'agit pas d'un acte volontaire et purement gratuit. Il consiste en :

> « *Toute prestation de bien ou de service effectuée sans garantie de retour, en vue de créer, nourrir ou recréer le lien social entre les personnes.* » [J.T. Godbout, 1992, p. 32]

Analysons un à un les deux éléments principaux de cette définition : la finalité du don est de créer du lien social ; la réciprocité du don n'est pas garantie, même si, on va le voir, le don doit être analysé dans le cadre d'un cycle à trois temps (donner, recevoir, rendre). Le don est donc un mode particulier de circulation des biens au service du lien social.

Le cycle du don

La « gratuité » du don, le désintéressement total qui sont censés en être l'essence sont une apparence : ils masquent l'inscription du don dans un système de réciprocité tel que le don doit toujours être analysé dans le cadre d'un cycle de trois temps : donner, recevoir et rendre.

Autrement dit, s'il y a obligation de donner, il y a aussi droit de recevoir et obligation de rendre.

> *Ex.* : J.T. Godbout cite une étude menée par F. Weber (1989) dans un village ouvrier français et portant sur le système de coopération existant entre les familles ouvrières : une affirmation de gratuité voile l'obligation, différée dans le temps, de rendre les services reçus. Il y a en fait une chaîne ininterrompue de services qui est de nature à tisser les bonnes relations, moins entre des individus qu'entre les familles auxquelles ils appartiennent.
> La parole s'inscrit aussi dans un système de don : on donne la parole, on la rend après avoir remercié, on la prend si on ne vous la donne pas : la première fonction de la parole est de circuler, indépendamment de son contenu informatif (comme il apparaît clairement au niveau de l'échange de salutations).

Envisageons un à un chacun des temps du cycle du don.

Donner présente toujours un risque, celui que l'autre ne rende pas ce qui lui a été donné, ou de façon inconvenante (trop ou trop peu). Accepter de courir ce risque est la forme de générosité propre au don. Celui qui prend l'initiative du don, parce qu'il prend un risque, fait ainsi la preuve d'une plus grande aisance sociale. Il est alors aussi en position de force dans la mesure où c'est à son tour de recevoir et où l'autre est maintenant son obligé (de par l'obligation de rendre).

Ex. : on utilise le terme «merci» en oubliant son origine qui est «je suis à ta merci» (vu que, ayant reçu quelque chose de toi, je suis maintenant ton obligé).

Un pouvoir accompagne ainsi le don, qui n'est pas apparent pour le sens commun. En allant plus loin, les sociologues mettent en avant la dimension agonistique (qui renvoie à la compétition) du don. M. Mauss y est particulièrement sensible, commençant son «Essai» par l'analyse du «potlatch», tel qu'il a été observé initialement chez les Kwakiutl (Indiens du N-O de l'Amérique du Nord) : à chaque tour d'échange, le receveur doit rendre plus que ce qu'il a reçu. Le partenaire qui ne peut plus suivre, l'essentiel de ses richesses ayant été donné, est le perdant de l'échange. La motivation essentielle de ce type de don est la rivalité : l'intérêt (non matériel) se situe au niveau de l'apparaître, du prestige, du pouvoir, de la gloire. Il est une forme – pacifique – de «guerre par le don».

Sans aller jusqu'à ces formes extrêmes, il y a toujours, pour le receveur, le risque d'une dépendance au donateur, s'il est incapable de rendre ou si le donateur refuse de recevoir en retour. Dans le cadre des relations Nord-Sud, J.T. Godbout note ainsi [2000, p. 177] :

> *«Plus encore que par le marché, c'est par les dons non rendus que les sociétés dominées finissent par s'identifier à l'Occident et perdent leur âme.»*

Cette perte d'identité suite au don peut être reliée à ce que M. Mauss observait dans *L'essai* : l'idée que l'esprit du donateur circule avec le don (p. 160) :

> *«Le lien par les choses est un lien d'âme, car la chose elle-même a une âme, est une âme. D'où il suit que présenter quelque chose à quelqu'un, c'est présenter quelque chose de soi.»*

C'est une des raisons qui explique que le don puisse avoir un effet persistant, voire fâcheux pour celui qui le reçoit. Ainsi observe M. Mauss, en allemand, «gift» veut dire à la fois «don» et «poison» : il y aurait une ambiguïté fondamentale du don, non seulement parce que l'on peut donner des choses mauvaises, mais parce que même bon, le cadeau peut avoir des effets néfastes (le «cadeau empoisonné»).

Quelles choses peuvent être données ? Il peut s'agir de biens matériels ou immatériels, «une danse, une magie, un nom, un être humain, un appui, dans un conflit ou une guerre, etc.». Autrement dit, «tout ce dont le partage est possible, fait sens, peut créer chez l'autre des obligations, une dette» [M. Godelier, 1997, p. 141]. Tout peut être donné, mais pas n'importe quoi : le choix de la «chose» donnée a une signification en termes de relation qu'il faut habilement sélectionner, chaque culture ayant un «langage des cadeaux» spécifique (chez nous, un homme offrant une bague à une femme dit autre chose que s'il offre des fleurs, un verre, un fer à repasser…)

L'intérêt de l'analyse par le don est qu'elle permette simultanément de s'intéresser à la circulation des choses et aux relations sociales, soit à la fois au matériel et au social, voire à l'affectif.

Recevoir est une véritable action, qui ne va pas de soi, on l'imagine, après ce que l'on vient de dire du don : il s'agit de pouvoir s'approprier le don, d'en faire quelque chose de bon pour soi, qui renforce la part d'autonomie du receveur.

> *Ex.* : dans le contexte du don d'organe, le phénomène de rejet, physiologique mais aussi psycho-social est lié à cette difficulté de recevoir (en particulier : la crainte d'être envahi par l'« esprit » du donneur).

Il s'agit de ne pas perdre son identité dans la dette.

Dans la logique du don agonistique, il y a obligation à recevoir : refuser de recevoir, c'est « être aplati, déjà. C'est perdre le poids de son nom ; c'est s'avouer vaincu d'avance (…) » [M. Mauss, p. 210].

Recevoir, c'est manifester que l'on accepte le lien ainsi créé au donateur.

Ex. : un professeur peut préférer ne pas recevoir de cadeaux d'étudiants en cours d'année pour garder toute sa liberté, toute son indépendance au moment de l'évaluation ; dans un autre registre, une fille peut choisir de refuser un cadeau d'un garçon pour ne pas se sentir engagée dans une relation plus personnelle que celle qu'elle souhaite.

Rendre

Une des premières questions de M. Mauss dans son *Essai* est la suivante (p. 148) :

> *« Quelle force y a-t-il dans la chose qu'on donne qui fait que le donataire la rend ? »*

L'obligation de rendre est, du point de vue de M. Mauss, la plus fondamentale car c'est par elle qu'est relancé le cycle du don.

En partant d'études concernant les Maoris, M. Mauss répond en reprenant les théories indigènes du « hau », indissociablement l'esprit de la chose et de son propriétaire. Chaque chose étant porteuse d'un « hau », elle véhicule le pouvoir du donateur qui peut aller jusqu'à provoquer la mort du donataire qui ne rendrait pas. Sans entrer dans les polémiques qui ont suivi cette formulation, disons que si donner, c'est se donner, rendre, c'est se libérer de l'emprise potentielle du donateur, chacun étant ainsi porté à rendre.

S'il y obligation de rendre, la nature de cette obligation est très différente de celle qui contraint dans la sphère marchande ou étatique.

> *«La manière dont l'individu est obligé dans le régime du don ne correspond nullement à l'obéissance à une règle, ou à une pluralité de règles fixées au préalable, mais simplement au fait qu'il entre dans un cycle – à la manière dont on entre dans une danse – qu'il prend place en lui et se trouve emporté dans la dynamique qui l'anime.»* [B. Karsenti, cité par J.T Godbout, 2000, p. 39]

Comment décrire la spécificité de cette obligation?

Observons d'abord que ce qui est rendu n'est pas nécessairement matériel: la gratitude, la reconnaissance du receveur – par exemple d'un enfant vis-à-vis de ses parents – peuvent être la forme du «retour». Parler de réciprocité n'est donc pas synonyme d'échange marchand, où l'équivalence des biens échangés est essentielle au bon déroulement de l'échange (supposant un principe d'équivalence, le plus souvent monétaire). C'est dire aussi que le principe de réciprocité ne s'accompagne pas d'une logique de calcul (que rend nécessaire le principe marchand de l'équivalence).

Dans le contexte particulier des relations affectives et familiales telles que les analyse J.T. Godbout [2000, p. 28], la règle de réciprocité est «continuellement déformée, destructurée par des principes qui s'en éloignent.». Par exemple, dans certains réseaux fonctionnant dans la logique du don, il y a même sur le long terme des donateurs nets et des receveurs nets. Ou encore, on peut avoir beaucoup reçu sans se sentir tenu de rendre. Il existe le plus souvent un déséquilibre dans le retour tel qu'un état de dette est toujours maintenu qui permet de poursuivre la relation.

Ex. :
- l'expression «Je lui dois tellement», souvent entendue à propos du rapport à l'être aimé, manifeste cet état de dette comme état normal de la relation; une stricte équivalence entre ce qui est donné et reçu peut apparaître, dans la logique du don, comme la fin de la relation.
- des études citées par H. Berking (1999, pp. 16-17) montrent ainsi que, lors des fêtes de Noël aux États-Unis, les adultes donnent sept fois plus qu'ils ne reçoivent de leurs enfants; le principe de réciprocité à court terme (qui permet de parler d'«échange» de cadeaux) ne valant que pour l'échelon horizontal (fratrie et alliés), alors que l'essentiel se passe à l'échelon vertical (dons intergénérationnels allant vers les enfants).

Certains réseaux fondés sur le don (ou certains individus) peuvent accéder ainsi à ce que J.T. Godbout appelle un état de «dette positive»: il y a, dans cet état – pouvant être considéré comme un accomplissement de la logique du don et ne pouvant être atteint que par certains, dans certaines circonstances – une confiance telle entre donateurs et receveurs que chacun, animé du désir de donner le plus possible, peut vivre la dette sans culpabilité ni angoisse, sans désir de s'en acquitter, parce qu'elle est le signe de la force et de la qualité du lien.

Indépendamment de ce contexte particulier, l'obligation de rendre ne vaut que sur le long terme : il n'est pas nécessaire que le « rendu » suive rapidement le don.

> *Ex.* : des anthropologues étudiant certaines sociétés indiennes d'Amérique du Nord ont montré au contraire que rendre « trop » vite était mal perçu par le donateur initial, soit comme une volonté d'interrompre le lien social inauguré par la dette, soit comme le refus de prendre le temps d'accumuler de façon conséquente.

Enfin, l'obligation de rendre ne signifie pas toujours qu'il faille rendre à la personne de qui l'on a reçu. En effet, si certains systèmes de réciprocité peuvent être considérés comme « restreints » (au sens où A donne à B qui rend à A), d'autres sont « généralisés » (A donne à B qui donne à C qui donne à E qui donne à... N qui donne à A ou à X).

> *Ex.* : l'héritage fonctionne comme un système d'échange généralisé, le système du don y fonctionnant sur le mode de la chaîne : on transmet ce qu'on a reçu, en étant moins la source première du don que le canal de transmission du don. Ainsi par exemple, A. Gotman citée par J.T. Godbout [1992] a montré que les héritages de petite ou moyenne importance (ceux qui sont les plus nombreux) sont souvent utilisés directement par les petits-enfants des personnes décédées, les enfants de celles-ci transmettant directement l'héritage à leurs propres enfants (le plus souvent, pour faciliter l'acquisition d'un logement).

En pensant la société comme un système d'échange généralisé fonctionnant dans la logique du don, on peut considérer que tout individu, par le fait même de naître, et ce, dans un monde lui offrant une place dans une filiation et des ressources culturelles et matérielles, est nécessairement lié à tous et à chacun par « une grande dette ». Dès lors, tout don ayant l'apparence d'un don initial et, en ce sens, gratuit – par exemple celui du bénévole donnant de son temps aux autres – peut être relu comme s'inscrivant en fait dans le temps du « rendre » : rendre à un tiers ce qu'on a reçu de la vie, des dieux et des hommes.

Tout ce qui a été dit concernant l'obligation de réciprocité (les formes qu'elle prend, la fréquence de son détournement, son caractère différé dans le temps, non destinée nécessairement au donateur) nous éloigne de la logique de l'échange marchand, fondé sur une règle d'équivalence.

Les deux paradoxes du don

La description des trois temps du cycle du don permet de dégager les deux paradoxes qui le caractérisent.

Il est à la fois **intéressé et désintéressé**. En reprenant directement les termes de M. Mauss, J.T. Godbout souligne donc le caractère hybride du don entre «la prestation purement gratuite et l'échange purement intéressé»:

> «*Intérêt et désintéressement expliquent également cette forme de circulation.*» [M. Mauss, cité par J.T. Godbout, 1992, p. 30]

Le propre du système du don est pourtant de toujours insister sur sa part désintéressée, de manifester le refus d'expliciter l'intérêt qui y est sous-jacent.

Ex. : on peut ainsi considérer comme révélatrices d'un échange par le don les phrases telles que «Merci, tu n'aurais pas dû, c'est trop, ce n'était pas nécessaire» appelant la réponse: «mais non, ce n'est rien du tout».

Cette façon de nier tout calcul permet au don de se maintenir le plus loin possible de l'échange contractuel (qui force l'autre à rendre), de laisser l'autre le plus libre possible (dans l'évaluation de ce qu'il doit rendre, du moment où il doit rendre...).

On ne peut donc confondre le fait de l'obligation de réciprocité avec l'intention du donateur. Autrement dit, ce n'est pas parce qu'on observe qu'il va recevoir un contre-don qu'il faut penser que le donateur donne *pour* recevoir quelque chose en retour (ce qui ferait du don une forme d'échange exclusivement intéressée).

Ex. : même lorsqu'ils sont très vieux, les parents espèrent le plus souvent pouvoir continuer à donner à leurs enfants et non pas devoir compter sur eux pour les aider.

Deuxième paradoxe: le don est à la fois **libre et contraint**. Libre parce que la règle de réciprocité n'est pas formelle, qu'elle est souvent contournée, que le donateur tend, par une série de rituels, à «libérer» l'autre de toute obligation, en tentant de le convaincre que le don était gratuit, purement lié à la qualité de la relation, mais aussi contraint parce que, en dépit de tout ce qui vient d'être dit, la nécessité de la réciprocité est intériorisée. Autrement dit, s'il y a volonté individuelle de donner,

> «*Cette volonté elle-même est animée par des forces sous-jacentes, des nécessités involontaires, impersonnelles, qui agissent en permanence sur les individus (...) parce qu'à travers les actions des individus et des groupes ce sont des rapports sociaux qui se reproduisent et se réenchaînent, c'est la société tout entière qui se recrée et elle le fait quelles que soient la forme et la conscience que les acteurs ont, individuellement et/ou collectivement, de ces nécessités.*» [M. Godelier, p. 142]

La contrainte renvoie donc aussi à une nécessité de l'ordre social sur laquelle nous reviendrons au point suivant.

Si l'autre rend, cela aura d'autant plus de valeur pour moi que je fais comme s'il n'y était pas obligé, qu'il le fait en raison de nos relations.

> *«Il est donc essentiel de «libérer» l'autre en permanence par un ensemble de rituels, tout en maintenant l'espoir que le contre-don sera rendu.»* [J.T. Godbout,1992, p. 264]

Le don constitue le lien social

> *«La transmutation d'un étranger en familier est le phénomène de base du don, qui permet ensuite la réciprocité et le marché, mais permet d'abord à la société de se perpétuer comme société.»* [J.T. Godbout, 1992, p. 46]

Le don a pour effet essentiel de sortir de la relation indifférente, voire hostile, en créant du lien social.

Dans les sociétés primitives où le don est le seul système d'échange, c'est lui qui permet de discriminer les amis (ceux auxquels on accorde l'hospitalité, ceux auxquels on donne les biens les plus précieux – en ce compris les femmes) des ennemis (ceux que l'on refuse d'inscrire dans le cycle du don et auxquels on promet la mort).

Le don produit de la relation là où il n'existait rien, c'est-à-dire rien que de l'intérêt égoïste ou de l'hostilité.

Le système d'échange par le don ne peut donc être réduit à une forme – souvent considérée alors comme archaïque – d'échange économique : même s'il y a échange de biens, ce qui est spécifique, c'est la création d'un système social de relations entre des personnes. Et la valeur du don ne peut être réduite ni à sa valeur d'échange (via un équivalent monétaire), ni à sa valeur d'usage (ce à quoi il sert) : il faut aussi considérer la valeur du lien (c'est-à-dire ce que vaut un bien, un service, un geste en termes de renforcement des liens sociaux). On notera que ce troisième type de valeur est totalement occulté par l'analyse économique. Il est lié aux rapports entre les personnes et non aux rapports de celles-ci aux biens.

> *Ex.* : les biens hérités ont une valeur sentimentale d'autant plus importante qu'ils sont passés par de nombreuses générations.

Vu l'importance de cette fonction du don, on comprend mieux qu'il renvoie en partie à la contrainte : «c'est la société tout entière qui se recrée» [M. Godelier, cité plus haut]. Cet enjeu global du don a conduit Mauss à le considérer comme un «**fait social total**».

> ***Le « fait social total »***
>
> Mauss propose deux conceptions complémentaires de ce qu'est un « fait social total » :
>
> - il s'agit d'un fait « où s'expriment à la fois et d'un coup toutes sortes d'institutions : religieuses, juridiques et morales – et celles-ci politiques et familiales en même temps ; économiques (...) ; sans compter les phénomènes esthétiques auxquels aboutissent ces faits (...). » [M. Mauss, p. 147]
> - il s'agit d'un fait qui mobilise tout le système social : « c'est en considérant le tout ensemble que nous avons pu percevoir l'essentiel, le mouvement du tout, l'aspect vivant, l'instant fugitif où la société prend, où les hommes prennent conscience sentimentale d'eux-mêmes et de leur situation vis-à-vis d'autrui. » [M. Mauss, p. 275]

Le don mêle hommes et choses pour fonder le social, être « le roc » du social ; il s'ensuit qu'entrer dans le cycle du don est une obligation sociale fondamentale :

> *« La circulation des biens suit celle des hommes, des femmes et des enfants, des festins, des rites, des cérémonies et des danses, même celle des plaisanteries et des injures. Au fond elle est la même. Si on donne les choses et les rend, c'est parce qu'on* ***se*** *donne et* ***se*** *rend « des respects » – nous disons encore « des politesses ». Mais aussi c'est qu'on* ***se*** *donne en donnant, et, si on* ***se*** *donne, c'est qu'on* ***se*** *doit – soi et son bien – aux autres. »* [M. Mauss, p. 227]

Cette morale vaut autant pour les sociétés primitives que pour les nôtres :

> *« Il n'y a pas deux sagesses. Qu'on adopte donc comme principe de notre vie ce qui a toujours été un principe et le sera toujours : sortir de soi, donner, librement et obligatoirement ; on ne risque pas de se tromper. »* [M. Mauss, p. 265]

1.2 La place du don dans les sociétés contemporaines

Tel qu'on vient de le décrire, le don organise d'une façon particulière la circulation des biens et des services : on peut le considérer comme une logique d'échange.

Pour situer la place du don dans les sociétés contemporaines, il est utile de positionner cette logique d'échange par rapport aux deux autres logiques d'échange fondamentales de la société moderne, celle du marché et celle de l'État.

Ces trois logiques sont des idéaltypes qu'il est utile de distinguer analytiquement pour mieux comprendre ensuite comment elles s'articulent dans chaque échange concret.

La logique marchande a pour principe de fonctionnement l'intérêt. Les agents mécontents du rapport marchand (qui unit par exemple le consommateur au producteur ou le patron au travailleur) peuvent quitter ce rapport (c'est l'« exit »), manifestant leur insatisfaction par la défection. Le principe de l'équivalence, qui suppose la possibilité d'une mesure de la valeur (et d'une unité de mesure commune, la monnaie) régit l'échange. Il y a une séparation entre les producteurs et les consommateurs.

La logique étatique a pour enjeu le pouvoir : les rapports sociaux y sont régis par la discussion et le débat (« voice »). Le principe de l'égalité de tous face à l'État y est constitutif. Il y a une séparation entre les professionnels et le public.

Tableau 4.1 Comparaison des trois logiques d'échange

	Marché	État	Don
Mobile de l'action	Intérêt	Pouvoir	Lien
Régulation rapports sociaux	« Exit »	« Voice »	Loyauté
Régulation des échanges	Équivalence	Égalité	Réciprocité

Les logiques marchande et étatique ont une histoire associée à celle de la modernité ; de ce fait découle le risque de considérer la logique du don comme un résidu du passé, n'ayant plus de rôle clé à jouer dans le monde contemporain. C'est contre ce point de vue que se constitue l'analyse du M.A.U.S.S.

Dans certains espaces sociaux en effet – à la suite de Godbout appelons-les les **sphères** marchande et étatique – les logiques marchande et étatique dominent. Mais d'une part, ces sphères ne sont pas les seules : doivent être prises en compte la sphère domestique (celle des relations familiales et amicales) et celle du don aux inconnus (renvoyant au monde associatif), dans lesquelles c'est la logique du don qui domine.

D'autre part, même dans les sphères marchande et étatique, les logiques marchande et étatique ne sont pas les seules à organiser l'échange. On assiste souvent à une articulation de logiques qu'il faudra apprendre à démêler.

Il y a donc lieu de bien distinguer le statut de ces deux séries de concepts : idéal typique pour les **trois logiques de l'échange** marchande, étatique, du don (voir tableau 4.1), et descriptif pour les **quatre sphères** qui délimitent empiriquement des lieux et des types d'activités (marchande, étatique, domestique, du don aux inconnus), au sein desquelles différentes logiques peuvent se mêler, même si certaines dominent.

♣ ***Tous les exercices du site sociolog.be consacrés à J.T. Godbout portent sur les modalités, chaque fois spécifiques, d'articulation de logiques au sein d'une sphère : par exemple, comment, dans l'entreprise Douwe Egberts appartenant à la sphère marchande («Du café bien chaud pour les sans-abri»), se mêlent logique marchande et logique du don, le but de l'exercice étant de démêler ce qui relève des deux logiques pour dégager les avantages et les risques de chacune d'elles et de leur combinaison particulière.***

Dans la présentation qui suit, on identifiera, pour les deux sphères où la logique du don domine (sphère domestique et du don aux inconnus), les formes contemporaines qu'elle y prend ; pour les deux sphères où d'autres logiques dominent (sphères marchande et étatique), on clarifiera d'abord ce qui distingue ces logiques de celle du don ; pour toutes les sphères, on présentera quelques-unes des questions que soulèvent les modalités de combinaison entre logiques qu'on peut y observer.

Dans le cadre de cette deuxième partie consacrée au lien social, l'enjeu de la réflexion autour de ces articulations entre logiques d'échange sera situé en ces termes : comment chacune des logiques et leurs articulations peuvent-elles contribuer au vivre-ensemble ?

1.2.1 *Le don dans la sphère domestique*

Nous allons montrer comment, de différentes manières, la logique du don s'actualise dans la sphère domestique, en nous concentrant sur ce qui se passe au sein de la famille. C'est là en effet que l'on retrouve la logique du don sous sa forme la plus proche de l'idéaltype : à part en ce qui concerne les conjoints, les partenaires sont non choisis, l'obligation est très présente, la possibilité de rupture est difficile, parfois inexistante, souvent dramatique. D'autre part, relativement aux relations amicales, ces relations sont plus déterminantes pour les individus et la société par les fonctions qu'elles remplissent.

Peut-on considérer que ne circulent dans cette sphère que de l'amour, de la sécurité, de l'affection (qui pourraient apparaître comme le fruit du pur désintéressement)? Les études faites sur les biens et les services circulant au sein des familles montrent qu'il n'en n'est rien, comme l'illustre le tableau suivant. Autrement dit, comme on peut s'y attendre avec la logique du don, biens et liens, intérêt et désintérêt se mêlent pour souder le groupe.

Illustration 4.1 Circulation des biens, des services et de l'argent au sein des familles

C. Attias-Donfut a mené en 1995 une importante étude [1996,1998,1999, 2002] portant sur trois générations au sein des mêmes familles, enquêtant sur ce qui circule entre les personnes âgées, nées la plupart entre 1910 et 1920, la génération dite « pivot », née autour des années 1939-1943 et les « jeunes » (la plupart étant déjà parents de jeunes enfants), nés dans les années 1960.

La solidarité sur trois générations
In C. Attias-Donfut, 1999, ©

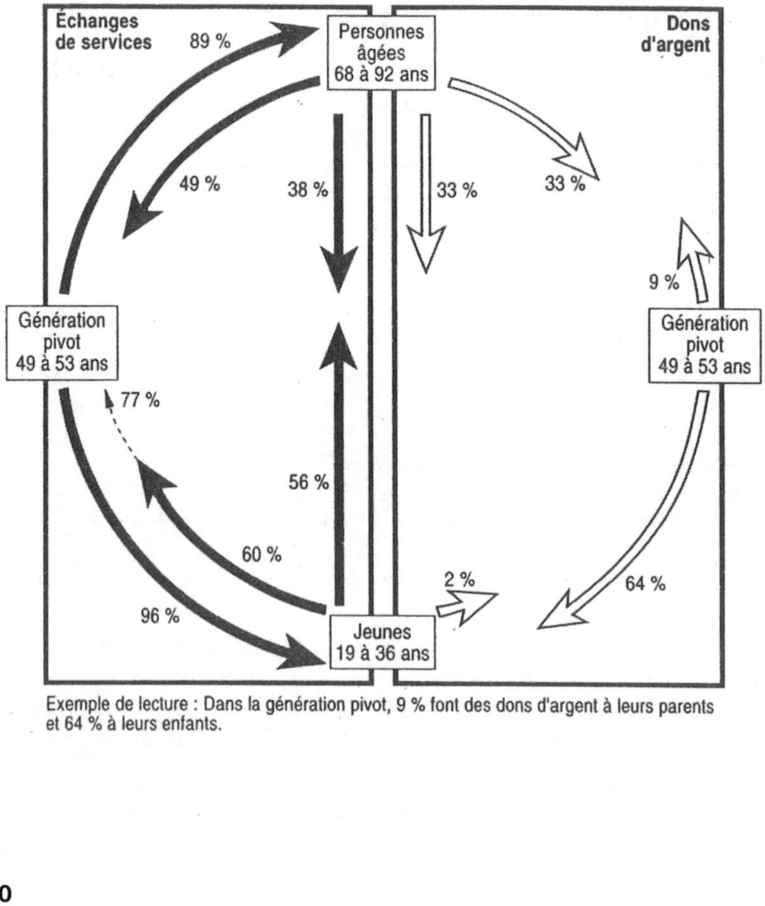

Exemple de lecture : Dans la génération pivot, 9 % font des dons d'argent à leurs parents et 64 % à leurs enfants.

Contrairement aux idées reçues, la famille reste un lieu important d'échange de biens, de services et d'argent, selon des modalités qu'il convient de préciser.

En ce qui concerne **l'échange de services** (tels que l'entretien du linge, les courses, les soins, le jardinage...), la pratique est importante entre toutes les générations, la génération pivot étant néanmoins la plus grande pourvoyeuse de services – on la qualifie parfois aussi de génération « sandwich », prise entre les besoins des jeunes et des vieux. Jeunes et vieux ont des besoins spécifiques : garde de jeunes enfants pour les jeunes (85 % des grands-mères, 75 % des grands-pères offrant ces services de façon au moins occasionnelle, 38 % des grands-mères, 26 % des grands-pères les offrant de façon au moins hebdomadaire, 2002), aide pour le maintien au domicile des personnes âgées dépendantes (32 % des pivots offrant de leur temps régulièrement aux vieux qui le requièrent).

Si toutes les générations rendent en partie les services reçus, au moment de l'observation, il y a asymétrie, certaines générations donnant plus qu'elles ne reçoivent, ce qui correspond bien au type d'obligation générée par la logique du don (portant sur le long terme et adaptée aux besoins de chacun).

En ce qui concerne les **dons d'argent,** les flux sont descendants : les vieux donnent plus aux pivots et aux jeunes qu'ils ne reçoivent, la génération pivot donne plus aux jeunes qu'elle n'en reçoit. On reviendra sur ce phénomène sans précédent à l'échelle d'une société en discutant des articulations avec la logique étatique. On peut déjà constater ici que la solidarité familiale compense ainsi en partie les effets de la crise des années 1990 et les difficultés qu'elle implique pour l'insertion des jeunes dans le marché du travail (les jeunes au chômage ou au salaire faible bénéficient plus souvent des dons familiaux). En partie seulement car bien sûr, les familles les moins dotées ne peuvent donner autant, et dans les familles en conflit, la circulation des dons est freinée – ce qui renvoie bien à la fonction relationnelle du don, celui-ci étant au service du lien. Lorsqu'ils bénéficient aux jeunes, ces dons financiers vont aller en partie vers une aide au logement : 74 % des jeunes propriétaires ont été aidés par leurs parents et/ou leurs grands-parents ; 34 % des jeunes locataires sont aidés par leur famille pour faire face aux dépenses de logement.

Le rôle économique de la famille est donc souvent sous-estimé, sachant que les limites de celle-ci s'arrêtent, dans nos sociétés, aux liens de filiations, un peu aussi aux liens frères-sœurs, pratiquement pas aux liens entre cousin(e)s et oncles/tantes.

Don des femmes, don par les femmes

À la base de la constitution des familles se trouve, dans toutes les sociétés, la prohibition de l'inceste. Or, si on suit l'analyse qu'en a proposé C. Lévi-Strauss [1949], illustre élève de M. Mauss, la prohibition de l'inceste n'est au fond que l'obligation de donner, donner les filles de la famille aux hommes d'autres familles, obligation associée au droit de recevoir des filles d'autres familles pour ses fils. Par ce mécaninsme fondamental du don des femmes se crée l'alliance entre les familles : donner son bien le plus précieux, sa fille, à une autre famille, est un signe d'alliance extrêmement fort, entraînant avec lui la circulation d'autres biens – fêtes, invitations, cadeaux... – et prévenant tout risque ultérieur de conflits. La femme «étrangère» devient, par le mariage, membre de la famille. L'étranger devient familier, ce qui renvoie bien au caractère constitutif du don qui est de fonder le lien social.

Dans cette perspective, à travers la prohibition de l'inceste, la femme elle-même est un don, c'est elle qu'on «donne» en mariage et qui «se» donne dans le rapport sexuel – ce qui est un fait culturel, non un déterminisme biologique bien sûr.

D'autre part, une fois la famille constituée, la femme reste, dans nos sociétés encore, la plus investie dans la logique du don. L'essentiel du travail domestique, qui est presté dans cette logique, ainsi que les soins aux personnes (enfants et personnes âgées essentiellement) est fourni par les femmes. Le tableau suivant donne des indications chiffrées concernant le travail domestique ; en ce qui concerne l'aide aux personnes âgées, des études convergentes au sein des pays de l'OCDE montrent qu'environ trois quarts de l'aide fournie par les proches aux personnes âgées l'est en fait par des femmes : épouses, filles, mais aussi belles-filles. Ce qu'on appelle «la solidarité familiale» est donc surtout de fait une solidarité féminine

Illustration 4.2 Ampleur des tâches domestiques et répartition homme/femme

Le tableau suivant, comparant les budgets-temps masculins et féminins en France et aux États-Unis [cité par B. Halba et M. Le Net in *Bénévolat et volontariat dans la vie économique, sociale et politique*, Paris, la Documentation française, 1997, p. 91, ©] permet de montrer que, dans ces deux pays, les femmes consacrent plus de temps aux tâches domestiques et disposent de moins de temps libre que les hommes et ce, qu'elles travaillent à temps plein ou non.

Comparaison des budgets-temps hebdomadaires masculins et féminins

	Actifs à temps plein			Inactifs		
	T2	T3	T4	T2	T3	T4
FRANCE						
H	44,9	16,5	35,6	1,4	23,6	62,8
F	40,1	27,7	27,7	0,8	40,0	47,5
USA						
H	47,5	14,1	35,4	6,2	23,2	57,6
F	36,3	25,8	33,6	2,8	38,2	48,9

T2 : Tps profes. , T3 : Tps domestique, T4 : Tps libre

J.-Cl. Kaufmann [1992, p. 139] permet de préciser que cette très inégale répartition s'est peu modifiée au cours des dernières années. Citant une étude menée en 1990, il indique qu'en onze années d'intervalles, les hommes actifs n'auraient augmenté que de onze minutes le temps quotidien de participation aux tâches ménagères (définies ici au sens étroit, c'est-à-dire sans inclure jardinage, bricolage et soins aux enfants), les femmes ne diminuant que de six minutes leur contribution à ces mêmes tâches.

À une échelle macro-sociale, le tableau suivant [Jo Brew in *Les actes des matinées de l'économie sociale*, Fondation Roi Baudouin, T. II., Bruxelles, 1997, p. 132] illustrant des évaluations faites en 1995 par le PNUD[1], compare la valeur créée et mesurée par les comptabilités nationales (le PNB) à la valeur non comptabilisée car correspondant à des tâches non rémunérées en l'occurrence de travail domestique (presté majoritairement par des femmes).

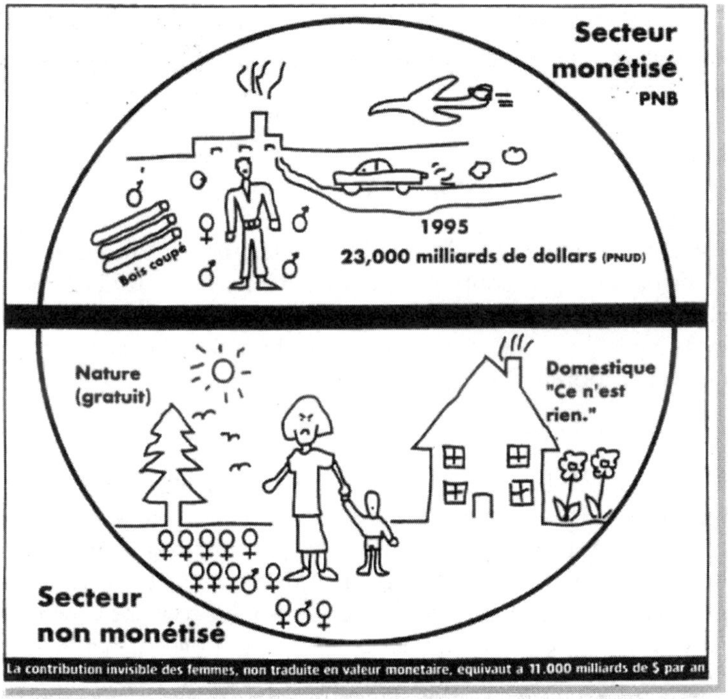

Ce schéma permet de chiffrer l'ampleur de la contribution passant par la logique du don (11 000 milliards de dollars contre 23 000 milliards pour les échanges marchands). Il invite également à s'interroger sur les limites des systèmes des comptabilités nationales auxquels échappe toute la part non marchande du travail nécessaire à la vie d'une société.

1. Programme des Nations unies pour le Développement.

♣ ***Pour plus de développement sur cette question, voir l'exercice dont est extrait ce schéma «Valorisation du travail des femmes, secteur monétisé et secteur non monétisé».***

Deux lectures critiques différentes peuvent être proposées de cette inégalité homme-femme de l'investissement dans la logique du don. On peut la voir comme le reflet de la domination masculine, rendant possible une forme d'exploitation, l'homme valorisant toutes ses activités de travail par un salaire, la femme offrant une partie de celles-ci «gratuitement». Dans cette logique qui ne reconnaît que la valorisation par le salaire, souvent défendue par les féministes, la seule solution est de rémunérer les femmes pour le travail accompli au sein de la famille ou de transférer au maximum ces activités vers des travailleurs salariés (gardes d'enfant, gardes-malades, services payants pour le linge...) afin d'en libérer les femmes (c'est le type de lecture que propose le texte accompagnant l'exercice précité dont est extrait le tableau).

Une autre lecture, plus proche de la perspective anti-utilitariste, peut considérer ce rôle des femmes comme une résistance à la généralisation des logiques marchande et étatique (avec la salarisation et la professionnalisation qu'elles impliquent) et à la façon dont celles-ci réduisent l'individu à n'être qu'intéressé, libre mais seul. Les femmes peuvent alors, non en vertu d'une quelconque nature, s'approprier de façon lucide et fière un héritage symbolique millénaire leur donnant un accès à cette logique du don. Non pour en exclure les hommes bien sûr; au contraire, pour les inciter à y contribuer davantage, ce qu'elles feront avec d'autant plus de succès qu'elles seront plus convaincues elles-mêmes de l'apport spécifiquement bénéfique de cette logique dans le monde contemporain [E. Pulcini, 2005].

Don et divorce

Le lien instauré par la logique du don se rompt difficilement. Au plan des relations entre les groupes, l'alternative au lien a souvent été la guerre, comme l'ont montré les anthropologues; au plan des relations entre individus, la sortie du lien créé par le don est elle aussi problématique, comme on le voit dans les familles au sein desquelles les ruptures sont souvent vécues de façon dramatique. En ce qui concerne les couples, tant que le mariage était une alliance décidée par des groupes (le choix du conjoint n'étant pas le fait des futurs partenaires), l'indissolubilité du mariage était la règle. Lorsque le choix du conjoint devint personnel avec la montée de l'individualisme, s'ouvrit la possibilité de rompre l'alliance et de changer de conjoint. La reconnaissance légale du divorce et son importance quantitative (un couple marié sur deux divorce à Bruxelles, un sur trois dans le reste de la communauté française) a entraîné la multiplication des situations où s'impose la sortie de la logique du don. Avec des difficultés à deux niveaux:

- lorsque, au moment du divorce, on doit «faire des comptes» (précisément parce que l'on sort du système de don qui régissait le couple pour entrer dans le système marchand, où l'on doit compter ce que chacun doit et devra à l'autre), cette transmutation de logique nécessite souvent le recours à des intermédiaires (médiateurs, voire, avocats) tant elle est difficile;
- la responsabilité confiée au couple, celle d'élever les enfants communs, va elle aussi souvent entraîner des conflits, entre la logique marchande et la logique du don (*cf.* tous les problèmes soulevés par le paiement des pensions alimentaires); d'autre part, dans la mesure où le divorce est souvent suivi d'un remariage ou d'une remise en ménage, l'entrée des nouveaux partenaires (beau-père/belle-mère) dans la sphère familiale est loin d'être socialement résolue, comme en témoigne le flou entourant ces rôles sociaux (jusqu'où, en particulier, les beaux-parents doivent-ils intégrer la logique du don vis-à-vis de leurs beaux-enfants?). Les données étudiées par C. Attias-Donfut *et al.* [2002] montrent un affaiblissement du lien entre la génération pivot (mères et surtout pères) et leurs enfants après le divorce, lequel peut être mesuré par la diminution de la circulation des biens et services entre ces deux générations.

«Les enfants: don ou objet?»

Deux faits sont à souligner pour soulever certaines des questions que pose le rapport à l'enfant dans nos sociétés. Celui-ci est le plus long (on lui donne «tout» pendant ± 20 ans), le plus fort et le plus asymétrique qui soit. C'est donc aussi la dette la plus difficile à assumer.

> *«L'enfant est la seule personne à qui la société permette de donner sans compter (...). Il est la seule transcendance qui reste.»* [J.T. Godbout, 1992, p. 61]

Cette situation est assez particulière aux sociétés contemporaines (dans les autres sociétés, les enfants commencent à rendre plus tôt par leur travail productif)... et moins confortable qu'il n'y paraît. Comment, dans ce contexte, apprendre à donner et à recevoir «sans se faire avoir»?

Ex. : «Se faire avoir», c'est par exemple, lorsqu'on est receveur, se voir rappeler sans cesse l'importance de la dette («Moi qui ai tout fait pour toi...»); ou, lorsqu'on est donneur, de voir celui à qui on donne considérer ce don comme un dû.

D'autre part, l'ouverture de choix nouveaux par les techniques bio-médicales (non seulement quant au moment où l'on choisit d'avoir un enfant, mais quant aux types d'enfants que l'on accepte d'avoir – porteur ou non de certaines pathologies, voire de caractéristiques) peut amener la naissance à n'être plus un don que l'on accueille (dans le cadre de l'obligation de recevoir, ici, de la vie) mais un produit que l'on prend ou que l'on laisse.

À la naissance (suite à ces possibilités de choix) mais aussi plus tard (vu l'intensité de l'« investissement » parental sur les enfants), la difficulté devient d'accueillir l'enfant tel qu'il est au lieu de ne l'accepter que dans la mesure où il se conforme à ce qu'on a voulu.

Articulation des logiques au sein de la sphère domestique

On a jusqu'à présent évoqué ce qui circule dans les familles via la logique du don en faisant comme si d'autres logiques n'intervenaient pas. Il n'en est rien bien sûr et il est temps de réintroduire les autres logiques/acteurs qui jouent un rôle important.

Commençons par envisager les modalités d'intervention de la ***logique étatique***.

En ce qui concerne la **circulation de l'argent,** C. Attias-Donfut a bien montré [1998] comment la solidarité publique, qui intervient via le mécanisme des pensions, loin de se substituer à la solidarité familiale, l'alimente : si on a pu voir (*cf.* illustration 4.1) que les dons d'argent sont descendants, c'est grâce au fait que les pensions allouées par l'État aux personnes âgées permettent à celles-ci de redistribuer une partie de leur épargne à leurs descendants au lieu d'en dépendre, comme cela a été longtemps le cas. Dans ce domaine, il n'y a donc pas substitution d'une logique à l'autre mais complémentarité des deux logiques.

En ce qui concerne les **services aux personnes** (enfants et personnes âgées dépendantes), on ne peut comprendre l'investissement des proches – des femmes essentiellement – sans savoir ce qu'offre l'État, via des services professionnalisés, financés en partie par la sécurité sociale. Or, avec Schultheis [in C. Attias-Donfut, 1995], on peut identifier des conceptions très différentes du rôle de l'État, que l'on réduira avec lui à trois :

1. un **modèle libéral** de l'État va considérer que l'intervenant essentiel pour la prise en charge des enfants et des âgés est la famille, avec l'aide du marché (pour ceux qui en ont les moyens), l'État n'intervenant qu'en dernier recours pour les plus pauvres et les isolés (c'est par exemple le modèle prévalant aux États-Unis) ;

2. un **modèle méritocratique** va organiser une assurance obligatoire, financée par les revenus du travail et bénéficiant essentiellement aux pensionnés, l'éducation des enfants étant considérée comme une affaire exclusivement familiale :peu de crèches, écoles primaires et secondaires à mi-temps, toutes caractéristiques rendant le travail des deux parents – de

fait le plus souvent, des femmes! – très difficile. L'Allemagne en est un bon exemple;

3. un **modèle social-démocrate** organisant une couverture financière et des services pour toutes les catégories d'âge, en ce compris les jeunes enfants et tous les individus, travailleurs ou non; les plus jeunes et les plus âgés sont ainsi relativement dégagés de la prise en charge familiale, d'où les très forts taux féminins d'activité observés dans ce type d'état (à titre exemplaire, la Suède)... en particulier dans les secteurs sociaux et sanitaire!

C'est donc bien ensemble qu'il faut analyser, en étant sensible aux différences nationales, la logique du don et la logique étatique telles qu'elles interagissent au sein de la sphère domestique. La conjoncture idéologique et économique intervient également pour modifier les politiques et les représentations quant aux acteurs devant intervenir en première ligne. Ainsi a-t-on vu dès le début des années 1980 (où se développent à la fois le néo-libéralisme et une crise budgétaire de l'État-providence), un souci de remettre à l'avant-scène la prise en charge par les familles, exerçant de fait une pression sur les femmes en faveur de ce que C. Martin nomme «un altruisme contraint» [in C. Attias-Donfut, 1995].

En parlant de l'intervention de l'État au niveau des services, on a évoqué le fait que le ***marché*** propose lui aussi des services (financiers, domestiques, services de soins et de garde des personnes...) qui vont, pour ceux qui en ont les moyens et qui en font le choix, permettre de moduler l'investissement dans la logique du don. Brosser le tableau complet de ce qui circule (comme argent et comme services) dans une famille suppose que l'on prenne en compte l'articulation, chaque fois spécifique entre les trois logiques. Des différences nationales (selon les politiques publiques), sociales (le recours au marché supposant des ressources économiques), culturelles liées au genre (représentations de ce que doit être le rôle de chacun, en particulier des femmes), pourront en partie expliquer la variété des articulations observées.

En ce qui concerne la circulation des biens au sein de la sphère domestique, on ne peut, lorsqu'il s'agit de son articulation à la logique marchande, passer à côté de l'échange de cadeaux sans en dire quelques mots. Le recours au marché pour offrir des cadeaux est, dans nos sociétés, massif. H. Berking [1999, pp. 16-17] cite des études estimant que 4% du budget annuel des ménages est consacré aux célébrations de Noël, 6% à l'ensemble des cadeaux offerts sur l'année, ce qui, on le voit dans le tableau suivant, correspond au développement d'une véritable industrie du don.

Illustration 4.3 La part du budget consacré aux cadeaux comparé à quelques postes du budget des ménages (US)

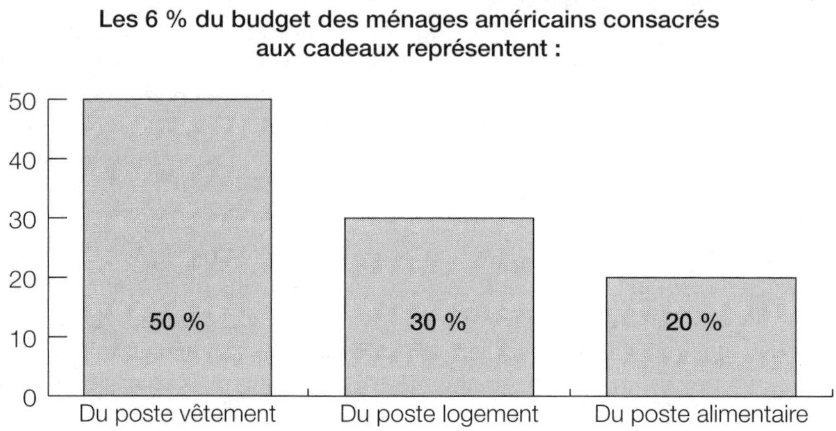

Source : H. Berking et J.T. Godbout, 1992

Il faudra à nouveau se demander, selon les circonstances, dans quelle mesure le marché se met au service du don et/ou l'exploite (comme lorsqu'il «crée» de nouvelles fêtes – St Valentin ou Halloween en Europe – aux seules fins d'en tirer profit).

1.2.2 *Le don et la sphère étatique*

Le développement de l'État-providence a souvent été vu comme une alternative heureuse au système – considéré comme traditionnel – du don: on s'appuyait sur le fait que, tout en libérant des contraintes propres à la logique du don, l'État ne nie pas l'altruisme, à la différence du marché.

Quelles caractéristiques du système étatique le distinguent néanmoins du don? Analysons pour cela les façons dont l'État remplit son rôle de redistribution.

1. Par l'organisation de transferts monétaires (qu'il s'agisse de l'impôt sur le revenu, des cotisations à la sécurité sociale...), l'État opère des prélèvements de façon **obligatoire** et automatique. Or, le don imposé n'est plus un don. Le propre du système du don est de prendre le risque de ne pas être rendu (pour que demeure toujours une forme de liberté). Même si ces prélèvements sont décidés par des élus, représentant chaque citoyen, celui-ci ne peut décider de ne pas donner.

2. L'État rend lui-même et/ou finance un certain nombre de services (services sociaux, services de santé, enseignement...). Pour remplir sa mission,

il multiplie le nombre d'intermédiaires entre le «donateur» (transformé en contribuable) et le «bénéficiaire» (administré, client...). Ces intermédiaires, qui sont des **professionnels** payés par l'État (enseignants, infirmières, aide-familiales, gestionnaires de la sécurité sociale...), développent leurs activités en dehors du circuit du don, avec leurs objectifs et leurs valeurs propres. Ce ne sont pas les affinités personnelles qui déterminent les relations entre les prestataires et les bénéficiaires de services mais les compétences professionnelles, la maîtrise d'un savoir technique, valant quelle que soit la personne qui en est l'objet. Ces intermédiaires sont des bureaucrates (au sens weberien du terme), dont le travail est spécialisé, professionnalisé (supposant un savoir), salarié, impersonnel (pour une part au moins).

3. L'État, qu'il soit envisagé comme organisme de transferts monétaires ou prestataire de services, prend ses décisions de façon **impersonnelle**, indépendamment des caractéristiques propres à chacun, uniquement sur la base des droits reconnus par un système de règles formelles (on retrouve à nouveau un principe fondamental de la bureaucratie de M. Weber):

   > *«L'État a horreur de la différence, source potentielle d'inégalités et de préférences subjectives. Le don ne vit au contraire que de cela: affinités, liens privilégiés, personnalisés, qui non seulement caractérisent par définition les rapports personnels, mais sont à la base aussi des organismes dont le principe de fonctionnement est le don.»* [J.T. Godbout, 1992, p. 90]

De ces trois caractéristiques peuvent être dégagés quelques avantages et inconvénients de la logique étatique:

- tous ceux qui répondent aux critères dictés par la loi ont droit aux prestations prévues, quelles que soient leurs caractéristiques personnelles, leurs affinités avec les professionnels qui sont chargés de l'administration; ce sont les avantages de garantie dans l'accès aux prestations offertes par l'État,
- l'aide fournie est professionnalisée, avec les avantages qu'elle offre (s'appuyer sur des compétences techniques), et ses inconvénients (une forme d'impersonnalisation du lien aux bénéficiaires).

Après avoir montré en quoi la logique étatique ne peut être assimilée à la logique propre au système de don, il n'est pas inutile de rappeler que, dans sa mise en œuvre concrète, elle lui est bien entendu liée:

- un certain nombre de services étatiques (ex: soins hospitaliers, aide aux personnes âgées) fonctionnent en collaboration avec les proches et des aides bénévoles (ex.: visiteurs de malades, accompagnement des malades en fin de vie). Si ces aides peuvent être relativement marginales (se mettant simplement au service des professionnels de l'intervention), elles peuvent aussi être novatrices, faisant apparaître de nouveaux besoins (comme en ce qui concerne les soins palliatifs), ou contribuant à transformer le rapport entre professionnels de la santé et patients, en les personnalisant davantage, en donnant au patient un rôle actif dans la diffusion et l'élaboration des connaissances nouvelles en matière de traitement (comme le tentent les organisations volontaires rassemblant les malades du SIDA);

- le contrat entre le professionnel et le bénéficiaire suppose, la plupart du temps, une part de don, le travail du professionnel s'accompagnant d'un investissement personnel (affectif, mais aussi temporel) dépassant ce qu'exigent ses fonctions.

  Ex. : certains enseignants vont se démener, en dehors de «leurs heures» pour mettre sur pied avec leurs élèves des initiatives nouvelles (dans le cadre de projets tels que des voyages, des spectacles, des créations diverses...), ou soutenir des élèves en difficulté; des aide-familiales vont écouter avec chaleur, attention les personnes âgées qu'elles aident...

Aujourd'hui, on assiste à un double mouvement dans ces rapports entre l'État et le don que le M.A.U.S.S. peut nous aider à interroger.

D'une part, le processus de professionnalisation des métiers des secteurs éducatif, médico-social, d'aide aux personnes se poursuit qui se caractérise par plus de spécialisation et d'exigences de formation professionnelle – ce qu'avec Weber, on appellera une rationalisation de ces métiers [M. Sanchez-Mazas et F. Tschopp, 2010]. Cette professionnalisation accrue peut-elle reconnaître et préserver la part de don qui accompagne ces métiers? Par ailleurs, un autre danger de cette professionnalisation est que, au nom du savoir, les professionnels prétendent connaître mieux que les usagers ce que sont leurs besoins. Notons qu'à l'égard de l'autonomie du donataire, le don peut lui aussi poser problème : le pouvoir – entre autres d'initiative – du donateur peut le conduire, comme le professionnel, mais pour d'autres raisons, à définir à la place du donataire ce que sont ses besoins («c'est pour ton bien»).

D'autre part, la crise idéologique et financière de l'État-providence a mené à ne plus croire en la possibilité ni en la désirabilité pour l'État de prendre en charge peu à peu tous les besoins des citoyens. Comment trouver l'équilibre entre les indéniables apports de la logique étatique et la reconnaissance de la logique du don? Comment professionnels et non-professionnels peuvent-ils apprendre à travailler ensemble en reconnaissant les apports et les limites de chacun? Nouveau défi qu'imposent l'évolution de l'intervention étatique et les préoccupations qu'incarne le mouvement anti-utilitariste.

1.2.3 *Le don et la sphère marchande*

Le propre de la logique marchande est de ne pas être déterminée par les liens personnels:

- les produits s'échangent par le mécanisme – impersonnel – des prix (en principe aux antipodes des privilèges accordés aux connaissances : « je vais te faire un prix ») ;
- on produit pour faire du profit et non parce que l'on saurait *à qui* le produit va être utile (le marchand est précisément celui qui prend le risque de ne pas trouver de demandeurs, d'où une recherche active de ceux-ci) ; on produit donc pour des inconnus, on peut même « créer des besoins » pour écouler de nouveaux produits ;
- enfin, c'est sans doute la logique qui, dans la mesure où le client est solvable (ce qui est une limite de taille), reconnaît le mieux l'autonomie de celui-ci (« le client est roi ») : contrairement au savoir du professionnel, ou au pouvoir du donateur, l'intérêt du marchand ne prétend pas définir à sa place ce qui est bon pour le client. La place centrale et exogène donnée aux « préférences » du consommateur dans la théorie économique néoclassique reflète la reconnaissance de cette autonomie.

Bien que la sphère marchande se soit historiquement développée sur des principes aux antipodes de ceux de don, celui-ci n'est pas totalement absent du fonctionnement de la sphère marchande.

On peut ainsi s'interroger sur la manière dont s'articulent les logiques ***au sein des entreprises :***

- la célèbre enquête de E. Mayo (1930) à la Western Electric a montré que ce qui augmente la productivité des travailleurs, c'est moins la matérialité des modifications introduites dans leurs conditions de travail (comme lorsque l'on augmente… puis qu'on réduit la luminosité de l'atelier) que le fait qu'une équipe de chercheurs s'intéresse à eux (en les faisant participer, eux et non tous les autres, à un travail de recherche) ;
- les entreprises ont beaucoup cherché comment réintroduire du lien, des affinités entre les travailleurs et leur entreprise, l'activité qu'ils y mènent (par ex. en créant des cercles de qualité, entre autres sur le modèle d'entreprises japonaises dans lesquelles l'investissement personnel des travailleurs rappelle les mécanismes du don).

♣ ***Un exercice (« Du café bien chaud pour les sans-abri ») montre comment une entreprise de distribution de café organise et tire parti de la solidarité que manifestent ses employés avec les sans-abris en participant à la distribution de café chaud… en lien à une campagne marketing de l'entreprise).***

Si l'on voit bien l'avantage qu'a l'entreprise de détourner la logique du don à son profit, une des questions qui se posent est celle des effets de cet usage de la logique du don pour les travailleurs : dans quelle mesure y gagnent-ils de par l'accroissement de plaisir et de sens dans leur travail que favorise la logique du don (par la personnalisation des relations et de l'investissement dans l'activité professionnelle qu'elle induit), dans quelle mesure s'en trouvent-ils davantage aliénés par «l'esprit d'entreprise», exigeant d'eux plus – affectivement et temporellement – que ne le demande le salaire reçu?

On peut aussi observer l'articulation des logiques qui régissent les ***rapports de l'entreprise à ses clients:***

- En vue d'accroître ses clients, les entreprises peuvent leur «donner» un certain nombre de biens, loin cependant de s'inscrire dans la logique du don dans la mesure où un calcul préalable permet à l'entreprise de vérifier qu'elle y gagne (ce qui renvoie bien à la logique marchande visant le profit).

♣ ***Des exercices comme «Les riches, entre philanthropie et repentance», « Quand la gratuité devient rentable» ou comme «Western Union, l'ami intéressé des sans papiers» permettent de travailler ce type d'articulation.***

- L'entreprise peut aussi « investir» dans la philanthropie (en offrant directement ses produits, comme le fait le distributeur de café de l'exercice « du café bien chaud pour les sans abris » ou en soutenant des associations philanthropiques) en vue d'améliorer son image

♣ ***L'exercice «Ello: la téléphonie mobile durable» permet de travailler cette question.***

À nouveau, la question à se poser comme chaque fois est la suivante: dans quelle mesure les clients ou, dans le cas de la philanthropie, la société prise dans son ensemble, gagnent-ils à ces pratiques de don, dans quelle mesure y perdent-ils, en liberté de choix – comme dans le cas de certaines pratiques du secteur informatique – ou en distance critique vis-à-vis des sociétés en question – comme lorsque les clients de l'entreprise de distribution de café qui offre «du café bien chaud aux sans-abris» risquent d'oublier de s'interroger sur l'essentiel, en l'occurrence les pratiques d'achat de café aux producteurs par cette même entreprise (à quels prix? en se souciant des droits des travailleurs concernés?)?

On peut enfin analyser comment l'entreprise fait face à ce qu'elle considère dans sa logique (marchande) comme ***«la concurrence déloyale» des bénévoles*** lorsque, dans son secteur, des acteurs offrent des biens comparables dans la logique du don.

♣ ***Dans l'exercice «On a tiré sur l'ambulance», on voit ainsi s'affronter les ambulances privées commerciales et les services des ambulanciers de la Croix-Rouge (fonctionnant en partie avec des bénévoles), le tribunal donnant en l'occurrence raison aux entreprises privées; dans l'exercice «Les logiciels libres vont-ils enterrer Microsoft?», on voit par contre les programmes coopératifs et gratuits GNU/Linux faire vaciller Microsoft et sa logique marchande.***

L'affrontement entre logique du don et logique marchande auquel peut donner lieu ce type de situation ne se résout pas toujours en faveur de la logique marchande ; la force spécifique et les avantages de la logique du don peuvent parfois l'emporter.

C'est au cas par cas qu'il faut repérer les traits des deux logiques présentes et évaluer ensuite les avantages et les risques pour les différents acteurs concernés. C'est ce que proposent comme consigne les exercices cités.

1.2.4 *Une forme de don moderne : le don aux inconnus*

J.T. Godbout identifie une quatrième sphère, celle du don aux inconnus dont la spécificité est de donner – de son temps (via une activité bénévole), de l'argent ou même, littéralement, de soi (par exemple de son sang, de ses organes) – à un receveur inconnu. Cette sphère recouvre l'essentiel des activités des associations, des Églises, des syndicats...

L'ampleur du don aux inconnus (*cf.* illustration 4.4) et son évolution incitent à ne pas le négliger dans l'analyse du monde contemporain. Il permet aussi de renoncer aux idées toutes faites sur le supposé « égoïsme » des individus contemporains.

Dans la mesure où la logique du don y domine, il n'est pas étonnant que, bien que le receveur soit inconnu, il existe une tendance à la personnalisation symbolique des relations et à la réduction au minimum des intermédiaires entre le receveur et le donneur. On le constatera par exemple dans la manière dont les campagnes de fonds des ONG sont menées, privilégiant le récit d'histoires singulières, ou dans la façon dont ces mêmes associations mettent en avant la faible part des fonds utilisés au financement des intermédiaires.

Illustration 4.4 L'ampleur du don aux inconnus et son évolution

Selon une estimation publiée dans *Le Soir* (7 mai 1997), *15 à 25 % des Belges* travailleraient bénévolement au sein d'une association.

D'après B. Halba et M. Le Net [*op. cit.*, se référant aux études menées par le « European Value Systems Study group »], *un européen sur quatre* s'est engagé dans une activité bénévole au cours de l'année 1990 (40 % des Anglais, 21 % des Français, 12 % des Allemands... contre 50 % des Américains).

Les enquêtes menées *en France* par E. Archambault et J. Boumendil [in « Dons et bénévolat en France », *Revue internationale d'Économie sociale*, n° 267, 1er trimestre 1998, pp. 17-29] montrent qu'en 1996, le travail bénévole réalisé par les Français en dehors de la famille et des amis représentait 1,116 millions d'équivalents temps plein (c'est-à-dire de l'ordre de 5 % des emplois rémunérés).

En moyenne, cette activité bénévole avait, en 1996, une durée moyenne hebdomadaire de 5 heures (avec une forte dispersion, comme le montre le graphique 3 qui suit).

À la page 24 de l'article cité, E. Archambault et J. Boumendil proposent les deux graphiques suivants concernant la France ©:

Graphique 2
Évolution du pourcentage et du nombre de bénévoles extrapolés 1990-1996

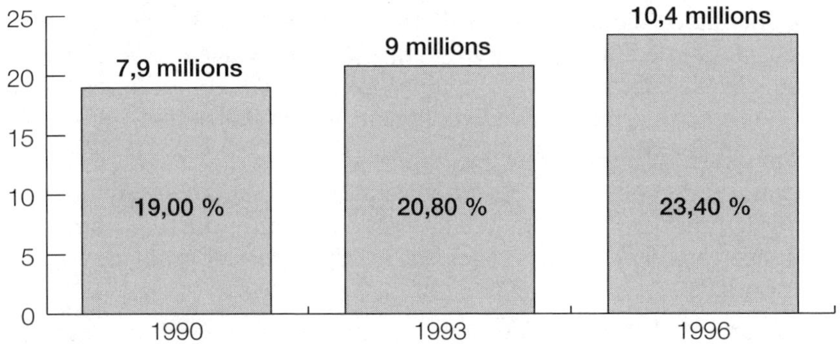

Source : enquête LES, Fondation de France et IST, 1991-1994-1997

Graphique 3
Répartition des bénévoles suivant la durée mensuelle du travail bénévole, 1966

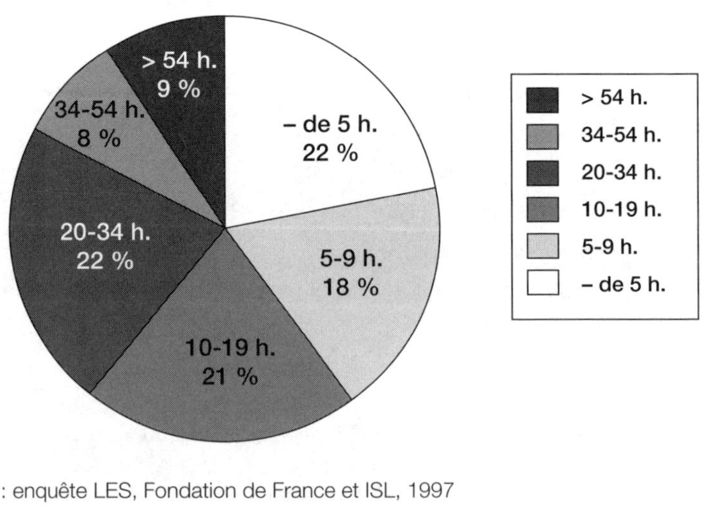

Source : enquête LES, Fondation de France et ISL, 1997

Dans cette sphère, on retrouve à la fois une liberté (plus marquée ici que dans la sphère domestique parce que des liens personnalisés ne préexistent pas au don), mais aussi une obligation (lorsque les bénévoles disent « se sentir tenus » de rendre et surtout, une fois que le lien est créé, de maintenir la relation).

Peut-on considérer ce type de don comme « moderne » ainsi que le fait J.T. Godbout, dans la mesure où les différentes religions ont prôné de tout temps le don aux inconnus ?

Dans les études menées sur les bénévoles de ce secteur (par J.T. Godbout lui-même ou d'autres dont il cite les études), le lien entre le don aux étrangers et la religion est beaucoup plus lâche, voire inexistant : quand il intervient, il est souvent vécu à titre privé, « sous la forme d'une spiritualité personnelle qu'on préfère taire » [1992, p. 113]. Il y a aussi, de façon massive, le rejet du don caritatif traditionnel (sur le modèle des dames patronnesses).

Dans la mesure où il s'agit d'un don fait à des inconnus (ne pouvant dès lors être « rendu », au moins de façon symétrique), qu'est-ce qui motive ce type de don ? Autrement dit, que peuvent recevoir les donateurs ? Ils peuvent recevoir de la reconnaissance bien sûr. Ils peuvent aussi, lorsqu'ils s'engagent dans un échange avec les donataires – enfants d'une école de devoir ou sportifs amateurs d'un club de quartier – découvrir d'autres façons d'être humain, avec des histoires, des ressources différentes, ces différences mêmes étant intéressantes pour leur propre vie. Ce faisant, c'est leur vie qu'ils situent mieux dans l'ensemble, et un ensemble plus large (qu'il s'agisse d'un quartier, d'une ville, ou de la planète).

Ainsi, le donateur reçoit des choses utiles pour lui, rendant plus intéressante sa propre vie. Mais son geste a aussi un sens qui le dépasse, une portée collective, dans la mesure où, en donnant à des inconnus, il en a fait des proches. Autrement dit, par le don fait à des inconnus, le bénévole renforce son adhésion à un monde commun, où des inconnus acceptent de partager une communauté de destin. À l'heure où l'on constate un affaiblissement de nos démocraties par désinvestissement de l'espace public (*cf.* partie suivante sur R. Sennett), la portée de ce « sens politique » du bénévolat [N. Rigaux, 2003] n'est pas à sous-estimer. Il contribue à fonder, par l'échange, la citoyenneté.

Comment s'articule, dans cette sphère, la logique du don à celle de l'État et du marché ?

On ne peut penser la sphère du don aux inconnus indépendamment de son lien à ***la logique étatique***, à la fois parce que l'État contribue largement au financement des associations dans lesquelles agissent les bénévoles – en Belgique à raison de plus de 75 % [Centre d'économie sociale, ULg, cité par la FRB, 1999] – et parce que, au niveau des services que ces associations fournissent, ces logiques sont complémentaires.

Les comparaisons internationales permettent de montrer que l'ampleur relative du bénévolat selon les pays s'explique entre autres par la place qu'y occupe l'État : ainsi par exemple, un État peu interventionniste comme celui des États-Unis, dont la légitimité repose essentiellement sur sa capacité à protéger les libertés individuelles, va stimuler l'intervention massive et très organisée de bénévoles pour remplir des missions qu'il ignore.

♣ ***Pour le développement de cet exemple américain, voir l'exercice : «Les riches, entre philanthropie et repentance».***

Diachroniquement, on peut craindre que la crise, financière et idéologique, de l'État-providence depuis les années 1980 ait mené à un développement du bénévolat, destiné à amortir le désengagement de l'État, comme le souligne par exemple G. Larochelle [1992]. Le bénévolat se développant dans les secteurs traditionnellement organisés par l'État, ce succès peut apparaître moins comme une avancée que comme un recul (ne permettant pas d'assurer l'universalité de l'accès à certains droits).

♣ ***L'exercice «Banlieue: les étudiants à la rescousse» permet d'interroger les avantages et les risques de la collaboration entre État et tiers secteur dans le champ de l'enseignement dans les banlieues françaises (suite aux émeutes de 2005).***

Ces complémentarités dans les services offerts peuvent produire aussi des contradictions entre les logiques, comme lorsque l'Onem suspecte l'activité bénévole menée par des chômeurs d'être une forme de travail au noir déguisé.

♣ ***Pour examiner de plus près ce type de question, voir les exercices : «Bénévolat à Rochefort : faut-il en rire ?», ou «Le cercle des savoirs reconnus», à propos des Réseaux d'Echange de Savoirs, ou encore «Recréer le lien social par le troc», à propos des Systèmes d'échange Locaux.***

En ce qui concerne l'intervention de ***la logique marchande,*** si l'on se centre d'abord sur ce qui se passe sur le marché du travail, il est intéressant de constater que ce sont ceux qui sont insérés professionnellement (à temps plein et surtout, à temps partiel) qui, plus que les chômeurs et les inactifs (étudiants, pensionnés, femmes et hommes au foyer) sont également bénévoles [E. Archambault et J. Boumendil, *op. cit.*]. Il y a là comme un cercle vertueux de l'insertion par l'activité, sous ses multiples formes, qui donne un caractère d'urgence au défi du partage du travail et des activités bénévoles (qu'ont pris au sérieux des projets comme celui de la réduction du temps de travail, l'allocation universelle...). D'autre part, il est frappant de constater que les travailleurs choisissent de combiner leur activité rémunérée avec du travail «gratuit»: des interviews avec des bénévoles par ailleurs insérés dans le marché du travail montrent que, pour eux, la recherche de sens (entre autres par l'ouverture vers autrui), de réalisation de soi n'est pas comblée par l'activité professionnelle [N. Rigaux, 2003].

♣ ***L'exercice «Les logiciels libres vont-ils enterrer Microsoft?» le montre en ce qui concerne les informaticiens professionnels qui, pendant leur temps libre, contribuent à l'amélioration du système GNU/Linux.***

On a déjà évoqué, en présentant la sphère marchande, certaines des questions que soulève le mécénat des entreprises en faveur des associations.

Les trois logiques peuvent aussi interférer comme lorsque, par exemple, des ONG internationales ont soutenu (en 2001) l'État sud-africain dans son procès contre 39 firmes pharmaceutiques voulant bloquer l'usage de médicaments génériques utiles dans la lutte contre le SIDA (le procès ayant été gagné par l'Afrique du Sud).

1.3 Dangers propres à la société contemporaine

Pour bien comprendre les dangers identifiés par J.T. Godbout et les anti-utilitaristes, il est utile d'avoir à l'esprit leur conception du rôle joué par le don. À la suite de M. Mauss, ils considèrent que le don est «le roc» de la société, l'obligation de donner étant le noyau de toute socialité. Des sociétés les plus anciennes jusqu'aux nôtres, le don est un principe constitutif, fondateur de la réalité sociale, même s'il prend des formes différentes. Dans cette perspective, quels sont les dangers de la société contemporaine?

Le risque est à la fois de méconnaître la logique du don et de ne pas lui donner la place qui lui revient au sein de l'ensemble social.

On peut ainsi identifier deux dangers dans l'idéologie contemporaine, menant tous deux à privilégier les logiques marchande et étatique, au détriment de celle du don. Le premier concerne le caractère dualiste de cette idéologie, pensant comme totalement séparés l'intérêt (omniprésent dans ce monde-ci, suivant la tradition utilitariste) et le désintérêt (voué à n'être qu'une utopie). Ce dualisme mène à considérer qu'idéalement, le lien social devrait être «pur», c'est-à-dire que ne devraient y circuler que de l'amour, de l'affection et aucun bien ni service. Or, ce type de pureté n'existe pas: autrement dit, un lien social où rien ne peut circuler n'existe pas. Tous les biens et les services semblent dans cette perspective devoir circuler via les sphères marchande ou étatique (laquelle devrait en particulier prendre en charge toutes les obligations liées à la famille).

Deuxième danger de l'idéologie des sociétés occidentales contemporaines : celui de redouter par dessus tout la contrainte inhérente au lien social, voulant libérer l'individu de toute contrainte, ce qui, à nouveau, conduit à favoriser la prise en charge de tous les besoins par le marché ou l'État. Ce faisant, c'est l'existence même du lien qui est compromis.

> «*Quand tout circule par le marché ou par l'État, il faut constater que ce n'est pas le lien social à l'état pur qu'on retrouve, mais l'absence de lien, l'individu solitaire. (...)*
>
> *Au bout de la libération marchande ou étatique, on ne trouve pas un individu libre mais seul, fragile, dépendant, vulnérable pris en charge par des appareils extérieurs à lui et sur lesquels il n'a aucune prise (...).*» [J.T. Godbout, 1992, pp. 269-270]

Comment éviter que le don en soit réduit à n'être vu que comme purement désintéressé et contraint et, dès lors, seulement toléré comme mode de fonctionnement résiduaire ?

L'enjeu n'est pas que le don reprenne le dessus : il est de pouvoir respecter et combiner les trois logiques (marchande, étatique et logique du don), permettant de tirer parti de chacune d'elles.

Éviter l'isolement (que produisent les logiques marchande et étatique) en reconnaissant le rôle du don pour créer et entretenir le lien ; contrer l'impersonnalité des échanges marchands et étatiques en laissant de la place à la personnalisation propre au don ; tout en reconnaissant l'apport de la liberté (des logiques marchande et étatique), de la régulation de l'accès aux ressources (de la logique étatique), de la professionnalisation (des logiques marchande et étatique), de l'autonomie du demandeur dans la définition de ses besoins (de la logique marchande), toutes qualités que ne favorise pas la logique du don.

Respecter l'apport spécifique des trois logiques suppose que soit reconnue la nécessaire complémentarité du don, du marché et de l'État, en évitant que le don soit instrumentalisé par les deux logiques dominantes (le don devenant un moyen pour maximiser le profit, ou pour réduire le déficit des finances publiques), en sachant mettre en valeur ce qu'il est parfois, un lieu de résistance aux abus des logiques marchande et étatique.

1.4 Recul critique

Nous allons présenter quatre critiques faites au M.A.U.S.S. centrées sur une de ses idées fortes : le don fonde le social, il est le symbolique par excellence, la logique sans laquelle il n'y aurait que des «liens faibles» (ceux du marché et de l'État), voire pas de lien social.

Au lieu de reconnaître la complémentarité des logiques pour fonder le social, le M.A.U.S.S. tend à attribuer au don un rôle essentiel, le situant à cet égard dans un rapport de primauté par rapport au marché et à l'État. C'est ce que contestent un certain nombre de sociologues, en tout cas en ce qui concerne le monde occidental contemporain : le marché, et surtout l'État, ne contribuent-ils pas de manière aussi, voire plus essentielle à fonder le vivre-ensemble [voir plusieurs contributions in *Recherches sociologiques*, 2003] ? S. Vibert [2005] considère ainsi que l'État, au-delà de la redistribution et des services qu'il organise, incarne symboliquement toute la société et ses aspirations, tant à la liberté individuelle qu'au lien social. En ce sens, il y aurait **prééminence de l'État sur le don**, celui-là fondant la possibilité de celui-ci.

M. Godelier [1997] conteste que l'on voie dans ce qui s'échange, et en particulier, dans ce qui s'échange par le don, le fondement du social pour toutes les sociétés. Cet anthropologue considère au contraire que c'est **ce qui est soustrait aux échanges** et ne pourra donc jamais être rendu (dont la vie, la mort, le monde) qui donne un ancrage au social et aux individus qui le composent. Dans un nombre important de sociétés, c'est au sein de l'univers religieux que sont situés ces biens qui échappent aux échanges, donnés initialement par les dieux, en dehors de toute réciprocité possible, en ce sens, gratuitement. C'est ce qui transcende les échanges qui en est le fondement, non la logique qui les organise – le don.

Dans nos sociétés, ce qui fonde la possibilité des échanges en les transcendant serait, d'après M. Godelier, de l'ordre du politique : constitution et corps constituants. On retrouve chez lui, sous une formulation légèrement différente (parlant du politique et non de l'étatique) un point de vue proche de celui de S. Vibert.

Ce qui est également contesté, par exemple par un anthropologue comme M. Singleton [in *Recherches sociologiques*, 2003, pp. 15-22], c'est que l'analyse proposée par le M.A.U.S.S. sur le point discuté ici (le don comme « roc » du social) et l'anthropologie qui y est associée (l'homme se définissant autant par l'appât du don que par l'appât du gain), sont faites indépendamment de toute société particulière. C'est **l'universalité** auquel prétend le point de vue qui est ici en discussion : peut-on dire quoi que ce soit sur l'homme et la logique du don – en ce compris qu'il fonde le social – qui vaille pour toute société ?

À partir de là, on peut s'étonner qu'une forme particulière du social, proche au fond des liens affectifs et personnalisés de la *Gemeinschaft*, apparaisse comme incontournablement nécessaire pour fonder les liens entre les individus contemporains. Les contradictions entre cette forme du social qu'incarne la logique du don et les **aspirations des individus contemporains** – liberté et égalité entre les sexes notamment – seraient sous-estimées par les tenants du M.A.U.S.S. Forts de leur conception universelle de ce qui fonde le social, tout en étant sensibles aux idéaux contemporains, ils présenteraient une vision idéalisée du don dans ses spécificités contemporaines : la conciliation de davantage de liberté individuelle avec les contraintes inhérentes au don, que ce soit dans la sphère domestique ou celle du don aux inconnus, est-elle aussi aisée qu'ils le prétendent ?

1.5 Question croisée identité/lien social : justice sociale et solidarité intergénérationnelle

Penser le don dans le contexte de la structure sociale (chapitre 1) permet de montrer une de ses limites, soit son caractère socialement injuste, contrairement à la logique redistributive de l'État.

On a ainsi montré avec C. Attias-Donfut (illustration 4.1) comment la solidarité intergénérationnelle soutenait financièrement les jeunes générations, en particulier depuis la crise des années 1990, de façon différenciée selon les ressources dont disposent les familles. Seules les familles les mieux dotées des classes moyennes et des classes supérieures pourront apporter cette aide aux jeunes générations de façon suffisante, alors que ce sont les jeunes de catégories populaires et des petites classes moyennes qui en auraient le plus besoin [L. Chauvel, 2006].

2 R. Sennett : l'indifférence à la différence

> *«Marcher en soi-même est comme un châtiment : l'on ne va pas très loin.»*
>
> P. Eluard

Nous allons présenter le travail de Richard Sennett, sociologue américain aujourd'hui professeur à la London School of Economics, à partir de son regard sur la ville.

L'importance de la réalité urbaine pour les sociétés contemporaines peut être approchée par quelques chiffres [R. Koolhaas, 2000] :

- si au début du XXe siècle, 10 % des habitants de la terre habitaient en ville, 100 ans plus tard, depuis 2000, c'est la moitié des hommes qui sont des citadins (soit 3 milliards d'hommes) ;
- on s'attend à ce qu'en 2025, ils soient 5 milliards à vivre en ville (dont 2/3 seront pauvres) ;
- en 1950, la planète comptait deux grandes villes de 8 millions d'habitants, Londres et New York ; aujourd'hui, le monde compte 22 mégalopoles.

On peut donc observer trois phénomènes conjoints : l'accroissement du nombre absolu et relatif de citadins, en particulier des citadins pauvres, vivant dans des mégalopoles du Sud.

Dès le XIXe siècle, les sociologues se sont intéressés à la ville, dans son lien à la modernité (G. Simmel et M. Weber entre autres). Dans le contexte contemporain qui vient d'être évoqué, il n'est pas étonnant que le phénomène urbain intéresse plus que jamais les sociologues.

Le regard de R. Sennett sur la ville est au fond celui d'un moraliste :

> «*Une ville n'est pas seulement un lieu où vivre, faire ses achats, laisser jouer ses enfants. C'est un lieu à partir duquel on élabore son éthique, on développe un sens de la justice, on apprend à parler et à apprendre d'autres personnes qui sont différentes de soi, ce qui est le processus par lequel un humain devient un humain.*»
> [R Sennett, cité par B. Grönlund, 1997, dans ma traduction]

La ville est le lieu où se côtoient des étrangers, ce qui fait toute sa portée pour la vie morale, mais aussi toute la difficulté d'y vivre ensemble ; d'où la question qui préoccupe R. Sennett : comment entrer en contact avec des inconnus, plus précisément des individus différents de moi (par l'origine géographique, ethnique, sociale, sexuelle...) ? Comment vivre avec la différence, avec l'altérité en en faisant quelque chose pour soi ?

Cette perspective considère que l'identité se forme par une combinaison de pratiques sociales et spatiales (liées à la localisation et à la forme des habitations, des lieux de travail, de loisirs...) ; l'espace fait plus que refléter le social, il contribue à le constituer.

Pour présenter le travail de R. Sennett, on retiendra trois ouvrages : *Les tyrannies de l'intimité* [1974 ; 1979 pour la traduction française], considéré comme son livre le plus célèbre, *La ville à vue d'œil* [1989 ; 1992 pour la traduction française], *Flesh and Stone* [1994]. Si dans ces ouvrages, la perspective historique est importante – *Les tyrannies de l'intimité* étudient ainsi les villes de Paris et Londres sous l'ancien régime (autour de 1750) et au XIXe siècle (autour de 1840, puis de 1890) –, on se centrera dans cette présentation sur la période contemporaine nous focalisant avec R. Sennett sur New York (et quelques autres villes américaines).

Sa vie, son œuvre

Richard Sennett est né en 1943 à Chicago. À partir de 6 ans semble se dessiner pour lui une carrière de violoncelliste, interrompue lorsqu'il a 19 ans par une maladie de l'oreille. Devant se réorienter, il opte pour la sociologie à Harvard. Il enseignera ensuite à Yale, Brandeis, la New York University [http://www.droppingknowledge.org]. Il est aujourd'hui professeur à la London School of Economics, où il dirige un programme d'études interdisciplinaires sur la ville.

Il a publié une douzaine de livres (dont trois romans), relevant essentiellement de l'étude de la ville, la sociologie de la culture, des classes sociales et du travail.

Ces deux dernières thématiques n'étant pas traitées dans le cadre de ce chapitre, présentons succinctement, à titre d'exemple, deux ouvrages qui s'y intéressent.

Dans un de ses premiers livres (écrit avec J. Cobb), *The hidden injuries of class* [1973], il a effectué des observations participantes et des interviews d'hommes blancs de milieux populaires (en l'occurrence, d'origine juive ou italienne) à Boston. Ce que les auteurs nomment la « blessure cachée » de ces hommes est double : ils ont fait et refont sans cesse l'expérience du non-respect de ceux qu'ils côtoient (les professeurs dans les écoles qu'ils fréquentent, y faisant davantage l'expérience de la honte que de l'apprentissage, leurs employeurs et même, leurs enfants) ; ils considèrent que leur position de classe est largement le résultat de leur propre conduite, vivant dès lors celle-ci comme relevant de leur faute [T.J. Scheff, 2000].

Dans un de ses derniers ouvrages de sociologie du travail, *The Corrosion of Character: The Transformation of Work in Modern Capitalism* [1998], il étudie les effets, sur la personnalité des travailleurs et la société dans son ensemble, du développement d'un capitalisme valorisant la flexibilité. Sur les travailleurs, cette flexibilisation produit « la corrosion du caractère », c.-à-d. à la fois un moindre engagement dans le travail, et plus généralement, dans la vie émotionnelle, rendant plus difficile la poursuite de buts à long terme, ne donnant pas lieu à des gratifications immédiates. Pour les sociétés ayant le plus développé ce type d'organisation (les États-Unis et le Royaume-Uni), elle mène à une différenciation croissante des riches et des pauvres [P. Blyton et N. Bacon, 2001, A. Chan et J. Garrick, 2002].

Les concepts que propose R. Sennett étant directement liés à son analyse des sociétés contemporaines, on ne peut distinguer, comme on l'a fait jusqu'à présent, les concepts de leur usage. On commencera donc d'emblée par présenter l'analyse du lien social que fait R. Sennett en ce qui concerne les sociétés occidentales contemporaines (2.1), pour expliciter ensuite le type de danger qui y est associé et la façon de les contourner (2.2). Une approche critique clôturera cette partie (2.3).

Objectifs pédagogiques

Il faut pouvoir identifier, dans le fonctionnement de groupes sociaux ou des caractéristiques de l'espace urbain, les traits des concepts essentiels : l'identité narcissique, l'idéologie de l'intimité, la neutralisation de la différence, la communauté destructrice. Le cas échéant, il faut pouvoir analyser les pistes de solutions proposées à la lumière de celles élaborées par R. Sennett.

2.1 L'analyse des sociétés contemporaines

Le propre des sociétés contemporaines est de tendre à diviser l'espace intérieur de l'espace extérieur.

Qu'entend-on par «espace intérieur» et «espace extérieur»? L'espace intérieur, dans le monde Occidental, peut être assimilé au «moi»: nos pensées, nos sentiments, nos idées... sont censés venir de ces «profondeurs intimes» [Ch. Taylor, 1998], en parties obscures, inexplorées qui nous constituent. Notre conception du moi, de l'identité personnelle se rattache – voire se confond – à un certain sens de l'intériorité.

Par contraste, on comprend aisément que «l'espace extérieur» renvoie à tout ce qui n'est pas le moi, en l'occurrence tous les objets du monde (et en particulier pour ce qui va nous intéresser ici, ce qui se déroule dans l'espace public de la ville).

Les effets de la division entre espace intérieur et espace extérieur se manifestent aussi bien au niveau de l'espace intérieur que de l'espace extérieur:

- l'espace intérieur est le seul à être valorisé, il est le standard de réalité; en même temps, parce qu'il n'est plus nourri par la diversité et la complexité du monde extérieur, cet espace se vide, il se clôt sur lui-même; deux concepts, celui de narcissisme et d'idéologie de l'intimité nous permettront de le caractériser;
- l'espace extérieur est désinvesti, on a peur de s'y exposer; l'extérieur est neutralisé, les différences y sont cachées:

> *«La peur de l'"exposition" renvoie d'une certaine façon à une conception militarisée de la vie de tous les jours, comme si le modèle "attaque et défense" s'appliquait aussi bien à la vie subjective qu'à la guerre. Un des traits caractéristiques de notre urbanisme est qu'il dissimule derrière ses murs les différences qui existent entre les gens, en partant de l'idée que ces différences impliquent plus probablement une menace mutuelle qu'une stimulation mutuelle. C'est pourquoi nous ne créons dans nos villes que des espaces "inoffensifs", insignifiants et neutralisants, des espaces qui dissipent la menace du contact social: baies de glace sans tain des façades, autoroutes coupant les banlieues pauvres du reste de la cité, villes-dortoirs.»* [*La ville à vue d'œil*, pp. 16, 17]

Deux concepts à nouveau nous permettront de rendre compte des spécificités de cet espace: celui de neutralisation et de destruction de la différence.

Exercice 4.5 La neutralisation de l'espace public

Milano, 1996, G. Basilico

Consigne

Cet espace urbain suscite-t-il l'intérêt, l'envie de s'y arrêter? Pourquoi? Répondez en repérant les caractéristiques pertinentes de cet espace.

Les origines de cette division

Avant de développer ce que deviennent ces deux espaces suite à leur division (en insistant davantage sur l'espace extérieur, lieu de rencontre de l'autre, où se pose la question du lien social), situons rapidement comment R. Sennett analyse les origines de cette situation :

- **la tradition chrétienne** a cristallisé une conception de l'extérieur comme profane, la vie intérieure devant dès lors s'en isoler pour accéder à Dieu ;
- **le développement – chaotique – de la société industrielle** a poussé les individus à chercher un refuge dans leur foyer.

Revenons d'abord sur le premier facteur envisagé par R. Sennett, qui le met en évidence en étudiant, entre autres, le type d'urbanisme des villes européennes du Moyen Âge. Dans ces villes, on peut observer une distinction nette entre :

- «l'extérieur»: l'espace profane, désordonné, construit sans souci aucun (*cf.* les ruelles se développant de façon désordonnée) et
- «l'intérieur»: l'espace sacré de la cathédrale ou de l'église, bâtie avec soin, dont la vision même doit mener à Dieu:
  - la hauteur intérieure des voûtes doit faire tendre à l'ascension
  - le plan en croix matérialise la souffrance du Christ
  - l'église est une zone d'asile pour tout qui est dans le besoin (les lépreux, les bébés abandonnés...), faisant de ce lieu un espace de moralité.

Les bâtisseurs du Moyen Âge tentaient ainsi de séparer la vie intérieure (se réfugiant dans l'église) de la vie de la rue (espace chaotique opposé à l'espace de la valeur morale).

La sécularisation qui accompagne la Révolution industrielle ne permet plus aux individus de trouver refuge dans l'église, d'en faire un abri contre les difficultés de l'existence qui y sont associées (misère ouvrière, insécurité des fortunes bourgeoises):

> *«Pour schématiser, le «foyer» devient la version séculière du refuge spirituel. La géographie de la sécurité passa d'un asile occupant le centre de la cité à l'intérieur domestique.»* [R. Sennett, 1992, p. 39]

Dans cet espace profane, l'idéal de la vie intérieure n'est plus de connaître Dieu mais de se connaître soi (avec la psychologie pour guide).

On pourrait bien sûr développer davantage cette analyse des facteurs causant les modifications de l'espace intérieur/extérieur qui nous préoccupe mais ce n'est le propos essentiel de R. Sennett.

2.1.1 *L'espace intérieur des identités narcissiques, régi par l'idéologie de l'intimité*

En cherchant à nous isoler loin du monde extérieur, nous pensons pouvoir mieux nous comprendre. Cette compréhension de soi par soi, à l'abri du monde, devient un idéal de vie. On peut penser à la crainte formulée par H. Arendt d'une «immersion dans la nuit de la vie privée». C'est par les concepts de narcissisme et d'idéologie de l'intimité que R. Sennett va en décrire les grands traits dans *Les tyrannies de l'intimité* que l'on suivra ici.

Le **narcissisme** est une caractéristique potentielle du caractère de tout être humain, mais il peut être favorisé par certaines cultures, et c'est à ce titre que s'y intéresse R. Sennett, considérant qu'il peut devenir le trait commun des individus de toute une société.

«Pour comprendre ce regain d'intérêt pour le narcissime, il est bon de revenir au mythe sur lequel il se fonde. Narcisse se penche au-dessus de l'eau, captivé par sa propre beauté. On lui dit de faire attention, mais il ne s'intéresse qu'à cette image. Un jour, il se penche pour la caresser, tombe à l'eau et se noie. Le sens de ce mythe n'est pas de dénoncer les dangers de l'amour de soi. Il s'agit plutôt du danger de la projection, du danger qu'il y a à se rapporter au monde comme si le réel pouvait être appréhendé à travers des images du moi. Le mythe de Narcisse a une double signification : l'absorption-en-soi du héros l'empêche de savoir ce qu'il est et ce qu'il n'est pas ; elle le conduit à sa propre destruction. Narcisse, à se voir reflété à la surface de l'eau, oublie que celle-ci n'est pas lui, qu'elle est hors de lui, et il devient aveugle à ses dangers.

En tant que désordre psychique, le narcissisme est tout l'opposé d'un amour de soi vigoureux. L'absorption-en-soi ne produit pas de gratification : elle affecte plutôt le moi. Supprimer toute limite entre soi et l'autre signifie que rien de nouveau, rien d' «autre» ne peut plus atteindre le moi ; toute extériorité apparaît comme une image du moi, et perd donc sa signification. Cela explique pourquoi le profil clinique du narcissime n'est pas un état d'activité, mais un état d'être, ou un état tout court. Ici, lignes de démarcation, limites, formes du temps et rapports sont supprimés. L'être narcissique n'est pas avide d'expériences : il recherche l'Expérience. Cherchant toujours une expression ou un reflet de lui-même, dans l'Expérience, il dévalue tout rapport particulier, parce qu'il n'arrive jamais à représenter ce qu'il est. Le mythe de Narcisse exprime nettement le processus suivant : on peut se noyer dans son propre moi, et cette noyade est un état entropique.» [*Les tyrannies de l'intimité*, p. 260, ©]

Pour la personnalité narcissique, l'expérience impersonnelle paraît dénuée de sens. Par contre, tout ce qui concerne le moi, sa définition, sa transformation est l'objet d'une vive préoccupation. À partir de là, tous les phénomènes sociaux vont être vus en tant que problèmes personnels (ce que R. Sennett appelle le «psychomorphisme»). Il y a donc diminution d'intérêt pour la réalité sociale si elle ne renvoie pas le reflet du moi. Dès lors, il y a une focalisation sur l'être plutôt que sur le faire et sur l'action (en particulier l'action collective impersonnelle).

Ainsi par exemple, l'incapacité de vivre des différences liées à l'appartenance de classe (salaires, conditions de vie…) autrement que comme des particularités individuelles, des reflets de la personnalité, va diminuer la capacité à agir collectivement pour modifier ces différences collectives.

Une idéologie inspire ces individus narcissiques, que R. Sennett nomme **l'idéologie de l'intimité :**

> *« Nous croyons aujourd'hui que l'intimité entre les gens est une bonne chose. Nous aspirons tous à développer notre personnalité individuelle par des expériences chaleureuses et des rapports étroits avec les autres. Nous cultivons tous le mythe selon lequel les maux de notre société se ramènent à l'impersonnalité, à la froideur, à l'aliénation. Nous sommes ainsi confrontés à une idéologie de l'intimité : les rapports sociaux ne sont réels, crédibles et véridiques que lorsqu'ils tiennent compte de la psychologie interne de chacun. Cette idéologie transforme les catégories politiques en catégories psychologiques. Elle définit l'esprit communautariste d'une société sans dieux : la chaleur humaine est devenue notre vrai dieu. »* [*Les tyrannies de l'intimité*, p. 197]

La relation intime, que nous valorisons tant, est à la fois intime et close. Ce goût pour l'intimité reflète un désir de stabilité ; ce qui nous paraît authentique, c'est la vie privée. Le sentiment intime devient le « standard universel de réalité ». Se connaître soi-même devient une fin en soi, non plus un moyen pour connaître le monde. Et nous recherchons en vain une identité qui serait purement intérieure, comme si la réalité psychique était créée en dehors de son rapport au monde. C'est bien ce que conteste Goethe dans la citation reprise en exergue de l'introduction de cet ouvrage.

La maison comme espace de production de soi

Dans la perspective de l'idéologie de l'intimité, la maison est le substitut sécularisé de la cathédrale, c'est-à-dire le lieu par excellence de la vie intérieure, en l'occurrence de la connaissance de soi. La question devient alors de trouver des règles de construction qui, comme c'était le cas pour la cathédrale, donnent des points d'ancrage à l'individu, le guident vers la compréhension de soi. Pour traiter cette question, R. Sennett compare les caractéristiques des maisons occidentales sous l'ancien régime avec celles qui émergent au XIXe siècle (et que nous connaissons encore).

La maison, sous l'ancien régime, possède peu de pièces spécialisées. Même chez les riches, les adultes et les enfants dorment dans les mêmes pièces, pièces où l'on mange, où l'on défèque, où l'on traite des affaires. Le terme « mobilier » rappelle bien la façon dont les meubles, objets nécessaires à ces différentes activités sont poussés contre les murs ou déplacés selon les besoins.

> *« La maison de l'ancien régime était une sorte de rue couverte. »* [*La ville à vue d'œil*, p. 46]

À partir du XIXe siècle, la maison devient peu à peu le lieu où l'on cherche un refuge contre les vicissitudes de l'existence, la complexité du monde extérieur.

> *«Le royaume privé cherche l'ordre et la clarté en appliquant le division du travail au royaume affectif de la famille, en divisant son expérience selon des pièces distinctes. Il s'agissait logiquement de fractionner la chose en ses composants afin de comprendre ce qu'elle était (...)»* [*Op. cit.*, p. 47]

Sont ainsi distinguées les zones réservées aux maîtres, celles destinées aux domestiques, les zones publiques (où l'on reçoit les visiteurs), des zones privées, et au sein de celles-ci, les pièces où l'on cache les nécessités du corps (toilettes et cabinets de toilette), la chambre des parents (où les rapports sexuels peuvent avoir lieu à l'abri des regards), la ou les chambres des enfants.

Ce qui est ainsi recherché, c'est une façon de rendre visibles des repères pour la recherche de soi, de faire de la maison un espace aussi signifiant que l'était, dans son ordre, la cathédrale.

Or, selon R. Sennett, la clarification par spécialisation de l'espace intérieur peut être, probablement, considérée comme un échec :

- là où elle voulait construire un refuge chaleureux, elle produit de l'isolement (entre parents et enfants, visiteurs et familiers...) ;
- alors que, dans l'église, tous avait également droit à la charité, le refuge privé produit de l'inégalité :
  - les femmes et les enfants, censés être plus malléables et fragiles par rapport à l'espace extérieur perçu comme dangereux, sont enfermés à l'intérieur (parce que cet espace intérieur est conçu comme un refuge moral)
  - les classes populaires n'y ont pas accès : en particulier, les femmes de la classe ouvrière qui travaillent ont accès à la rue comme les hommes (la moralisation de la classe ouvrière passe dès lors par l'idéologie du foyer) ;
- enfin, et peut-être surtout, la spécialisation de l'espace intérieur, comme manière d'ordonner celui-ci, ne fut pas à la hauteur de ce qu'on en attendait : promouvoir la vie intérieure. L'isolement, la fermeture (par rapport à l'extérieur, aux différences qui y foisonnent) ne stimulent pas en effet, contrairement à ce que l'idéologie de l'intimité nous fait croire, la richesse de la vie intérieure.

♣ ***L'exercice «God save business» est un bon exemple des effets de l'identité narcissique et de l'idéologie de l'intimité dans le contexte des entreprises.***

2.1.2 *L'espace extérieur : neutralisation, voire destruction de la différence*

L'espace extérieur dans la ville moderne est rendu insignifiant. Non que les différences soient inexistantes, mais l'expérience de la différence n'est pas favorisée, elle n'apparaît pas comme une expérience humaine positive.

Illustration 4.6 L'espace public, un lieu de transit

Les deux photos qui suivent de G. Basilico rendent compte de la place que peuvent prendre la voiture et les équipements qu'elle rend nécessaire dans l'espace urbain et du type d'expérience de l'individu dans la ville qui peut y être associée.

Zurich, 1996

Nice, 1994

> *«L'œil voit des différences auxquelles il réagit avec indifférence (...). Le simple fait d'être exposé à la différence ne corrige malheureusement pas l'introversion que nous a léguée la civilisation chrétienne. Le retrait en soi et la crainte d'être exposé demeurent comme si les différences étaient potentiellement aussi explosives que celles qui séparent un trafiquant de drogue d'un simple citoyen.»* [*La ville à vue d'œil*, p. 162]

Dès lors, le désinvestissement de l'espace public va de pair avec le surinvestissement du moi narcissique dont on a parlé plus haut. La conscience de partager un destin commun avec un ensemble de citoyens différents de moi s'affaiblit. Un des signes de cette indifférence civique est que l'on accepte, au plein centre de villes riches (comme New York) des zones totalement délabrées, qui sont tolérées parce que notre œil y est indifférent. L'espace public devient essentiellement lieu de transit, de mobilité (perçu comme un droit absolu de l'individu et dès lors le problème n° 1 de la ville moderne).

L'expérience du corps dans la ville tend à se réduire à celle du corps en mouvement, dont la forme privilégiée sera la conduite automobile. Or, celle-ci va de pair avec une grande passivité du corps, un faible engagement physique et ce que Sennett qualifie de déprivation sensorielle : à l'abri dans sa voiture, sur des voies de circulation monotones, l'automobiliste fait une expérience sensorielle du monde limitée à sa vision – tout étant fait pour ne pas distraire son attention de la conduite –, sans que les odeurs, la température ambiante ne soient perceptibles, sans possibilité de contact tactile avec le monde extérieur – en particulier avec le corps des autres. Dans ces conditions, l'expérience du mouvement, loin d'être stimulant, endort.

Ce retrait de l'individu à l'écart de la différence, loin de tout contact social avec elle, prend deux formes, que nous allons maintenant développer :
- la neutralisation de la différence
- la destruction de la différence.

2.1.2.1 Neutralisation des différences

Une des caractéristiques de la conception des villes que proposent les urbanistes, c'est de chercher à produire un environnement neutre, c'est-à-dire où chacun peut être seul avec soi-même, sans intrusion des autres côtoyés en soi. Une ville neutre est une ville dans laquelle rien de troublant ni d'exigeant n'arrivera du dehors. Le reproche fait aux villes modernes d'être froides, vides, impersonnelles, tient à cette neutralisation des différences. Elle légitime le retrait en soi :

> *«La perception du vide extérieur renforce la valeur du retour sur soi.»* [*La ville à vue d'œil*, p. 168]

Cette neutralisation de l'espace urbain s'y inscrit de différentes façons que nous allons détailler. Elle peut porter sur deux types de différences :

- des différences de l'espace physique, géographique, comme lorsque la présence d'un fleuve, ou de dénivelés de terrain est neutralisée ;
- des différences sociales, comme lorsque la ségrégation spatiale des groupes sociaux différents et des fonctions urbaines réduit les probabilités de contacts avec des inconnus.

Dans les deux cas, R. Sennett s'intéresse à l'effet de la neutralisation sur la possibilité d'un lien social entre des individus différents.

Le plan en grille, horizontal et vertical

Le plan en grille caractérisant un certain nombre de villes américaines neutralise l'environnement propre à chacune d'elle : c'est la singularité de l'environnement qui n'est pas prise en compte dans la ville, mais aussi aux abords de celle-ci (la ville est supposée pouvoir s'étendre sans limite). La ville devient un échiquier où se joue la compétition économique.

Ex. : à Chicago, la grille a été imposée à un territoire irrégulier, quelles que soient les collines, les forêts, les rivières qui peuvent s'interposer ; on nivelle, on assèche quand on peut, sinon, on ignore. Ainsi, il y a un immense problème de transport à Chicago lorsqu'il s'agit de traverser la ville qui est coupée en son centre par le fleuve [*La ville à vue d'œil*, p. 74] :

> *« Les rues alignées s'interrompaient soudain au bord de l'eau pour continuer de l'autre côté, comme si des ponts aussi innombrables qu'invisibles enjambaient la rivière. Partout où on les trouve, il manque à ces implantations la logique de leurs propres limites et de leur propre forme adaptée aux limites d'un territoire pré-établi. Conséquence de ces implantations amorphes : des lieux sans caractère. »*

La ville s'impose arbitrairement au terrain plutôt qu'elle n'entre en interaction avec lui, sans souci des usages historiques. Le découpage de l'espace qu'elle impose est sans signification : ainsi, la grande différence entre le plan en grille tel qu'il a été massivement utilisé pour organiser l'espace des villes américaines et le plan des villes romaines sous l'empire, elles aussi construites selon le plan en grille, est que celui-ci avait une signification (renvoyant à la symétrie du corps), avec des limites pré-établies et un centre (l'ombilicus, investi de significations religieuses très particulières), l'emplacement de la ville étant censé refléter le ciel (en fonction de la position des étoiles).

C'est donc moins la grille en tant que telle que l'usage particulier qui en a été fait par différentes cultures qui explique, dans certains cas, la neutralisation de l'espace qui l'accompagne.

Exercice 4.7 La grille verticale

Comment cette photo de Berenice Abbott [Exchange Place from Broadway, c.1934] donne-t-elle à imaginer l'effet de la « grille verticale » sur la neutralisation des différences ?

À partir du XXe siècle, une nouvelle grille, **verticale** cette fois, s'impose : celle du gratte-ciel. L'espace est ainsi divisé en tranches verticales, sans ordre ni sens :

- n'importe quel étage du building peut donner lieu à n'importe quelle activité ;
- la hauteur du bâtiment n'a plus la dimension symbolique qu'il avait par exemple au Moyen Âge (où la hauteur de la cathédrale a une dimension sacrée) : avec les moyens et les matériaux modernes de construction (le béton armé), la hauteur semble aisément accessible (et une fois le bâtiment construit, l'ascenseur y pourvoit).

On se met à construire des maisons familiales selon une grille verticale (*cf.* banlieues ouvrières en Europe), tout en sachant que quelque chose ne va pas : ces formes verticales sont vécues comme neutres, inhumaines, opposées aux valeurs de la famille (et plus généralement, de la *Gemeinschaft*). Ces grands ensembles semblent détruire les relations de voisinage, l'aide amicale : leur fonctionnalité même nie la valeur qualitative du lien.

Cette neutralité de l'espace brise le langage de la sociabilité.

> *La grille est une forme géométrique de puissance au sein de laquelle la vie intérieure reste informe.»* [1992, p. 93]

La perte de centre

Une seconde façon de neutraliser l'espace d'une ville est de l'édifier sans qu'il y ait de centre.

> *Ex.* : Si l'on prend le plan de Chicago [1833] ou celui de San Franscico [1849-1852], on remarque que seulement quelques petits espaces publics apparaissent au milieu des milliers de pâtés de maisons prévus ; leur localisation est difficile à préciser tant la ville apparaît comme un nombre infini de rectangles, perdant le pouvoir visuel de désigner des lieux spécifiques.

Ce type de plan de ville est aux antipodes des villes se développant à partir d'un centre, servant de point de référence à la production de nouveaux espaces urbains (par ex. dans les villes du Sud des USA, dont le développement garde la trace de la colonisation espagnole). À l'opposé du centre significatif, on a un « nœud » urbain, zone de confluence d'autoroutes ou de rues sans signification aucune.

Exercice 4.8 Comparaison de deux plans de ville

Consigne :

1. Décrivez finement les différences observables dans l'organisation spatiale de ces deux villes à partir de leur plan
2. Dans quelle ville et pourquoi peut-on dire que les différences sont neutralisées ? Pour vous aider, imaginez le type de contacts avec des inconnus que suscitent ces deux espaces.

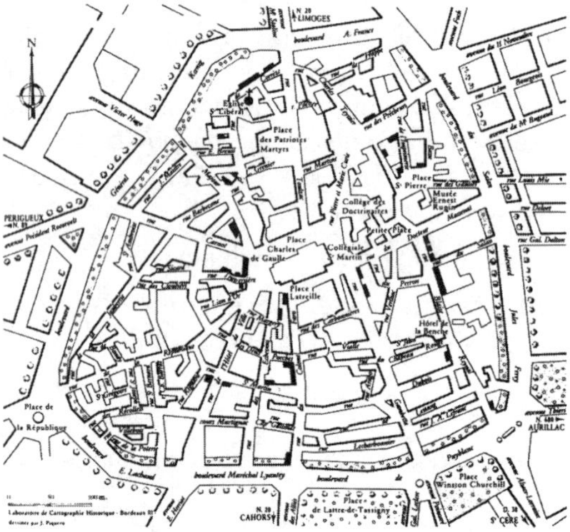

Plan de Brive.

[*La rue du Moyen Âge*, J.P. Legay, Rennes, Éd. Ouest-France Université, 1984, p. 29]

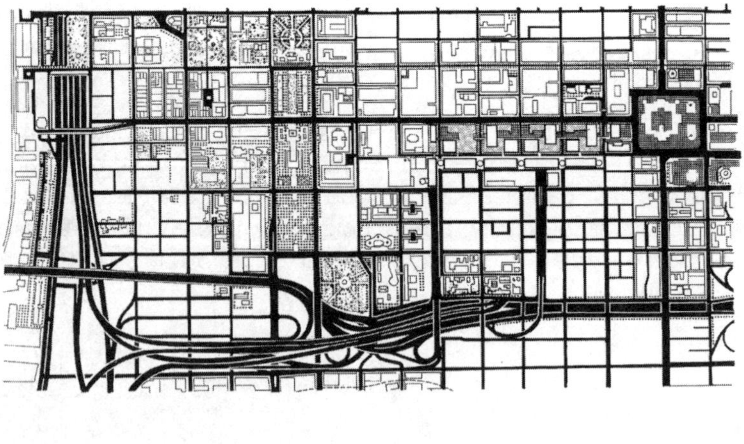

Extrait du plan de Philadelphie [in « Grande histoire de la ville », Ch. Delfante, Paris, Armand Colin, 1997, p. 378]

Autodestruction

La neutralisation de l'espace brise l'histoire des lieux et de leur mode d'occupation. En effet, sans sens propre, l'espace apparaît comme extrêmement flexible : n'importe quelle tour peut être construite n'importe où, sans qu'un attachement se crée entre les citadins et leur ville.

La ville construite selon le plan en grille est, selon R. Sennett, celle qui s'est le plus autodétruite, des blocs entiers pouvant disparaître sans susciter d'émotion.

> *Ex.* : dans 100 ans, il restera moins de la ville de New York d'aujourd'hui que de la Rome d'Hadrien [R. Sennett, 1996] ; la destruction de multiples quartiers de Bruxelles, sous les pressions conjuguées de promoteurs et d'une volonté de rendre la ville plus fonctionnelle, a été telle que les urbanistes parlent aujourd'hui de « bruxellisation » pour désigner ce phénomène de destruction d'une ville, au mépris de son histoire.

La ville est comme une « fabrique urbaine », dont la forme est arbitraire, sans aucune obligation de préserver ou de rénover en tenant compte de ce que d'autres ont construits.

Illustration 4.9 L'exemple de Bruxelles

Ces six photos prises à Bruxelles illustrent bien comment ont pu être construites des tours sans aucun souci des contextes qui étaient les leurs.

L'usage du verre

Une autre façon de neutraliser l'extérieur, de le rendre insignifiant pour le moi, c'est de supprimer les barrières entre l'intérieur des bâtiments et l'extérieur. Cette suppression peut apparaître comme un idéal de l'architecture moderne : l'usage intensif du verre en est une des manifestations. En effet, la façon dont le verre constitue la façade d'un nombre important de buildings ouvre tout l'extérieur à ceux qui sont à l'intérieur, mais seulement à leur vue. Les autres sens sont isolés de cet extérieur ce qui paradoxalement crée l'impression d'une inaccessibilité. Cette ouverture exclusivement visuelle sur l'extérieur produit en définitive plus d'isolement que de liens. Le verre apparaît ainsi comme le matériau parfait de la ville neutre.

Par ce type d'usage du verre, la ville devient un spectacle, non le lieu d'une immersion dans une vie sociale, avec l'action collective potentielle que cela implique.

Illustration 4.10 L'usage du verre

G. Basilico capte dans Paris [1997] la façon dont le verre utilisé pour les façades produit un effet miroir, rendant paradoxalement l'intérieur plus inaccessible à l'extérieur.

Le rapport à l'œuvre d'art

Aujourd'hui, l'œuvre d'art ne peut être ni touchée, ni modifiée. Un culte s'organise ainsi qui permet aux œuvres d'échapper aux déprédations des hommes et de la nature. Au niveau de l'architecture, cela mène à privilégier la pureté de la forme plutôt que le plaisir d'habiter. Les objets (extérieurs à nous) sont conçus comme auto-suffisants, et non pour la qualité du rapport que les hommes peuvent entretenir avec eux. L'environnement tend à être conçu indépendamment des besoins des gens.

Division fonctionnelle de l'espace

La tentation est grande, pour l'urbaniste, de construire des barrières entre les différentes parties du monde social.

Ex. : on construit des campus pour les universités, des zonings industriels pour les entreprises, des shopping centers pour les magasins ; on sépare les quartiers (en particulier : pauvres) par des autoroutes.

L'objectif de la création de ces espaces étanches est d'éviter le contact entre classes, nationalités, âges différents. Des murs intérieurs sûrs protègent du contact.

> «*Les gens qui vivent dans des communautés étanches voient leur développement diminuer. Les blessures des expériences passées, les stéréotypes qui ont pris racine dans la mémoire ne sont pas saisis à bras-le-corps (...).*» [R. Sennett, 1992, p. 243]

Le passage d'un espace à l'autre est facilité par le souci de mobilité qui, on l'a vu plus haut, obsède les responsables urbains.

Cette étanchéité des espaces aux usages (et aux usagers) différents est une des conditions du développement de ce que R. Sennett a appelé les «communautés destructrices» qui font plus que neutraliser les différences: elles tendent à les détruire.

♣ ***Trois exercices permettent de travailler la notion de neutralisation des différences: deux concernant Bruxelles («De la Monnaie à Rogier», «Le cancer de la bruxellisation»), un à propos du film de fiction de A. Berliner «Ma vie en rose».***

2.1.2.2 Destruction de l'altérité

On l'a vu jusqu'à présent, l'équilibre entre le moi et l'autre, entre l'intérieur et l'extérieur est rompu: l'espace public est désinvesti, toute expérience est jaugée à l'aune de l'idéologie de l'intimité.

De cette rupture de contact entre les deux sphères émerge une forme particulière de lien social: la **communauté destructrice**.

En utilisant le terme de communauté, R. Sennett se réfère explicitement à la *Gemeinschaft* de F. Tönnies, où l'être collectif, les liens affectifs entre individus semblables fondent le lien.

En grossissant certains traits de ce concept classique, R. Sennett va en aménager le sens. L'importance que prend l'être collectif dans la communauté destructrice se fait au détriment de l'action collective. On croit que l'on ne peut dire «nous» que si l'on connaît personnellement, affectivement les autres: vie collective et vie affective y sont confondues.

Le développement de communautés urbaines définies par le quartier, le voisinage, des communautés ethniques ou régionales (plutôt qu'une identité de classe), va de pair avec la disparition d'un espace public. Leur modèle est celui du ghetto, qui apparaît lorsque l'espace urbain se spécialise par fonctions et par destinataires (les riches sont séparés des pauvres). Les habitants y perdent la possibilité de mettre en question leurs conditions d'existence au contact d'inconnus, qui par leur différence enrichissent l'expérience.

Ici au contraire, l'étranger, le marginal, celui qui est différent est exclu, contrôlé. La singularité individuelle menace la force de l'ensemble. Le monde extérieur est moins réel que la communauté. C'est bien en cela que l'on peut parler d'une communauté destructrice, le rétrécissement du lien fraternel à la communauté mène à ce que le seul acte qui la caractérise soit celui d'inclusion/d'exclusion.

> *«Plus la communauté formée par une personnalité collective est limitée, plus l'expérience des sentiments fraternels est destructrice (...). L'abandon de tout sentiment de solidarité de classe, la culture de nouvelles images collectives basées sur l'ethnicité, le quartier, la région, etc, montre bien le rétrécissement de ce type de lien fraternel. La fraternité n'est plus que l'union d'un groupe sélectif qui rejette tous ceux qui ne font pas partie de lui. Ce rejet, à son tour, suppose une certaine autonomie par rapport au reste du monde. On préfère «quitter» ce monde plutôt que d'exiger son changement. Plus la communauté est intimiste, moins elle est sociable.»* [*Les tyrannies de l'intimité*, p. 203]

Ces communautés sont donc des lieux d'évasion du système, qui détournent l'attention du système social et des changements nécessaires. Ces passions individuelles pour la participation totale vont donc dans le sens de l'ordre établi. La «*Gemeinschaft*» apparaît comme un enclos au cœur de la cité, protégeant de l'impersonnalité des foules. La définition de l'identité y absorbe toute l'énergie.

L'urbaniste qui divise la ville en espaces clos (*cf. infra*) apparaît ainsi comme le spécialiste de la *Gemeinschaft*, incapable d'organiser l'espace de façon à favoriser le contact entre individus différents, entre fonctions différentes.

Illustration 4.11 Une communauté destructrice

Extraites de son travail sur les banlieues habitées par les classes moyennes américaines, ces deux photos de Bill Owens [Suburbia] permettent de visualiser la forme que peut prendre une communauté dans l'urbanisme et l'expérience sociale (*cf.* discours tenu par une habitante de ces banlieues majoritairement blanches).

« J'aime la banlieue. Ils organisent des Scouts, PTA, Little Leage et le foot pour mes enfants. La chose qui me manque le plus est l'identité culturelle noire pour ma famille. Les banlieues des classes moyennes blanches ne peuvent offrir cela. Ici, le plus grand événement culturel a été l'ouverture de deux grands magasins. » (cité par Bill Owens, *Suburbia*, je traduis)

L'espace public tend à se décomposer en «communautés politiques» qui rassemblent des gens ayant moins en commun des conduites et des projets qu'une manière d'être qui va être décodée.

- R. Sennett analyse ainsi la façon dont certaines communautés politiques révolutionnaires du XIXe siècle ont eu un fonctionnement de communauté destructrice : les débats de stratégie ou de tactique y ont pris la forme de conflits personnels ;
- les mouvements sociaux courent le risque de s'enfermer dans une identité défensive, c'est-à-dire une identité où l'être commun n'est plus un tremplin pour l'action, pour la mise en œuvre d'un projet mais devient une fin en soi (par exemple «être» un bon écologiste renvoie plus à une manière de vivre proche de la base – rouler à vélo, manger bio, filer sa laine… – qu'à la défense d'un projet de société).

Le fait que les groupes politiques prennent la forme de communautés politiques fait de nous les spectateurs passifs d'une personnalité collective, partageant ses bonnes intentions plutôt que ses actes : le maintien de la communauté devient une fin en soi. Le repli sur la communauté politique locale, régionale, détourne les gens de l'espace politique et social.

> *«Le régionalisme et l'autonomie locales sont devenus des credo politiques presque universels à l'heure même où les structures réelles du pouvoir sont de plus en plus planétaires. La communauté est devenue une arme contre la société, jugée par trop impersonnelle. Mais le pouvoir d'une communauté ne peut être qu'illusoire dans une société comme la société occidentale, dont la stabilité dépend d'une internationalisation croissante des structures de contrôle économique. En résumé, l'idolâtrie intimiste nous empêche d'utiliser notre compréhension des phénomènes du pouvoir comme une arme politique. Et les forces de domination et d'exploitation continuent à triompher.»* [*Les tyrannies de l'intimité*, p. 275]

♣ ***Les exercices «Comment peut-on être américain?» autour de la «discrimination positive» et «Des guettos dorés sur tranche» sur le phénomène des villes privées en ce qui concerne les États-Unis, «Matonge» à propos d'un quartier de Bruxelles et «Ma vie en rose» relatif à un espace de fiction, permettent de travailler la notion de communauté destructrice.***

Illustration 4.12 Candidats d'origine étrangère aux élections communales : plus de démocratie ou de communautarisme ?

Le magazine *Imagine* [n° 12, juin 1999, ©] s'interroge sur le sens de l'apparition massive de candidats d'origine étrangère lors des élections communales de 1999 dans certaines communes à Bruxelles, à la fois pour s'en réjouir mais aussi en craignant que l'appartenance communautaire l'emporte sur le choix politique. On retrouve dans le texte qui suit – et son illustration – une critique très proche de celle que fait R. Sennett des risques du narcissisme et de son corrélat, la communauté destructrice, au plan politique.

Merguez, kebab et ballekes. C'est un grand panneau d'affichage sur la Place de St Josse à Bruxelles, en plein « quartier immigré ». Signe particulier : sur toutes les affiches, tous les candidats présentés par tous les partis ont des noms turcs ou marocains. C'est assez récent, ce phénomène. On n'aurait jamais vu ça il y a vingt ans. Il faut s'en réjouir: il montre que la vie publique à Bruxelles est vraiment en train de s'ouvrir à toutes ses composantes culturelles. Mais on peut aussi s'inquiéter d'un racolage électoral qui privilégierait la seule appartenance communautaire à toute autre considération politique. Ce «communautarisme» ciblé est-il un passage obligé pour arriver à une citoyenneté pleine et entière ?

Peut-être. Mais peut-être aussi annonce-t-il un certain modèle de cohabitation culturelle. Le « modèle américain », où chaque communauté vit « entre elle » dans ses propres quartiers (on peut vivre aux States en ne parlant que le chinois ou l'espagnol).

Plutôt que le « modèle français », qui renvoie les sentiments communautaires à la sphère privée et invite chacun à partager une citoyenneté commune dans le «creuset républicain». C'est un vrai choix de société. À méditer : le « communautarisme », c'est apprendre à vivre avec des gens « qui nous ressemblent ». La démocratie, c'est apprendre à vivre avec des gens « qui ne nous ressemblent pas ».

2.2 Les dangers du type de lien social propre aux sociétés contemporaines

Pour R. Sennett, un lien social est équilibrant lorsqu'il existe la possibilité de contacts significatifs avec des étrangers. La question fondamentale à ses yeux pour les sociétés contemporaines est de rendre possible la rencontre signifiante avec l'autre. Revenons sur deux des termes qui viennent d'être utilisés :

- une rencontre signifiante au sens où, sans être impersonnelle (ne touchant pas ma vie intérieure), elle ne prétend pas non plus à l'intimité recherchée avec les proches ;
- avec autrui, celui-ci n'étant pas réduit à être mon semblable mais dont l'altérité au contraire puisse être reconnue et appréciée.

C'est à partir de cette norme que R. Sennett situe la société contemporaine. Comment cela ?

On l'a vu, le contact avec l'autre est neutralisé, voire détruit. Le seul lien valorisé est le rapport intime avec un autre perçu comme un miroir du moi. Même dans la sphère politique, on ne tend à s'intéresser aux hommes politiques que pour leur être, leur manière d'être, leur vie personnelle, non pour leur action. Il n'y a un intérêt pour l'autre que si je peux m'y projeter, nouer avec lui une relation intime et close (c'est le propre de l'identité narcissique et de l'idéologie de l'intimité qui l'accompagne).

Il n'y a acceptation de l'autre que s'il est identique à moi (en termes de classe, d'origine nationale, d'âge...) : c'est la communauté destructrice.

Quels sont les dangers de ce type de lien social ? Ils sont de trois ordres, que l'on va reprendre un à un.

La vie personnelle s'appauvrit, ainsi que R. Sennett l'expose [1992, p. 165] :

> *« L'essence du développement de l'être humain est le développement de sa capacité d'assimiler des expériences de plus en plus complexes. Si l'expérience de la complexité perd sa valeur dans l'environnement, nous sommes menacés sur le plan "spirituel" (...). »*

On aurait tort d'assimiler cette spiritualité à un retrait du monde ; il s'agit au contraire d'enrichir notre vie personnelle de par le contact avec le monde extérieur et en particulier, les autres dans toute leur diversité.

Une vision particulière de l'homme, de ce qui fait son humanité – en l'occurrence son ouverture à l'autre dans sa différence – fonde ce diagnostic de l'appauvrissement de notre vie intérieure, de notre humanité même.

Second danger, déjà explicité plus haut, celui de **détruire l'altérité** par la violence (on pense aux guerres inter-ethniques) ou l'exclusion. C'est le développement de communautés destructrices qui est en cause ici.

Troisième danger, **le désintérêt pour l'action collective**, toute l'énergie étant focalisée sur l'être, fermé sur sa vie intérieure. Dans la mesure où je me désintéresse du monde extérieur en ce qu'il est non réductible aux désirs du moi, je perds aussi l'envie d'agir sur ce monde. Il y a «tyrannie de l'intimité», en particulier dans la sphère politique, dans la mesure où cet intérêt exclusif pour le moi et sa vie personnelle, en diminuant la capacité de défendre de manière impersonnelle des intérêts collectifs, peut rendre vulnérable à toutes les formes de totalitarisme.

> *Ex.* : la montée des partis d'extrême droite dans de nombreux pays d'Europe (l'Italie, la France, la Belgique, l'Autriche, le Danemark...) sans que les partis démocratiques ni les citoyens ne trouvent la réaction appropriée peut être interprétée comme une des formes que prend ce désintérêt pour l'action collective.

Pistes pour revivifier le lien social

Redisons, une nouvelle fois, ce que R. Sennett recherche, le type de lien social qu'il vise, pour voir ensuite quelles pistes il propose pour y tendre. Comme on l'a fait essentiellement jusqu'à présent, ancrons ces réflexions dans la ville.

La ville devrait être le lieu où l'on apprend à mener une vie centrée, équilibrée [*La ville à vue d'œil*, p. 18] :

> *«Nous devrions ne considérer les différences, dans les rues ou chez d'autres personnes ni comme des menaces, ni comme des invitations sentimentales, mais plutôt comme des visions nécessaires. Elles nous sont nécessaires si nous voulons apprendre, aussi bien sur le plan individuel que collectif, à trouver notre équilibre en naviguant dans la vie.»*

Il y a, pour R. Sennett, un problème qu'il qualifie de moral : comment éveiller de la sympathie pour les autres ? Comment une culture civique peut-elle se constituer à partir de l'expérience de la diversité ? Ou encore : comment faire pour que les différences entre les gens deviennent des points de contact plutôt que des occasions de retrait ?

Cet équilibre doit venir non seulement de la vision mais de l'action. Amener les gens à se tourner vers l'extérieur dans la ville moderne contribue donc à la fois à enrichir leur intériorité et à stimuler leur volonté d'action [*op. cit.*, p. 17] :

> *«Quand on s'intéresse à ce qu'on voit, on désire agir (...). Si nous nous impliquons dans ce que nous voyons, cela nous pousse à mobiliser nos propres pouvoirs de création.»*

S'ouvrir à l'expérience de l'altérité suppose aussi que l'on accepte de se montrer à autrui (ce que R. Sennett appelle «un art de l'exposition de soi»), sans craindre qu'il ne nous scrute dans notre vie personnelle intime. L'idéologie de l'intimité est aussi une tyrannie en ce qu'elle fait craindre de se montrer en public, vu l'intérêt exclusif de l'autre pour le moi intime (non-respect de la vie privée). C'est de cette idéologie et du type de fascination qu'elle suscite qu'il faut donc pouvoir sortir.

L'exilé apparaît comme la figure de l'homme moderne, obligé qu'il est de «transcender ses rêves de foyer, de «*Gemeinschaft*»» [*op. cit.* p. 168] ne serait-ce que parce que ses enfants n'ont pas le même sentiment de perte. La possibilité, pour l'exilé, de s'inscrire dans un lien social suffisamment riche peut dès lors être une manière de formuler la quête de R. Sennett [1992, p. 171]:

> *«L'exilé est un citoyen typique parce qu'il doit se frotter à d'autres qui ne pourront jamais comprendre comment était le lieu qu'il a dû abandonner. L'exilé doit trouver une base de vie commune avec ces autres qui ne comprennent pas, qui ne peuvent pas comprendre. Comme il n'y a pas d'histoire à partager, il faut mener sa vie en termes plus impersonnels.»*

Une base de cette vie commune pourrait devenir moins l'être commun que l'action commune.

Tout ce qui vient d'être dit peut se ramener aux questions suivantes [1992, p. 125]:

> *«Quelle invention pourrait rapprocher des étrangers? Quelle invention pourrait rendre la diversité sociale aussi riche et instructive que la diversité naturelle?»*

Pour amorcer la réponse à ces questions, R. Sennett fait des propositions situées dans deux ordres distincts et complémentaires:

- une transformation de l'interprétation que nous faisons de la ville, un changement culturel donc;
- une transformation de l'espace lui-même, dans sa matérialité.

Un changement culturel

Les caractéristiques du lien social décrit – et déploré – par R. Sennett tiennent à une imbrication complexe de facteurs parmi lesquels on peut ne retenir que ceux relatifs à des forces telles que l'état du capitalisme contemporain (l'argent), du pouvoir politique, qui ont donné une forme matérielle particulière à la ville.

R. Sennett insiste néanmoins sur l'importance qu'il y a à prendre aussi en considération «la dimension culturelle de la culture même», non autonome par rapport à l'argent ou au pouvoir sans cependant n'en être que le reflet. Il y a un «pouvoir de l'interprétation» qui peut avoir une fonction critique [1992., p. 166]:

> *«J'aimerais (...) comprendre comment le pouvoir de l'interprétation visuelle dont les gens sont armés pourrait conquérir l'expérience de la complexité dans l'environnement urbain.»*

Il y a là une «conscience de l'œil» qu'il s'agit d'éveiller pour ouvrir l'individu à la différence, à l'altérité, à la complexité. Donner à l'interprétation sa fonction critique, qui permettrait cette ouverture à l'autre, suppose un travail sur soi, un voyage intérieur suscitant l'intérêt pour l'extérieur, que R. Sennett décrit de la manière suivante [1992, pp. 184-185]:

> *«Afin de sentir l'Autre, on doit faire le travail intérieur qui consiste à s'accepter incomplet (...). Un être peut devenir au cours de sa vie comme étranger à lui-même en faisant des choses ou en pénétrant dans des sentiments qui ne correspondent pas au cadre familier de son identité, aux prétendus points de repère de la race, de la classe sociale, de l'âge, du sexe ou de l'ethnie. De plus, cette personne n'enregistre pas, comme si elle faisait des comptes, ces changements qui interviennent dans sa vie; on ne vit pas l'étrangeté en se livrant à ce genre de calculs, ni pour soi ni pour les autres. Une chose inattendue reste inexpliquée et sans solution à l'intérieur; on accepte l'énigme permanente, et on se tourne vers l'extérieur. (...). Cette expérience non linéaire de la différence peut être considérée comme une "émigration extérieure". On va jusqu'aux limites de soi-même. Mais juste à ces limites, on ne peut plus se représenter d'image de soi. Au lieu de cela, on voit ce qui est à l'extérieur, au-delà de la frontière, on en parle, on y réfléchit. Entreprendre ce voyage, c'est entreprendre la quête moderne, séculière, qui crée la sympathie.»*

La sympathie, ici, n'est pas confondue à l'amitié (sentiment étudié avec F. Tönnies dans la perspective de la *Gemeinschaft*): il s'agit d'un intérêt réciproque éveillé lorsque l'on se reconnaît comme incomplet, ayant besoin de l'autre dans sa différence pour se comprendre soi.

Ce sentiment d'incomplétude ne provoque pas du plaisir: il tend d'ailleurs à être dénié par l'individu contemporain.

> *Ex.* : au plan des disciplines scientifiques, l'anthropologie, dont la démarche se fonde sur cette compréhension élargie de soi par une connaissance de l'autre et un intérêt pour l'autre, peut être une illustration du travail intérieur dont il est question; certaines interviews de bénévoles cités par J.T. Godbout, disant offrir de leur temps à autrui (dans le cadre du «don aux étrangers») parce que «ça leur apporte à eux» renvoient sans

doute à des expériences de cet ordre ; R. Sennett prend l'exemple d'un certain nombre d'artistes (dont celui de Baldwyn, écrivain noir sachant s'adresser aux blancs, ces étrangers, ces autres dont la présence rappelle son incomplétude, et est en cela intéressante même si elle est difficile) ; dans le cadre de mes recherche sur la démence sénile (maladie d'Alzheimer), je me suis intéressée à la façon dont certains soignants (médecins, infirmières, familles) tendent, non pas à neutraliser les symptômes (ce que font la majorité d'entre eux), mais à les accepter dans leur différence et à apprendre à vivre avec eux (ce qui peut nous apprendre à être plus proches de nos affects, de ce que communique notre corps, moins focalisés sur la dimension consciente de notre vie).

La vie subjective peut devenir plus centrée, plus équilibrée en s'ouvrant sur le monde extérieur, les autres qui y cheminent. Cela suppose que l'on quitte la protection que constitue l'indifférence, rendue possible par la neutralisation de la différence. La ville peut alors devenir une « scène humaine simplement quand les gens commencent à regarder autour d'eux et à ajuster leur comportement en fonction de ce qu'ils voient – une scène de conscience mutuelle » [1992, p. 224].

Si cela n'est possible, on l'a vu, qu'en acceptant que l'on est inachevé, incomplet, cela implique de même une certaine forme d'action :

> *« L'action sans besoin d'achèvement, l'action sans domination ni maîtrise ; tels sont les idéaux d'une culture humaine. »*

En termes d'action il s'agit d'accepter les limites du contrôle que l'on peut avoir sur le monde, d'être capable de vivre avec le doute, sans chercher toujours à vivre dans la clarté de la raison.

Ex. : pour continuer mon exemple de la démence sénile, il s'agit de continuer à chercher des modes satisfaisants d'accompagnement, améliorant le bien-être du dément en acceptant que l'on ne peut maîtriser la maladie et son évolution, en reconnaissant que l'on peut proposer des pistes pour un mieux être au dément sans maîtriser ce qu'il en fera ; à titre de contre-exemple, on pourrait citer toutes les prétentions technologiques (dans le domaine de l'économie, de la médecine, de la pédagogie...) à calculer les moyens censés mener nécessairement aux fins recherchées, sans laisser la place à l'autre, dans sa différence, son irréductible autonomie (interdisant la maîtrise totale).

Un changement matériel de la ville

Si R. Sennett, on vient de le voir, propose un changement des représentations, il suggère aussi un certain nombre de transformations matérielles, en l'occurrence dans la conception même des villes (en termes d'urbanisme). La prétention n'est pas bien sûr de changer à partir de là tout ce qui fait le lien social mais d'y contribuer, fût-ce modestement, à partir de ce lieu de contact privilégié avec les différences qu'est la ville.

On relèvera ici trois propositions de R. Sennett pour réaménager les villes (à partir, bien entendu, d'observations de changements réalisés dans certains lieux).

Première façon de stimuler l'intérêt pour l'extérieur : **créer de l'ambiguïté, des possibilités de surprise.**

Comment un urbaniste peut-il le faire ? En rendant possible la modification constante des usages des lieux, ce qui suppose la construction d'espaces suffisamment simples, sans spécialisation excessive. Dans certains quartiers populaires de New York par exemple, les docks deviennent des terrains de jeux, les toits des buildings, des lieux de rencontres... [*op. cit.*, p. 237] :

« Le temps commence à donner un caractère à un lieu quand ce lieu n'est pas utilisé comme il avait été initialement prévu. »

♣ ***L'exercice à propos de la Zinneke Parade permet de découvrir comment, à partir d'un projet de Parade carnavalesque associant les milieux associatifs et artistiques (se déroulant tous les deux ans à Bruxelles depuis 2000), se cherche une façon de se réapproprier l'espace urbain favorisant l'échange entre les différences (sociales, culturelles, générationnelles).***

Deuxième façon dont l'espace urbain incite à l'ouverture à la différence : lorsque **les frontières** entre les différents espaces (résidentiels, commerçants, de bureaux) **deviennent floues, sont affaiblies**, au contraire des frontières étanches dont on a parlé plus haut.

Les lieux de transition sont alors les plus riches, les plus vivants parce qu'ils rendent possible la rencontre de l'autre [1992, p. 242] :

> *« À la frontière, on transgresse sa propre identité telle qu'on la concevait par le passé : un secret refait peut-être surface pour changer une ancienne façon de voir les choses, ou les liens qu'on tenait pour acquis tombent peut-être en poussière. »*

L'urbaniste, au lieu de segmenter les différences, devra les faire se chevaucher ce qui crée des frontières complexes et ouvertes.

Illustration 4.13 Rem Koolhaas et la bibliothèque de Seattle

Dans l'article du *Times* dont quelques passages clés sont résumés ici [Richard Lacayo, « One for the books », 10 05 04], la pensée de Rem Koolhaas sur la ville et l'exemple de la Bibliothèque publique de Seattle qu'il a conçue sont très proches du point de vue de R. Sennett sur la ville et de ses propositions de changements (pour en savoir plus sur cette réalisation : http://www.arcspace.com/architects/koolhaas/seattle).

Rem Koolhaas, architecte hollandais ayant réalisé de grands projets en Europe, en Asie et aux États-Unis est aussi un théoricien de l'architecture et de l'urbanisme. Son objectif, lorsqu'il contribue à la construction de la ville, est avant tout de créer des possibilités d'interactions humaines, aussi variées que possible. Créer de la beauté n'est jamais un objectif en soi mais sera, au mieux, un effet secondaire du projet. Loin de craindre la congestion urbaine de grandes villes comme Tokyo, Shangaï ou Atlanta, il considère au contraire cela comme offrant de gigantesques possibilités de rencontres. Par contre, il a horreur des gratte-ciels qui isolent les gens au lieu de rendre possible la circulation entre eux.

Rem Koolhaas (art.cit.) : « Quiconque prétend que les gratte-ciels font partie de la société civile et de l'espace public est un hypocrite » (je traduis).

La bibliothèque de Seattle, inaugurée en mai 2004 et conçue par l'architecte illustre ses préoccupations. Après avoir organisé une consultation populaire autour des besoins des habitants de la ville, R. Koolhaas a étudié les défis des bibliothèques d'aujourd'hui : être ouvertes à de l'imprévisible, tant au niveau des nouvelles technologies de l'information, appelées à de nouveaux développements qu'en termes de nouvelles fonctions sociales. Pour tenter de répondre à ces défis, il a conçu la bibliothèque comme la superposition irrégulière de 5 plates-formes (correspondant aux différentes fonctions, parkings, bureaux, lieux de rencontres, accès aux livres...) : il ne s'agit pas d'empiler l'un sur l'autre 5 étages bien distincts qui formeraient un rectangle mais d'imbriquer les plates-formes en les déplaçant l'une par rapport à l'autre, certaines décalées vers l'avant, d'autres vers l'arrière, ce qui produit, vu de l'extérieur, une silhouette irrégulière et facilite les contacts entre plates-formes à l'intérieur du bâtiment. En alternance avec les plates-formes, 4 aires ouvertes sont prévues (avec la bibliothèque pour enfants, des salles de lecture et des comptoirs d'aide aux lecteurs). La plus grande plate-forme, celle où sont exposés les livres, est formée de rayons en spirales, sorte d'avenue intérieure pour les promeneurs de la bibliothèque.

Plutôt que de séparer des domaines différents à des étages différents ou dans des zones bien distinctes, la spirale permet de présenter la collection en flux continu, de façon à encourager les lecteurs à se mouvoir librement d'un sujet à l'autre et de faire d'heureuses découvertes.

À l'échelle d'un bâtiment public, R. Koolhaas propose un espace soucieux de brouiller les frontières : entre plates-formes et fonctions, entre différents publics, enfants-adultes, entre différents domaines d'intérêts et les types de lecteurs auxquels ces différences renvoient. Il propose ainsi de créer des surprises et de l'inattendu (pour l'œil, confronté à des espaces irréguliers et pour le lecteur, stimulé à aller vers d'autres types d'intérêts). En tout cela il est très proche des aspirations de R. Sennett.

Troisième façon susceptible d'engager à la découverte du monde extérieur : un urbanisme soucieux de respecter **le contexte spatio-temporel** de l'espace à concevoir. Une ville humaine, ouverte à la différence, respectera les traces laissées par d'autres (ce qui ne veut pas dire les rendre inaccessibles au changement), donnant des points de repère à l'œil. Aux antipodes du plan en grille, sans limite et sans souci de son environnement naturel, il s'agit d'accroître la conscience de l'œil au contexte matériel (conscience des matériaux utilisés, des styles architecturaux...)

> *Ex.* : en rénovant une rangée de maisons, on garde les mêmes portes mais on change les fenêtres ; en ajoutant de nouveaux bâtiments, on les aligne sur les anciens même si on ne garde pas la même répartition des étages ni la même hauteur de fenêtres.

Le neuf joue ainsi avec des éléments anciens, il manifeste un amour du contexte supposant et appelant à une conscience de celui-ci en opérant des variations, des mutations.

La question du lien social peut au fond se reformuler, de façon métaphorique, comme un problème de frontières entre l'intérieur et l'extérieur, moi et les autres. Dans la société contemporaine, R. Sennett considère que cette frontière est étanche : le moi est indifférent à l'autre sauf si celui-ci est assimilable au moi et à ses préoccupations. Ce qu'il espère, c'est qu'à la fois symboliquement et réellement, des points de rencontres, des chevauchements deviennent possibles entre l'intérieur et l'extérieur, permettant une rencontre, un intérêt, une sympathie de moi pour l'autre. L'enjeu n'est pas la suppression des frontières (comme nous le fait rêver parfois l'idéologie de l'intimité), où le moi et l'autre se confondraient, mais l'assouplissement des frontières.

Illustration 4.14 L'exemple des Brigittines ou « l'architecture actuelle liée au patrimoine »

L'article suivant de Guy Duplat (*La Libre Belgique*, 29.04.05, ©), à propos du projet de l'architecte A. Bruno, illustre bien le souci du respect du contexte spatio-temporel chez un créateur contemporain.

Scenes et architectures

Les Brigittines voient double

- **La chapelle des Brigittines sera dédoublée par un bâtiment contemporain en acier corten et en verre.**
- **Un cas exemplaire d'architecture actuelle liée au patrimoine.**
- **Rencontre avec l'architecte Andrea Bruno.**

■ A côté de la chapelle baroque, son "clone" en acier corten et verre.

Les travaux de dédoublement de la chapelle des Brigittines à Bruxelles démarrent en mai. Le lieu dédié au mouvement et à la voix (on connaît son festival annuel de danse) sera considérablement agrandi et les nouveaux bâtiments seront inaugurés en décembre 2006 avec une édition spéciale du festival Bellone-Brigittines. Ce dossier est emblématique d'une politique architecturale possible dans la ville. La chapelle, achevée en 1663, était désaffectée comme édifice religieux depuis 1784. Servant ensuite d'entrepôt, elle risqua mille fois de disparaître mais elle fut enfin classée en 1953. Depuis 1997, elle est gérée par l'ASBL Bellone-Brigittines dirigée par Monique Duren qui y organise régulièrement des spectacles de danse et des performances de plasticiens. Les Brigittines sont devenues un lieu indispensable de la culture contemporaine à Bruxelles.

Mais ce lieu superbe était bien nu, sans salles pour l'accueil, les loges ou les répétitions. De plus, un immeuble à appartements assez hideux fut construit dans les années 1960 et dénature tout le cadre de la chapelle baroque. La ville de Bruxelles décida, en 1999, d'agrandir la chapelle et de lui donner les salles qui lui manquaient. Cette décision de l'échevin Marion Lemesre, poursuivie par l'échevin Henri Simons, a conduit à un concours d'architecture gagné par l'architecte italien Andrea Bruno associé au groupe belge Planning de Paul Lievevrouw. Andrea Bruno a proposé un projet très contemporain, en opposition complète avec la chapelle mais qui lui répond néanmoins parfaitement dans un respect réciproque parfait. Il dédouble exactement la chapelle par un second bâtiment avec le même profil. Il y a casé toutes les salles manquantes. Mais ce « clone » aura une façade en verre (pour la transparence d'un théâtre sur la ville) et en acier corten (pour montrer la pérennité du lieu et pour la couleur chaude de la rouille qui s'harmonise bien avec la couleur des briques de la chapelle). Entre les deux, un espace en retrait fait raccord entre les deux « sœurs ». Un espace important puisque Andrea Bruno parle de 1+1=3. Ce projet montre qu'il y a moyen de ne pas simplement reconstruire comme à l'ancienne.

Andrea Bruno a réalisé de nombreux ouvrages à l'esthétique très contemporaine, et en lien pourtant avec une architecture patrimoniale. Il a succédé à Raymond Lemaire, à l'université de Louvain, au poste de directeur du centre d'études pour la conservation du patrimoine architectural urbain. Il est aussi expert de l'Unesco, fortement impliqué dans la conservation du patrimoine en Afghanistan. Nous l'avons rencontré.

Une petite sœur

« *Quand j'ai vu la chapelle devant ce grand immeuble moderne, j'y ai vu une petite fille seule et sans défense. J'ai voulu lui donner une petite sœur, la cloner, afin qu'à deux, elles puissent mieux se défendre. Protéger le patrimoine, ce n'est jamais momifier le passé et encore moins reconstruire ce qui a disparu et de la même manière. L'architecture doit être vivante. Le bâtiment contemporain ne va pas annuler la chapelle mais au contraire la renforcer, cela peut être une plus-value d'ajouter de l'architecture actuelle à un bâtiment historique. Il faut des additions compatibles qui permettent à chacun de garder son authenticité.* »

Que pensez-vous du débat bruxellois : la défense du patrimoine a créé une peur du contemporain et conduit aux aberrations du façadisme ?

Ce débat n'est pas propre à la Belgique, il se retrouve partout. Beaucoup dépend de l'architecte lui-même. Pour les Brigittines, j'ai d'abord eu une idée, seul dans mon bureau. Mais ce n'est qu'ensuite que le travail commence. Il faut convaincre, dialoguer pour susciter l'adhésion. J'ai eu la chance ici d'avoir des interlocuteurs qui avaient la volonté et la fantaisie pour mener un tel projet.

On peut résumer, avec B. Grönlund [1997], quelques caractéristiques du type de ville dont R. Sennett espère le développement car elles rempliraient leur mission d'humanisation des citadins. Pour ce faire, les villes devraient offrir des lieux où :

- la différence est privilégiée, chacun étant confronté à différentes manières de vivre dans sa vie quotidienne ;
- une densité forte de populations différentes contribue à la nécessité de contacts ;
- du non-contrôlable, du non-prévisible, du spontané puissent advenir ;
- le contact physique avec des inconnus est stimulé, des espaces permettant d'être vu, touché, senti de lui, physiquement proche.

De la proximité physique avec la différence peut surgir un éveil à sa propre incomplétude et, dès lors, une conscience de l'existence des autres et ce, parce qu'elle produit de la dissonance, de la décentration, du déplacement. Au lieu de l'isolement, la ville créerait alors de la civilité, de la citoyenneté, une volonté d'agir pour un monde plus équitable.

♣ ***Quatre exercices présentant des interventions d'artistes et d'urbanistes sur la ville (issus d'un séminaire organisé par la Sorbonne dans le cadre d'un mastère « Projets culturels dans l'espace public ») permettent de concrétiser le type de proposition de changements de R. Sennett : « Le musée précaire Albinet », « Des abeilles, des boutons », « Quel dialogue***

pour fabriquer la ville?», «Signes d'artistes dans la jungle urbaine».

2.3 Critiques de l'analyse de R. Sennett

Il faut d'abord rappeler que l'analyse de la ville que propose R. Sennett est centrée sur la dimension visuelle de celle-ci : que donne-t-elle à voir, avec quels effets sur les individus et les contacts qu'ils ont entre eux?

Certains ont critiqué cette façon d'extraire le visuel d'autres dimensions où il s'insère, en particulier plus matérielles : ainsi, les rapports de pouvoir, d'argent, les forces du capitalisme... sont évoqués par R. Sennett sans donner lieu à de réels développements. On ne peut reprocher à un chercheur de découper son objet dans un ensemble plus vaste, le seul danger étant d'attribuer au facteur choisi pour l'étude – ici, la dimension visuelle – une force excessive dans l'explication. C'est le reproche que fait par exemple S. Zukin [1992] à R. Sennett, regrettant un **point de vue trop déterministe** sur les éléments étudiés, par exemple la grille. Si l'on prend en compte l'histoire des décisions politiques ayant entouré l'adoption du plan en grille, S. Zukin montre que, lorsqu'en 1796 et en 1810, le plan en grille est choisi pour mettre de l'ordre dans la vente des terres rurales, l'objectif était davantage de contrôler la spéculation que de l'encourager. Une même forme – la grille – peut avoir des significations plus ambiguës que ne lui prête R. Sennett.

Ainsi aussi, E. Wilson (citée par S. Zukin) montre que la neutralisation de l'espace, en sécurisant celui-ci, a favorisé un accès de la ville aux femmes et non la ségrégation que lui attribue R. Sennett. Considérer qu'une forme spatiale ne tire qu'un effet – la neutralisation de la différence pour R. Sennett – serait proposer une **analyse simplifiée**, même en acceptant de limiter celle-ci à la dimension visuelle.

B. Grönlund se fait l'écho de deux autres critiques : en centrant son analyse et son expérience de la ville contemporaine sur New York (et même sur Manhattan en particulier), R. Sennett aurait tendance à **généraliser abusivement** son propos à l'ensemble des villes américaines. En étant focalisé sur le centre-ville, R. Sennett s'intéresse trop peu à ce qui se passe dans la périphérie des villes, à leurs banlieues.

2.4 Question croisée identité/lien social : deux visions de la ville... et de la sociologie de E. Goffman et R. Sennett

Les deux sociologues ont un objet d'analyse en commun : les relations en public, en particulier telles qu'elles se déroulent dans la ville. Pourtant, la vision qu'ils en ont, telles qu'elles sont, mais surtout peut-être, telles qu'elles devraient être, diffère largement.

Commençons par rappeler la façon dont Goffman situe son analyse. La peur, liée à la vulnérabilité du moi, y est au fond très centrale. C'est elle qui, en dernière analyse, explique la nécessité de l'émergence d'un ordre social, permettant le lien à autrui grâce à la vénérabilité du moi qu'il promeut. Face à l'autre lorsqu'il est inconnu, le premier réflexe est la peur du contact. On retrouve cette idée centrale déclinée à travers différentes règles, par exemple le compromis à trouver dans les interactions en public non focalisées, entre le minimum d'engagement que requiert la situation et l'inattention civile où la délicatesse est de ne pas manifester d'intérêt à autrui, histoire de ne pas lui faire craindre de mauvaises intentions ; dans le même esprit, la condition de félicité, qui est de présenter des apparences normales, a bien pour fonction d'éviter d'éveiller l'alarme chez autrui par un comportement incompréhensible qu'il aurait tendance à interpréter comme dangereux.

Tout ceci n'est-il pas très proche de ce que R. Sennett appelle « la peur de l'exposition » où l'auteur explique la crainte des individus narcissiques d'être scrutés par le regard d'autrui, regard rendu nécessairement intrusif de par l'idéologie de l'intimité ?

Avec quelques variantes, le constat est le même chez les deux sociologues, mais ce qui les distingue est la façon de l'analyser [*cf.* R. Sennett, 1973/2000].

C'est un peu comme si E. Goffman ne mettait pas à distance ce constat de la peur du contact avec autrui. C'est même sur lui qu'il fonde la nécessité des règles d'interaction et ce, de façon universelle.

R. Sennett par contre discute ce constat de la manière suivante. Dans les faits, les risques d'agression en ville étaient significativement plus importants au XIXe siècle qu'aujourd'hui, alors que le sentiment d'insécurité est aujourd'hui plus grand. Dès lors, cet accroissement de la peur n'est pas, selon lui, le reflet de risques objectifs, mais le propre d'une idéologie, celle de l'intimité, nous faisant craindre avant tout « l'exposition » au regard scrutateur d'autrui. Ce sont donc des raisons culturelles socio-historiquement situées qui expliquent la peur de l'exposition. Enfin, face à cette idéologie, R. Sennett développe un point de vue normatif très explicite, cherchant comment développer la civilité pour remédier à l'inattention civile observée par E. Goffman. Dans la perspective que l'on peut qualifier de « morale » de R. Sennett, le développement de notre humanité passe par une stimulation de notre intérêt pour autrui.

Corrigés

Exercices 4.5

Cet espace tel que photographié par G. Basilico ne donne pas envie de s'y promener, d'y passer plus de temps que le strict nécessaire. Il apparaît comme étant « neutre » c.-à-d. que les différences, les singularités qui pourraient le rendre attractif sont cachées derrière les murs ou inexistantes.

Pas (ou peu) de trottoirs, pas d'espace où s'arrêter, se parler : l'espace au sol est conquis par les voitures.

Le regard du photographe met en évidence cet effet de neutralisation, empêchant l'investissement : le cadrage – l'espace photographié étant de part et d'autre fermé par de hauts murs d'immeubles –, l'absence de lumière solaire (un jour gris) manifestent le point de vue du photographe sur cet espace.

Exercice 4.7

Observons d'abord que le format choisi par la photographe redouble la verticalité des immeubles, accroît son effet visuel. Présentée ainsi – et ce, indépendamment de ses qualités esthétiques – la verticalité des immeubles contribue à rendre impossible toute identification de leur affectation et le repérage visuel de leur importance relative.

On n'imagine pas de communication possible entre les fenêtres de ces bâtiments pourtant proches.

Les personnages au pied des immeubles paraissent comme écrasés par la hauteur de ceux-ci. Un sentiment d'impersonnalité de la ville se dégage de l'ensemble.

Exercice 4.8

1. Le plan de Brive est typique d'un espace polarisé par un centre au départ duquel rayonnent la plupart des rues. Le centre abrite un édifice religieux, ce qui lui confère une signification particulière. Un boulevard ceinture la ville, lui fixant des limites.

   Le plan de Philadelphie a l'allure d'une grille, ensemble de quadrilatères que rien ne permet de distinguer, entrecoupés parfois de nœuds routiers.

2. Les différences spatiales sont neutralisées à Philadelphie au sens où rien ne différencie un quadrilatère d'un autre et où la distinction entre centre/périphérie, dedans/dehors de la ville n'est pas apparente.

   Autant l'on peut imaginer qu'en fin de journée ou lors d'occasions particulières, les habitants de Brive se retrouvent en son centre, autant à Philadelphie, rien dans l'organisation de l'espace urbain n'indique quel lieu pourrait rassembler les habitants sans qu'un rendez-vous particulier n'ait à être pris.

Conclusions

Nous allons reprendre les trois questions que nous nous sommes données depuis le troisième chapitre pour situer à partir d'elles les deux sociologues contemporains par rapport aux deux pères fondateurs, mais aussi les deux sociologues contemporains entre eux. En essayant de comprendre les sociétés contemporaines, ils vont être amenés à transformer les concepts légués par les pères fondateurs (question 1). On verra comment ces concepts, tels qu'ils ont été retravaillés par J.T. Godbout et R. Sennett entrent dans la perspective générale de la modernité avancée présentée dans l'introduction de ce chapitre (question 2). Viendra enfin la mise en évidence des risques identifiés par nos deux auteurs (question 3).

1 Description des concepts utilisés

1.1 *Rapport aux pères fondateurs*

1.1.1 J.T. Godbout

Le concept de don, tel que J.T. Godbout l'emprunte à M. Mauss, appartient essentiellement à l'univers de la *Gemeinschaft* : son caractère contraint, désintéressé, personnalisé en fait une logique d'échange ayant bien sa place dans ce type de société. On peut néanmoins considérer que la liberté et l'intérêt qui appartiennent aussi à la logique paradoxale du don apportent une première ouverture sur la *Gesellschaft*.

Dans les développements contemporains qu'il apporte au concept de don (en particulier, la liberté accrue que permet son inscription dans la sphère du don aux inconnus), J.T. Godbout semble chercher un moyen terme idéal (idéalisé ?) entre le lien fort de la *Gemeinschaft* et la liberté de la *Gesellschaft*.

En situant la logique du don par rapport aux logiques marchandes et étatiques, le monde contemporain se produisant dans l'entrelacs de ces trois logiques, J.T. Godbout conçoit bien le lien social d'aujourd'hui comme combinant des traits de la *Gemeinschaft* (via le caractère contraignant et personnalisé du don) et de la *Gesellschaft* (via des logiques marchandes et étatiques, la place faite à la liberté et à l'intérêt dans les formes contemporaines du don).

1.1.2 R. Sennett

C'est également en repartant des deux concepts de F. Tönnies que l'on peut le mieux situer l'analyse de R. Sennett par rapport aux pères fondateurs. R. Sennett considère que le rapport à l'autre, dans la société contemporaine, est régi par un cercle vicieux liant *Gesellschaft* et *Gemeinschaft*. Percevant l'espace public comme froid et impersonnel (à la fois du fait de l'idéologie de l'intimité et de la réalité urbaine neutralisant les différences), les individus vont chercher refuge dans des communautés destructrices. La vie en public est vécue sur le modèle de la *Gesellschaft*, que R. Sennett redéfinit essentiellement à partir d'un de ses traits : l'impersonnalité du rapport à l'autre qui va de pair avec ce que F. Tönnies appelait la superficialité du lien social dans ces sociétés. R. Sennett développe à sa façon cette idée en ce qui concerne les sociétés contemporaines en soulignant la froideur, l'indifférence à l'autre, ne pouvant affecter ma vie personnelle. L'insatisfaction suscitée par ce type de lien s'accompagne de la recherche de relations personnelles, chaudes, intimes sur le modèle de la *Gemeinschaft*, dont un risque potentiel (la destruction d'autrui) est particulièrement mis en évidence par son concept de communauté destructrice.

Le développement contemporain de la *Gesellschaft* mène à l'indifférence ou à la destruction d'autrui (dans sa différence). Il y a donc, pour R. Sennett, un échec de ce type de modèle à produire un lien social fort, humanisant (*cf.* sa conception de l'homme).

Les pistes d'amélioration qu'il propose peuvent être analysées comme la recherche d'un troisième terme, entre l'incivilité de la *Gemeinschaft* (impossibilité du contact avec des inconnus) et l'impersonnalité de la *Gesellschaft*. R. Sennett cherche les moyens permettant l'ouverture à l'autre (qui me touche personnellement, comme dans la *Gemeinschaft*) mais à l'autre reconnu dans son altérité, sa différence (ce que permet la gesellchaft mais superficiellement – via l'intérêt seulement).

♣ ***L'exercice « Comment peut-on être américain ? » permet d'articuler l'analyse de F. Tönnies et de R. Sennett à propos de la question de la discrimination positive (« affirmative action ») aux États-Unis.***

1.2 Comparaison des deux sociologues contemporains

En ce qui concerne les éléments proches de la *Gesellschaft*, J.T. Godbout et R. Sennett considèrent tous les deux que ce type de lien ne suffit pas à assurer une cohésion sociale et un bien-être individuel satisfaisant (R. Sennett étant vraisemblablement plus radical même sur ce point). Chez l'un et l'autre existe le doute que l'on puisse le considérer même comme un *lien* social (J.T. Godbout parle parfois à son propos de « lien faible » mais semble à d'autres moments considérer que là ne se crée pas de lien, le don étant alors conçu comme la seule manière de créer du lien).

J.T. Godbout et R. Sennett ont en commun de combiner dans leur analyse des concepts proches de celui de *Gemeinschaft* (certains traits du don pour J.T. Godbout, la communauté destructrice pour R. Sennett) et d'autres proches de celui de *Gesellschaft* (logiques marchandes et étatiques ainsi que liberté et intérêt du don pour J.T. Godbout, neutralisation de la différence, froideur et impersonnalité de la ville moderne pour R. Sennett).

Dans le prolongement de M. Weber, ils cherchent tous deux à préciser les risques de la société rationalisée, où domine l'action instrumentale, pour mettre en évidence de nouvelles pistes, plus riches pour la vie personnelle des individus et, en ce qui concerne Sennett, plus soucieuses de préserver l'idéal démocratique (contre son désinvestissement, pouvant mener jusqu'au totalitarisme).

Là où ils se distinguent, c'est dans la façon d'évaluer, de façon normative, la forme que prend la *Gemeinschaft* dans la société contemporaine : J.T. Godbout y voit une alternative – à encourager – aux logiques marchande et étatique, une forme de résistance à la dépersonnalisation qui y correspond ; R. Sennett au contraire voit le lien communautaire comme destructeur de l'altérité, vu la forme qu'il a prise dans la société contemporaine, l'alternative devant venir d'une nouvelle forme de lien à l'autre, capable de me toucher personnellement, intérieurement, sans être réduit à l'intimité du même.

2 Liens entre ces concepts et la modernité avancée

Tentons de situer nos deux auteurs par rapport aux analyses de la modernité avancée synthétisées en introduisant ce chapitre.

Le fait même d'analyser la société contemporaine comme relevant à la fois de liens proches de la *Gesellschaft* et de la *Gemeinschaft*, celle-ci prenant des formes spécifiquement contemporaines (don aux inconnus et communauté destructrice – *cf.* question 1.2) rencontre bien certaines des analyses de la modernité avancée.

Là où les pères fondateurs considéraient, de façon plus ou moins nuancée, que la modernité était un processus rapprochant progressivement les sociétés du modèle de la *Gesellschaft* (de la rationalisation dans le vocabulaire weberien), nos deux sociologues contemporains abandonnent tout évolutionnisme pour réintroduire des combinaisons complexes entre *Gesellschaft* et *Gemeinschaft*, observant les nouvelles formes prises par celles-ci (*cf.* développement sur les nouveaux mouvements sociaux).

Les visions de l'individu que proposent J.T. Godbout et R. Sennett sont bien dans le prolongement de l'idée de la « seconde révolution individualiste » : au-delà de la seule rationalité calculatrice typique de la première modernité, J.T. Godbout considère l'individu comme soucieux de se lier par le don ; d'une façon plus pessimiste, R. Sennett redoute pour lui les pièges du narcissisme et de l'idéologie de l'intimité.

En ce qui concerne leurs visions de l'espace public et des collectifs, on retrouve bien chez nos deux sociologues les interrogations contemporaines.

La critique que fait J.T. Godbout de l'État-providence (son impersonnalité) renvoie à la crise de légitimité de cette institution mise en avant dans l'introduction du chapitre.

De nouveaux acteurs apparaissent (issus du monde associatif, selon un mode d'organisation plus décentralisé que les anciennes institutions politiques, syndicales ou mutuellistes propres à la modernité), des acteurs traditionnels (la famille) sont revalorisés pour repenser la manière de prendre en charge les besoins sociaux, avec le concours de l'État (sans plus de monopole pour celui-ci).

La critique de R. Sennett de l'architecture et de l'urbanisme des villes modernes, et les propositions d'alternatives qu'il suggère développent l'idéal postmoderniste, recherchant un réinvestissement de l'espace public en créant de la surprise contre la quête exclusive du fonctionnel, des possibilités de rencontres (contre la spécialisation des espaces), une attention au contexte (contre la destruction de l'ancien).

3 Dangers propres au type de lien social contemporain et rapport aux valeurs

R. Sennett considère qu'un des risques des sociétés individualistes est d'être fragile face au totalitarisme et au racisme (*cf* la tyrannie de l'intimité), suscitant l'indifférence à l'autre et à l'action publique. Dans le prolongement de cette idée, il parlera d'un risque de destruction de la différence (*cf.* les communautés destructrices), d'exclusion.

J.T. Godbout et R. Sennett associent la *Gesellschaft* contemporaine à une grande faiblesse, voire une absence de lien social. Dans cette perspective, J.T. Godbout fait du don le moyen de créer et d'entretenir le lien social; R. Sennett quant à lui déplore l'isolement, l'impersonnalité des rapports avec l'extérieur c.-à-d. avec le monde et l'autre quand il n'est pas intime.

Si le totalitarisme, le racisme, l'exclusion apparaissent bien comme des phénomènes contemporains, non présents dans l'analyse (et partiellement, dans la réalité) des pères fondateurs, le danger de faiblesse ou d'absence de lien social se situe davantage dans le prolongement de leur réflexion :

- celle de F. Tönnies sur la superficialité du lien dans la *Gesellschaft*, la réalité sociale fondamentale y étant celle de l'isolement,
- celle de M. Weber sur l'impersonnalité des rapports sociaux dans une société régie par la raison instrumentale.

Les deux sociologues étudiés sont très attachés à un certain nombre de valeurs individualistes, tout en en voyant les dangers (d'autant plus grands et divers, on l'a vu, que la logique individualiste s'approfondit) :

- par sa manière de définir le don « moderne », J.T. Godbout montre bien son attachement aux valeurs individualistes que sont la liberté, l'autonomie, une forme d'impersonnalité ;
- la quête spirituelle que R. Sennett poursuit, ouvrant au monde et à ses différences, présuppose la reconnaissance de l'individu comme valeur, la

> qualité du lien social étant fonction de la possibilité, pour l'individu, de poursuivre cette quête.

Leur critique, acerbe à certains égards, de la société individualiste, est à la mesure de leur adhésion à certaines de ses valeurs. Si tous deux adhèrent donc à la conception de l'individu reconnu comme une valeur, c'est aussi pour lui reconnaître une obligation morale fondamentale : celle de sortir de soi en s'ouvrant à autrui.

L'un et l'autre s'inscrivent dans une vision individualiste, mais en veillant à en éviter les pièges (de l'enfermement en soi ou d'une réduction aux logiques froides du marché et de l'État) et en plaidant pour son enrichissement par une ouverture à autrui.

3

Approches critiques transversales

Introduction

Jusqu'ici, la critique des sociologues présentés a été développée de deux façons. À la fin de chaque chapitre, des éléments de mise à distance de l'œuvre elle-même ont été apportés ; après la présentation de deux auteurs travaillant sur les mêmes thématiques (P. Bourdieu et E. Goffman à propos de l'identité, F. Tönnies et M. Weber sur la modernité, R. Sennett et J.T. Godbout concernant la modernité avancée), la comparaison des réponses apportées a permis d'avancer dans la compréhension des spécificités de chaque approche, des lumières apportées et des ombres laissées par chacune d'elles.

Dans cette dernière partie consacrée tout entière à une démarche réflexive, deux nouvelles manières de prendre du recul vont être proposées qui permettront chaque fois de reparcourir l'ensemble des œuvres étudiées.

Dans une perspective davantage épistémologique – c'est-à-dire s'interrogeant sur la manière de produire un savoir, ici sociologique – le cinquième chapitre va situer les auteurs étudiés dans le contexte de l'école de pensée, du paradigme (nous reviendrons sur le sens de ce terme dans l'introduction du chapitre), qui permet de rendre compte de leur façon de concevoir la sociologie et de les positionner les uns par rapport aux autres.

Les conclusions générales parcourront une dernière fois l'ensemble des auteurs étudiés pour situer la façon dont chacun conçoit et articule les deux polarités autour desquelles s'est constituée la sociologie : l'individu et la société, en les resituant à la fois dans le contexte des sociétés contemporaines et du paradigme auquel adhère chaque auteur.

5
Comparaison des paradigmes

Pour aller plus loin dans notre réflexion critique à propos des œuvres étudiées, nous allons situer chaque auteur dans le contexte de ce qu'avec T. Kuhn nous appellerons un paradigme. Pour T. Kuhn, un paradigme, c'est l'évidence partagée par une communauté scientifique, un consensus sur la manière de voir le monde et de concevoir ce qu'est connaître le monde. Il y a donc deux dimensions constitutives du paradigme, qui sont nécessairement liées : à une manière de voir le monde, d'y délimiter ce qu'il y a d'intéressant et de connaissable, correspond la mise au point d'une méthode pour le connaître.

Si l'on veut bien considérer toute science comme une façon dont la raison (via des concepts, des hypothèses, des théories) accepte de se confronter aux faits, on définira donc le paradigme comme une façon particulière de concevoir l'activité scientifique à partir de deux critères fondamentaux :

1. Comment définit-il **les faits** à connaître, auxquels la raison accepte de se confronter ? Il s'agit pour chaque paradigme d'identifier les faits qui se prêtent à la discussion scientifique, étant entendu que n'importe quel fait ne peut pas faire l'affaire. Ainsi par exemple, selon le paradigme médical auquel on adhère, on considérera que l'objet du savoir médical est la maladie telle qu'elle peut être isolée de chaque malade particulier, celle-là n'étant connaissable que dans sa généralité (ce qui est aujourd'hui l'optique dominante de la bio-médecine) ; ou on considérera que ce qui doit être visé par le savoir médical, c'est le malade, dans sa globalité et sa singularité (ce que l'on va retrouver dans des approches plus psychosomatiques, ou des paradigmes alternatifs comme celui développé par l'homéopathie) ;

2. Quel **rapport aux faits** doit entretenir le scientifique s'il veut prétendre élaborer une connaissance scientifique à propos des faits : quelle méthode sera privilégiée ? Comment va être conçu le rôle du chercheur ? Dans quelle mesure l'objet de la connaissance scientifique (l'homme pour les sciences humaines) peut-il contribuer à la production du savoir ? Pour reprendre notre exemple médical, dans la logique bio-médicale qui définit les faits à connaître comme la maladie en ce qu'elle est indépendante du malade, on va privilégier des méthodes permettant d'isoler celle-ci de l'ensemble où elle se situe, de l'objectiver en la quantifiant ou en la visualisant, considérant que le chercheur doit rester extérieur, neutre par rapport à l'objet de ses recherches ; lorsque l'on définit l'objet à connaître comme étant la façon dont chaque malade va développer des pathologies de façon singulière, on va privilégier des méthodes d'écoute du récit du patient, du sens qu'a pour lui la maladie, le chercheur se situant dans une certaine proximité vis-à-vis du malade.

À travers cet exemple, c'est l'articulation entre les faits à connaître et la manière de les connaître qu'on a mises en évidence.

On a jusqu'à présent défini le paradigme dans sa dimension cognitive – sa façon de concevoir la connaissance – qui est celle sur laquelle nous nous centrerons dans ce chapitre. On peut aussi considérer que le paradigme a une dimension sociale. Cette seconde dimension renvoie au fait que l'adhésion à un même paradigme permet le plus souvent de regrouper les chercheurs au sein d'une communauté scientifique définie par ses réseaux, ses intérêts spécifiques, ses accointances politiques (ne signifiant pas nécessairement l'adhésion à un parti), ses sensibilités communes.

À l'aide du concept de paradigme, nous allons situer les auteurs présentés[1] de façon à mieux comprendre comment ils ont produit les analyses et les concepts que l'on a étudiés jusqu'ici et comment ils se situent les uns par rapport aux autres. Pour ce faire, nous distinguerons les deux périodes de développement de la sociologie que nous avons envisagées jusqu'ici : celle des pères fondateurs (fin XIXe siècle, début du XXe) et celle des sociologues contemporains (deuxième moitié du XXe siècle). Ce faisant, on ne présentera pas tous les paradigmes sociologiques mais seulement ceux auxquels adhèrent les auteurs étudiés.

1 À l'exception de F. Tönnies, auquel nous substituerons, pour la période des pères fondateurs de la sociologie, l'étude de E. Durkheim dont, en matière épistémologique, l'œuvre est plus pertinente.

1 Les pères fondateurs

Nous allons introduire ici un des pères fondateurs de la sociologie que nous n'avons pas présenté plus haut, le sociologue français E. Durkheim (1858-1917) dans la mesure où, avec M. Weber, il a durablement marqué la constitution ultérieure des savoirs sociologiques, par sa réflexion épistémologique systématique. E. Durkheim et M. Weber ont chacun consacré une partie de leur œuvre à l'explicitation d'une épistémologie propre à la sociologie : on pense entre autres en ce qui concerne E. Durkheim aux *Règles de la méthode sociologique* et pour M. Weber aux *Essais sur la théorie de la science*.

Leurs façons de voir et de faire de la sociologie restent une référence dans le champ contemporain de la discipline, polarisant celui-ci autour de deux grands paradigmes fondateurs. Au-delà de la sociologie, on pourra reconnaître dans la polarisation incarnée par E. Durkheim et M. Weber deux conceptions de la science traversant l'ensemble des sciences humaines.

Nous allons expliciter ces deux paradigmes, comme les autres par la suite, en distinguant les deux traits identifiés plus haut : le type de faits qui sont pris en compte par le savoir, le rapport aux faits caractérisant celui-ci (méthode et conception de la science).

Il est clair que la présentation qui va être faite dans les lignes qui suivent de E. Durkheim et M. Weber grossit les différences entre ces deux auteurs, une analyse plus fine de leurs travaux menant à assouplir les distinctions que l'on va proposer ici [M. Hirschorn, J. Coenen-Huther, 1994]. C'est néanmoins à travers ces distinctions que les sociologues d'aujourd'hui se positionnent encore, quitte à chercher une manière d'articuler ces polarités.

1.1 Les faits retenus

Pour **E. Durkheim**, l'objet spécifique de la sociologie est le fait social. Qu'est-ce qui définit le fait social et lui confère une nature propre (différente de celle des faits individuels) ?

E. Durkheim le définit par deux critères :

- le fait social est extérieur aux consciences individuelles ;
- il exerce sur elles une contrainte.

L'extériorité du fait social signifie qu'il existe indépendamment de chaque individu singulier, qu'il est d'une autre nature, irréductible à celui-ci. À cette extériorité du fait social est associé un trait fondamental : il s'impose à l'individu, indépendamment de sa conscience, ou de sa volonté. Dire cela n'implique pas que le fait social s'accompagne toujours d'une coercition explicite : celle-ci n'apparaît que lorsque l'individu tente de s'y opposer (qu'elle prenne la forme d'une sanction juridiquement définie ou non). Cette caractéristique fondamentale du social qui est d'être contraignant ne peut se comprendre vraiment qu'en référence à la représentation de l'homme de E. Durkheim. À l'état de nature (c'est-à-dire sans socialisation), l'homme selon lui a des désirs infinis : il vit dans une insatisfaction permanente s'il n'est pas discipliné (par la morale, c'est-à-dire la société). L'égoïsme de l'homme est originaire. Sans la morale, l'homme n'atteint pas une véritable humanité. Il ne faut donc pas voir la contrainte exercée par le social que sous son jour négatif : c'est grâce à elle que l'homme s'humanise, qu'il peut trouver un sens à son existence.

L'unité d'analyse pour E. Durkheim est donc le social et non l'individu et sa conscience, ses intentions, en un mot, sa singularité. Si E. Durkheim choisit le social et non la singularité individuelle comme fait à étudier, c'est parce qu'il considère qu'il y a **prééminence du tout sur les parties qui le composent** c'est-à-dire que le social (le tout) est le lieu central de l'explication de ce qui arrive aux individus (les parties). Cette façon de privilégier l'étude de la totalité – du social – sur ses parties est parfois qualifiée de **holisme méthodologique.** Ce holisme, cette focalisation de l'étude sur la totalité est bien un choix de méthode : on ne nie pas bien sûr la réalité des existences individuelles mais on considère que, vu sa force explicative, c'est sur le social qu'il faut concentrer son attention.

Pour repérer le fait social, E. Durkheim va privilégier l'étude des institutions sociales qui existent indépendamment de tel ou tel individu singulier (comme le droit, la religion, l'école...) ou aborder les comportements individuels (*ex.* : le suicide) à partir de statistiques qui neutralisent les singularités individuelles.

Pour **M. Weber** au contraire, l'unité d'analyse est l'action sociale, qu'il définit comme suit (*cf.* chapitre 3) :

- il y a action s'il y a signification pour l'acteur de sa conduite ;
- l'action est sociale si elle se rapporte, d'après le sens que lui donne l'acteur, aux actions des autres individus.

Autrement dit, les faits à prendre en compte pour M. Weber sont essentiellement liés aux individus et au sens que ceux-ci donnent à leurs actions. Toute entité collective est ramenée à un réseau d'interactions individuelles. Ainsi, des structures sociales telles que l'État, l'Église... n'existent que dans la tête des individus comme structures mentales. Ces structures exercent bien sûr un certain nombre d'effets mais toujours médiatisés par la conscience humaine. On qualifie parfois ce choix de M. Weber de focaliser son attention de chercheur sur l'individu **d'individualisme méthodologique** : aux antipodes du holisme méthodologique de E. Durkheim, il s'agit de ne considérer comme fait à étudier que l'individu et en particulier son « action sociale ». Ceci dit, il faut bien comprendre que l'individu auquel on s'intéresse ici n'est pas considéré comme un isolat : la définition weberienne de l'action sociale le dit bien, c'est en tant qu'il se situe au cœur de l'intersubjectivité, en tant qu'il est porteur, de façon singulière, du monde social. L'individu ne s'oppose pas au collectif, au social considéré comme un tout : c'est en tant qu'être social que s'y intéresse M. Weber. C'est par lui que passe la production du social. La théorie de l'individu qui inspire M. Weber n'est donc pas psychologique mais proprement sociologique.

Illustration 5.1 Conception des faits chez E. Durkheim et M. Weber

Dans la pièce *Conversation de MM. Durkheim et Weber. Sur la liberté et le déterminisme lors du passage de M. Weber à Paris*, [Les éperonniers, Bruxelles, 1989], Claude Javeau (professeur émérite de sociologie à l'ULB) imagine le dialogue que se seraient tenu E. Durkheim et M. Weber lors d'une visite de M. Weber à Paris (rencontre imaginaire puisque E. Durkheim et M. Weber, tout en ayant lu les œuvres l'un de l'autre, ne se sont jamais rencontrés).

Dans l'extrait qui suit (pp. 26-28), Max (Weber) et Emile (Durkheim) discutent de la conception des faits qui sous-tend chacune de leur œuvre. On y découvre un corollaire des faits tels qu'ils ont été définis plus haut : à l'étude du social correspond chez E. Durkheim un intérêt pour ce qui est stable et se reproduit dans le temps ; à l'étude de l'action individuelle est liée chez M. Weber une ouverture à l'étude du mouvement, de l'événement.

MAX

Je crois deviner où se trouve la source même de nos divergences. Vous parlez toujours du « social », quoi que ce mot recouvre, comme d'une production achevée, comme d'un ensemble de choses faites et arrêtées, qu'il suffit, moyennant quelques précautions, de bien regarder pour les expliquer, car elles se contentent d'obéir à des lois que la science ne peut manquer de mettre en évidence. Pour moi, le « social » est une production en train de se faire, un mouvement jamais achevé, engendré par les gestes et les paroles de millions d'individus en rapports constants les uns avec les autres, et qui ne maintiennent, n'inventent ou ne rompent ces rapports qu'en fonction du sens qu'ils leur donnent ou croient pouvoir leur donner. C'est pour cela que vous parlez de « fait social » et que je préfère, moi, parler d' « action sociale ». Nos unités sont différentes, me suivez-vous bien ?

ÉMILE

J'en ai bien l'impression. Mais la science se préoccuperait-elle d'autres objets que des faits, le mouvement ne constituant pas leur essence, mais bien un attribut parmi d'autres, si important fût-il ? Une étoile, c'est entendu, est animée d'un mouvement, mais elle a aussi une masse, une brillance, un volume, que sais-je encore ? Les sociétés changent, il est vrai, mais elles ont aussi, à côté de ce mouvement qui leur est propre, une densité, une organisation ...

MAX

Que vous rapportez à la division du travail social ...

ÉMILE

En effet. Et d'autres attributs encore, dont certains subissent moins que d'autres le changement, tandis que d'autres le subissent davantage. Sans doute leur conservation dans le temps n'est-elle pas assurée. Mais constater le changement, c'est seulement rendre compte, dans les faits sociaux comme dans les faits biologiques, de l'œuvre qu'accomplit la loi de l'évolution.

MAX

Je vous trouve exagérément mécaniste. Je

préfère vraiment parler d'histoire, ce récit que les hommes se font de ce que leurs prédécesseurs ont fait et qui décide peu ou prou de ce qu'ils sont eux-mêmes. C'est pour cela que je préfère m'appeler historien, L'histoire, faite, comme Shakespeare l'a si bien dit, de « bruit et de fureur ».

ÉMILE

Récit, je veux bien, mais rien de plus. Cette mince pellicule de parole que les hommes déposent sur leurs actions ne mérite pas autant d'attention que l'allure profonde des faits s'enchaînant aux faits, portés par la loi de l'accroissement des divisions du travail social, elle-même expression d'une loi d'évolution qui vaut sans doute pour l'univers tout entier. Votre histoire n'est qu'une poussière de mots dispersés sur le social, tel qu'en lui-même ...

1.2 Le rapport aux faits

Une fois que l'on a identifié les faits relevants, quelle méthode va-t-on utiliser pour les traiter ? Quels objectifs la connaissance va-t-elle se fixer ? Quelle prétention à la vérité va-t-elle avoir ?

E. Durkheim le dit explicitement : « il faut traiter les faits sociaux comme des choses » [*Les règles de la méthode sociologique*, p. 77]. La chose (contrairement à l'idée) est ce que l'on connaît du dehors. C'est en toute extériorité par rapport à ce qu'il observe que le chercheur doit définir les faits de façon à les rendre visibles, observables (c'est le côté positiviste de E. Durkheim). Certains [L. Chertok et I. Stengers, 1989] ont parlé à propos de ce type de logique du « double impératif du n'importe qui ». N'importe quel chercheur (1er impératif), face à n'importe quel objet appartenant à la catégorie concernée (2e impératif) doit pouvoir reproduire la même analyse, en obtenant le même type de résultats. Il y a ici une ligne de démarcation très nette entre le chercheur et son objet : l'un est radicalement extérieur à l'autre. On peut, dans ce sens, qualifier cette approche d'**objectiviste** : l'« objectivité » du chercheur – sa prétention à ne pas laisser intervenir ce qu'il a de singulier, qui le distinguerait de n'importe quel chercheur – et l'« objectivité » du fait à connaître – le choix de l'appréhender en toute extériorité, idéalement par une mesure quantifiée – apparaissent comme des conditions de possibilité de la connaissance scientifique.

L'objectif de ce traitement des faits est d'*expliquer* le réel : il s'agit de dégager les lois du social qui, indépendamment de la volonté ou de la conscience des individus, les conditionnent. Le lieu de l'explication, c'est au niveau du tout social (et non de l'individu et de sa conscience) qu'il faut le chercher. Il n'y a pas de reconnaissance d'une spécificité des sciences humaines dans cette perspective. Elles doivent, comme les sciences de la nature et en les prenant pour modèles, expliciter les comportements individuels à partir des contraintes qui leur sont extérieures. La double objectivité à laquelle prétend ce paradigme – objectivité du fait social et du chercheur – le mène à penser pouvoir produire une vérité universelle, indépendante des chercheurs singuliers qui ont contribué à la produire. Ceci suppose que l'on opère une rupture épistémologique avec le sens commun, c'est-à-dire les «prénotions» produites par l'expérience commune, les idées et les sentiments individuels. Il y a, dans ce paradigme, une grande foi dans les pouvoirs de la Raison scientifique. Dès lors, il y a aussi une manière ambitieuse de situer le rôle du sociologue, pouvant légitimement proposer des solutions aux problèmes qu'il identifie.

De la définition des faits à prendre en compte comme étant l'action individuelle et son sens, il découle logiquement que, pour **M. Weber,** l'objectif premier des sciences sociales doit être *la compréhension* des actions individuelles permettant de relier le sens visé par les individus aux conduites effectives. Les sciences humaines ont donc une tâche propre à accomplir qui les distingue des sciences de la nature : si l'on définit l'homme par sa conscience et par sa capacité à orienter son action, il devient central, pour les sciences humaines, de *comprendre* ces significations. Mais bien que celles-ci soient compréhensibles (parce que le chercheur partage une commune humanité avec l'homme qu'il observe), elles ne le sont pas immédiatement. On ne peut saisir d'un seul coup, sans enquête préalable, les significations des conduites des autres. La compréhension va devoir être construite peu à peu (l'élaboration d'idéaltypes a bien cet objectif). La science se distingue du sens commun par cet effort de clarification de significations entremêlées, multiples, multivoques : elle ne se constitue pas néanmoins dans une rupture avec le sens commun mais en continuité par rapport à celui-ci. Ce primat accordé à la compréhension n'exclut pas la recherche d'explication, passant par la mise en évidence de causalités. Mais, outre le fait qu'elle n'est pas reconnue comme étant l'objectif premier des sciences humaines, l'explication a toujours, pour M. Weber, un statut probabiliste, sans prétention à correspondre à des lois générales. Ainsi, même dans une perspective explicative, M. Weber ne nie jamais la contingence et la liberté humaine.

Dès lors, dans le cadre du projet weberien, la subjectivité du chercheur n'est pas un frein mais un tremplin pour la connaissance : c'est elle qui rend l'autre compréhensible, par identification avec lui (condition nécessaire mais non suffisante pour la construction d'une intelligibilité de son action). À la double objectivité du projet durkheimien correspond la double subjectivité du projet weberien.

En ce qui concerne la subjectivité du chercheur, il faut bien comprendre qu'elle est une condition – et non le statut final – de l'activité scientifique : par la singularité des questions qu'il se pose, la connivence qui caractérise son rapport aux humains, le chercheur est bien présent dans l'activité scientifique, la marquant de son sceau propre, ce qui n'empêche pas que les résultats du travail scientifique puissent être discutés avec les membres de la communauté scientifique. Si les résultats de la recherche sont marqués de l'empreinte du chercheur, ils ne s'y réduisent pas. Cette façon de reconnaître au chercheur une place de sujet (par la spécificité des questions qu'il pose, en lien avec son rapport aux valeurs et, fondamentalement, sa commune humanité avec ceux qu'il étudie) et d'inclure dans la définition des faits à étudier la marque de la subjectivité (par le sens que lui donne l'individu) a été nommée parfois une façon **subjectiviste** de situer le chercheur par rapport aux faits.

Dans la perspective de l'infinité du réel et des questions qu'on peut lui adresser (fonction de nos intérêts, évoluant sans cesse), la science est nécessairement toujours inachevée, ne constituant qu'un des points de vue possibles sur le réel et permettant la coexistence en son sein de différentes vérités relatives.

Le rôle du sociologue sera dès lors défini de façon plus modeste.

1.3 Articulation entre faits et rapport aux faits

On a défini le paradigme comme une manière de faire de la recherche articulant deux traits : une façon de cibler les faits à étudier et une méthode pour les traiter. Voyons comment, pour les deux paradigmes explicités, ces deux traits ont une cohérence.

Parce que, pour **E. Durkheim**, le fait social est extérieur aux consciences individuelles (définition du fait), c'est bien en extériorité, comme une chose, qu'il va falloir le connaître (méthode à utiliser) ; parce que les faits sociaux sont contraignants, qu'ils déterminent donc les individus, ce sont ces déterminations qu'il faut connaître, ce que permet l'explication, c'est-à-dire la recherche des lois sociales (visée de la connaissance).

Parce que, pour **M. Weber**, l'action sociale se définit par le sens qu'elle a pour l'individu (définition du fait), c'est bien ce sens qu'il va falloir comprendre (visée de la connaissance) ; parce que ce sens est intersubjectif, la méthode pour le connaître va situer le chercheur comme sujet humain, ayant un accès à ce qui fait sens pour les individus.

Illustration 5.2 Conception de la science de E. Durkheim et M. Weber

Dans la pièce citée plus haut, C. Javeau imagine également une discussion entre E. Durkheim et M. Weber autour des notions d'explication et de compréhension et, à partir de là, de leurs conceptions de la science [*op. cit.*, pp. 35-39].

ÉMILE

N'est-ce pas tout un ? Expliquer et comprendre, ne serait-ce pas la même chose ?

MAX

Selon moi, certainement pas. Expliquer, c'est trouver une ou des causes à un ou des effets repérés de manière plus ou moins convaincante. A supposer qu'une telle opération soit possible lorsqu'il s'agit de comportements humains, cela ne pourrait suffire. L'homme, cher ami, est l'animal qui confère du sens à ce qu'il fait. Ses actions n'ont rien de mécanique. Il y met des intentions, des motifs, des raisons ou des déraisons qui n'ont pas grand-chose à voir avec ce que vous appelez des causes.

ÉMILE

Donner du sens, n'est-ce pas tomber dans l'illusion de la liberté ? Ce qui compte, scientifiquement parlant, n'est-ce pas le résultat, ce que vous venez d'appeler les effets ? Et ce que la science doit s'efforcer de mettre en évidence, serait-ce autre chose que les causes de ces effets ? Chercher un sens, ce qui ne relève peut-être que de la quête d'une illusion, n'est-ce pas quitter la science pour retomber dans les ornières de la vieille métaphysique ?

MAX

Je vous ai dit que nous divergions sur la définition de la science. Ce qui m'intéresse, c'est le sens porté par l'action dont je dis qu'elle est sociale, c'est-à-dire qu'elle est dirigée vers autrui. Ce sens n'est évidemment pas toujours clair aux yeux mêmes de celui qui l'attribue, pas davantage d'ailleurs qu'aux yeux de celui qui en est le destinataire. C'est à nous, savants, qu'il appartient de l'énoncer. En fait, saisir le sens, c'est interpréter les actions humaines. Si vous me permettez une comparaison musicale, il s'agit un peu de la même tâche que celle qui s'impose au musicien qui joue une pièce écrite par un compositeur qui peut lui être personnellement tout à fait inconnu. Il est évident que ce musicien ne peut se contenter de jouer littéralement les notes qu'il trouve écrites sur une partition. Son devoir consiste bien à interpréter l'œuvre, à s'efforcer de restituer une intention, celle du compositeur. C'est bien pour cette raison qu'on l'appelle interprète, n'est-ce pas ?

ÉMILE

Je sais que ce que je vais vous rétorquer va sans doute vous irriter, mais enfin, vous voici encore à l'écart du chemin de la science...

MAX

Tel que vous l'avez tracé...

ÉMILE

Tel que l'a tracé une tradition de plusieurs siècles, dont je revendique d'être l'héritier. Vous évoquez la musique, l'art, l'interprétation artistique. Il s'agit là de démarches tout à fait individuelles Elles ne relèvent pas de l'objet de la sociologie. Ce qui intéresse la sociologie, c'est d'expliquer pourquoi, dans un contexte donné, il y a des gens, en nombre assez élevé, qui choisissent de faire métier de l'exécution musicale. La musique est une institution et les musiciens se mettent au service de cette institution. Ils font ce que celle-ci leur commande faire. L'objet de la sociologie est alors d'étudier les caractéristiques des institutions et celles de leurs agents, et d'établir les relations qui s'établissent entre celles-ci et celles-là.

MAX (ironique)

Vaste programme !

ÉMILE

Vous pouvez bien ironiser. Cela me paraît de toute façon plus sérieux que de s'interroger sur les intentions d'Untel ou d'Untel lorsqu'il s'assied face à son piano, ou qu'il passe le sel à son voisin de table, ou lorsqu'il fait la lecture du journal à voix haute à un ami malade. Voilà qui me semble relever bien davantage des arts divinatoires que de la méthode scientifique. en conviendrez-vous ?

MAX

Nenni, évidemment.

ÉMILE

Décidément, je vous trouve bien obstiné. Vous qui vous glorifiez tant d'être un savant, je crains bien que votre conception de la science ne soit plutôt, excusez-moi d'être à ce point sévère, de l'ordre du bricolage.

MAX

Je ne m'opposerai pas à ce jugement. La science relève du bricolage parce que la vie humaine n'est qu'un long, et parfois pénible, bricolage. Là où vous cherchez de l'ordre, je ne vois que du désordre. Pour moi, la société, si ce mot à un sens, est avant tout un réseau d'intentions, nécessairement bricolées, comme vous dites, à partir de perceptions incomplètes, imparfaites, d'intérêts plus ou moins clairs, plus ou moins avouables. De fil en aiguille et au fur et à mesure dans le temps, cela produit ce que nous appelons du social. Les acteurs en gardent le souvenir et lui confèrent une certaine permanence ; c'est ce que nous appelons histoire ou tradition. S'il y a de l'ordre, c'est parce que nous essayons d'en mettre. Mais ce qui domine à tout moment, c'est la turbulence. Les hommes n'ont jamais été et ne seront jamais que des enfants turbulents.

2 Les sociologues contemporains

Pour situer les paradigmes dans lesquels s'inscrivent les différents sociologues étudiés, on va expliciter leur position par rapport à la polarité du champ sociologique incarnée par E. Durkheim d'une part, M. Weber d'autre part.

2.1 P. Bourdieu et le structuralisme

Au départ de la linguistique dans les années 1910 (Saussure), et 1930, puis au sein de différentes sciences humaines (anthropologie, analyse du discours, histoire, sociologie) à partir des années 1950, le structuralisme est un paradigme qui connaîtra un très grand retentissement, en particulier en France jusqu'à la fin des années 1960, moment à partir duquel il va être contesté de toutes parts, entre autres à cause de ce qui sera considéré alors comme son oubli du sujet (sa liberté, sa conscience) et de l'histoire.

En anthropologie (avec la figure très importante de C. Lévi-Strauss) puis en sociologie, le structuralisme s'inscrit clairement dans la tradition durkheimienne, tant dans la manière dont il définit les faits que dans le rapport à ceux-ci.

Faits à prendre en compte

Les faits pertinents pour le sociologue structuraliste sont les structures inconscientes. De quoi s'agit-il? Une structure est un ensemble d'éléments formant un tout qui se définit par les relations existant entre les éléments. Pour pouvoir identifier une structure, il faut donc d'abord identifier quels *éléments* la constituent et quelles *relations* unissent ces éléments, définissant leur position dans la structure. On comprendra mieux, après cette définition des faits, la manière dont P. Bourdieu définit la classe sociale d'un individu à partir de sa position dans deux structures, objectivée et incorporée, et le sens précis qu'il donne au terme de structure. Si l'on prend l'exemple de la structure objectivée, elle se définit comme l'ensemble des relations existant entre les capitaux (éléments), leur volume global et les relations existant entre le volume du capital économique et le volume du capital culturel. Ces relations entre capitaux définissent un ensemble de positions au sein de la structure entre lesquelles se distribuent les individus. Si des individus peuvent changer de position, la structure de ces positions reste stable.

Dire que la structure forme un tout, c'est dire qu'elle est plus que la somme des éléments qui la composent. Tant qu'ils occupent la même position dans la structure, les éléments peuvent être substitués l'un à l'autre. Ainsi, si l'on s'intéresse à l'espace des styles de vie, un élément du style de vie (par exemple le goût pour le tennis) n'a pas en lui–même de signification : c'est dans sa relation aux autres goûts permettant ou non à certains de se distinguer qu'il prend son sens. Pour suivre notre exemple, le goût pour le tennis a fait partie de l'espace des positions dominantes tant qu'il leur permettait de marquer l'écart avec les positions moyennes ; lorsqu'il est incorporé par ces dernières, il ne le permet plus et s'y substitue dans les positions dominantes le goût pour d'autres sports, golf ou planche à voile, qui permettent de réaffirmer la distinction sans que cela ne change rien à la structure incorporée.

Pour situer les « structures » par rapport aux faits durkheimiens, il faut se demander dans quelle mesure les structures sont des faits sociaux.

Les structures sont bien une forme particulière de faits sociaux puisque :
- elles sont **extérieures** aux consciences individuelles : on l'a dit, les structures sont inconscientes,
- elles exercent sur les individus une **contrainte** : on a longuement montré comment elles déterminent le comportement individuel.

À partir de là, il n'est pas surprenant de retrouver, en ce qui concerne les structures, les traits caractéristiques associés aux faits sociaux, tel le primat du tout sur ses parties.

L'individu n'est pas pris en compte avec ses particularités et ses singularités. C'est sa position dans la structure, le système de ses relations aux autres termes qu'il importe de dégager. Ses attitudes, ses sentiments, ses représentations du monde ne seront analysés que dans leur lien aux structures, produits par elles. Le sujet n'est pas la source des significations : il est traversé par des structures qui lui préexistent.

P. Bourdieu entend se démarquer du structuralisme dans la place qu'il donne aux représentations des agents, celles-ci ayant une (très) relative autonomie par rapport aux structures objectivées :

> *« Je voulais réintroduire en quelque sorte les agents que Lévi-Strauss et les structuralistes, notamment Althusser, tendent à abolir, en faisant d'eux de simples épiphénomènes de la structure. Je dis bien des agents et non des sujets. L'action n'est pas la simple exécution d'une règle, l'obéissance à une règle. Les agents sociaux, dans les sociétés archaïques comme dans les nôtres, ne sont pas davantage des automates réglés comme des horloges, selon des lois mécaniques qui leur échappent. Dans les jeux les plus complexes, les échanges matrimoniaux par exemple (...), ils engagent des principes incorporés d'un habitus générateur (...). Donc aux règles de parenté, j'ai subsitué les stratégies matrimoniales. »* [*Choses dites*, p. 19]

En introduisant la notion d'habitus, donc la représentation que l'agent se fait de lui-même et du monde, P. Bourdieu prétend dépasser l'opposition entre une lecture objectiviste et une lecture subjectiviste de la réalité sociale. C'est bien entendu cette prétention à dépasser le structuralisme pour atteindre un structuralisme «génétique» ou «constructiviste» qui va être la plus critiquée par les adversaires de P. Bourdieu. Dans la mesure où l'habitus est le résultat des contraintes structurelles, quelle «autonomie» du «sujet» est-elle pensable au travers d'une approche comme celle de P. Bourdieu? Et quelle spécificité à l'univers symbolique s'il se ramène à une traduction, une euphémisation de l'univers des contraintes objectives?

Rapport aux faits

Pour P. Bourdieu, la sociologie permet de déboucher sur des explications, la mise au jour de lois sociales qui enregistrent des déterminismes observés dans le cadre d'un certain jeu, à un certain moment. Pour P. Bourdieu, la science peut, à certaines conditions, produire une vérité qui ne soit pas redevable de son contexte d'émergence, donc, en ce sens, une vérité scientifique universelle. Mais pour ce faire, il convient de préciser les conditions de production de la science. On retrouve ici l'épistémologie de G. Bachelard reprise par les structuralistes: «Le fait doit être conquis, construit, constaté».

Première étape, il doit être conquis contre le sens commun, la construction du monde propre à chaque habitus. Ainsi, si l'on veut construire les classes sociales comme objet scientifique, il faudra rompre avec les «cécités croisées» qui font que chaque position sociale se représente les autres en fonction de sa propre position.

Pour ce faire, le chercheur devra opérer un retour autoréflexif (que P. Bourdieu va nommer auto-analyse), visant à neutraliser les effets propres à la position du chercheur dans l'espace social, dans le champ scientifique. Il devra enfin cesser de concevoir le monde comme un spectacle plutôt que comme problème concret appelant des solutions pratiques. Cette auto-analyse n'est en rien comparable à «un retour intimiste et complaisant sur la personne singulière et privée du sociologue» [P. Bourdieu, ARSS, 2003, p. 45] puisqu'elle permet de mettre en évidence des propriétés communes à «des catégories entières de chercheurs (comme le fait d'être sorti de telle ou telle école ou de telle ou telle université» [*id.*, p. 45]. Elle ne conduit pas au relativisme mais est au contraire la condition de possibilité de l'objectivation.

L'effort de rationalité scientifique du sociologue sera stimulé par le fait qu'il est engagé dans un champ scientifique où les autres agents ont intérêt à le pousser à être de plus en plus rigoureux dans ce qu'il avance.

> P. Bourdieu [1997, p. 145]: *«(...) le travail collectif de réflexivité critique devrait permettre à la raison scientifique de se contrôler de mieux en mieux elle-même, dans et par la coopération conflictuelle et la critique mutuelle, et de se rapprocher ainsi, peu à peu, de l'indépendance totale à l'égard des contraintes et des contingences (...) à laquelle aspire et se mesure la conviction rationaliste.»*

On aura reconnu au passage la vision durkheimienne de la science, reposant sur une rupture épistémologique (justifiée ici par le caractère explicitement inconscient des structures) et une double objectivité. S'y rapporte également une vision ambitieuse du rôle du sociologue.

Ce n'est qu'après avoir été conquis contre le sens commun que le fait va pouvoir être construit – la structure est bien une construction théorique du chercheur –, puis «constaté», c'est-à-dire validé par la confrontation aux faits observables (qu'il s'agisse de statistiques ou d'observations de styles de vie).

2.2 E. Goffman et l'école de Chicago

On associe souvent le nom d'E. Goffman à un milieu de recherche, celui de l'école de Chicago, pour des raisons biographiques – après Toronto, E. Goffman a étudié à Chicago de 1945 à 1947 – mais surtout, même si c'est de façon controversée, vu la proximité existant entre quelques caractéristiques de son travail et certains traits de cette école de pensée.

Entre les années 1920-1930 s'est en effet constitué, à l'université de Chicago, autour de W.I. Thomas [1863-1947] et R.E. Park [1864-1944], une tradition de recherche dont on retrouve chez E. Goffman des méthodes, comme l'usage de l'observation participante, et des thématiques de recherche, comme l'analyse des institutions (*Asiles*) ou des métiers (*La présentation de soi*). À partir de la fin des années 1930, une seconde génération de chercheurs (dont H.G. Blumer et E. Hughes) va développer à Chicago un paradigme, l'interactionnisme symbolique dont les liens avec E. Goffman, bien qu'évoqués par certains commentateurs, sont beaucoup plus controversés. E. Goffman lui-même s'est montré très critique envers ce courant, dont les tenants ne l'ont pas non plus épargné [J. Nizet et N. Rigaux, pp. 77 à 81].

On va situer E. Goffman entre E. Durkheim (qu'il cite à plusieurs reprises dans son œuvre) et M. Weber comme on va le faire pour tous les auteurs pris en compte : cela ne nous permettra pas de refléter les liens entre E. Goffman et G. Simmel [1858-1918], un contemporain de M. Weber dont la parenté avec l'œuvre de E. Goffman a été mise en avant par plusieurs commentateurs [*ibidem*, pp. 81-86].

Les faits retenus

On a longuement insisté sur ce fait en présentant E. Goffman : c'est l'interaction en face à face qui est l'unité d'observation et d'analyse fondamentale à ses yeux. Il s'agit d'observer les interactions en face à face et d'analyser les interprétations que les acteurs font les uns des autres. On est ici proche de «l'action sociale» telle que la définit M. Weber, à cette différence près que la co-présence des individus est essentielle pour Goffman (là où, pour M. Weber, l'action est sociale, dès que le *sens* de celle-ci se rapporte aux autres individus, que ceux-ci soient ou non présents).

L'interaction goffmanienne est, de ce point de vue, un cas particulier de l'action sociale weberienne, avec la prise en compte de la liberté individuelle qui en résulte. Par ailleurs, on sait que pour E. Goffman, les interactions s'inscrivent dans un ordre social garantissant le respect des règles de l'interaction. Ces règles sont bien des « faits sociaux », au sens durkheimien du terme, par l'extériorité vis-à-vis des consciences et la contrainte qui les définit.

Une règle essentielle de cet ordre – la sacralité de la face – et les rites qui la manifestent confirment l'ancrage durkheimien de la pensée de E. Goffman. L'origine de toute sacralité, de toute valeur est nécessairement sociale : c'est bien le cas chez E. Goffman, à la fois parce que la sacralité de la face est une règle sociale et que sa mise en œuvre dépend de la déférence d'autrui.

Dans la façon dont il articule interactions et ordre social, on peut considérer que E. Goffman propose une définition des faits qui combine l'individualisme de M. Weber et le holisme de E. Durkheim.

Rapport aux faits

On se situe ici beaucoup plus exclusivement dans une perspective weberienne : il s'agit bien de comprendre l'action et les interprétations de l'individu participant à l'interaction en face à face. C'est en continuité avec le sens commun que se construit l'interprétation sociologique : E. Goffman dira même que c'est l'interactant qui est le mieux placé pour savoir ce qu'il fait, le rôle qu'il veut jouer. L'expérience subjective du chercheur lui permet de comprendre la stratégie des joueurs, le type de coups qu'ils risquent, le malaise ou le bien-être qu'ils peuvent ressentir dans l'interaction. C'est une vision modeste de la sociologie que propose E. Goffman, dans la perspective de M. Weber.

2.3 J.T. Godbout et l'anti-utilitarisme

Dans le sillage d'A. Caillé s'est développé depuis le début des années 1980 le « Mouvement Anti-Utilitariste dans les Sciences Sociales » (le M.A.U.S.S., en référence à M. Mauss, auteur de l'« Essai sur le don »), rassemblant des chercheurs de différentes disciplines en sciences humaines. J.T. Godbout s'inscrit très explicitement dans cette mouvance.

Les faits retenus

Le type de faits pris en compte de façon spécifique par le M.A.U.S.S. relève du don. Même si J.T. Godbout situe la logique du don par rapport à celle du marché et de l'État, c'est bien celle du don qu'il contribue à faire reconnaître et qui constitue l'objet central de sa recherche.

Comment donc situer le don par rapport aux faits durkheimien et weberien ?

Il est clair que le don s'accompagne d'une règle, celle de la réciprocité ou, pour le dire autrement, de la triple obligation de donner, recevoir et rendre. En cela, on peut considérer le don comme un « fait social » (au sens durkheimien du terme), imposant à tout qui entre dans le cycle du don un certain mode de conduite, cette imposition pouvant d'ailleurs passer inaperçue en tant que telle.

Mais on l'a vu, la logique du don ne peut être réduite à l'obligation qui l'accompagne : elle permet et se fonde aussi sur la liberté individuelle. Comment cela ?

La règle de réciprocité est sans cesse détournée, contournée, laissant une grande marge de manœuvre (permettant de choisir que donner, quand, à qui ?...)

D'autre part, le donneur s'évertue par de multiples rituels (par exemple, en minimisant ce qu'il donne) à accroître la part de liberté du receveur, à le libérer de l'obligation de rendre, de façon à ce que le don en retour puisse apparaître comme « libre » et dès lors, plus authentique dans sa signification pour la relation. Comme le souligne J. Godbout [2000, p. 60] :

> « *Le don est un jeu constant entre liberté et obligation.* »

Il ne peut donc être inscrit exclusivement dans la logique durkheimienne du fait social. Mais s'il y a liberté dans le don, c'est que celui-ci ne s'effectue jamais que par une « action sociale » (au sens weberien du terme), une relation à l'autre où la signification de la conduite est considérée comme essentielle. On vient de le rappeler à propos de la liberté : le fait que le donneur tente de libérer le receveur de l'obligation de rendre, le fait que l'un et l'autre considèrent que le don est d'autant plus « vrai » qu'il est libre, autrement dit, les significations attachées au don par les acteurs sociaux sont importantes à prendre en compte pour l'analyse du don. Elles en sont constitutives.

Le don renvoie donc à la fois au « fait social » et à « l'action sociale ». A. Caillé et J. Godbout, vont considérer à partir de là que le don est un « tiers paradigme » [dans le titre de l'ouvrage de A. Caillé, 2000], dépassant l'opposition entre individualisme et holisme méthodologiques.

Rapport aux faits

Le M.A.U.S.S. caractérise le projet de l'utilitarisme comme relevant de l'élucidation des calculs censément effectués par les individus. Les intérêts sont calculés (par les individus et ce, de façon plus ou moins consciente) et calculables (par le chercheur) : c'est parce que les sujets calculent (ou du moins, dans une version plus molle de l'utilitarisme, que l'on peut faire comme s'ils calculaient) qu'il existe une science rationnelle des actions humaines, calquant son modèle de la rationalité sur celui qu'elle impute aux individus.

Pour le M.A.U.S.S., il faut que les sciences sociales étudient la diversité (*vs* la prétendue universalité) des manières d'être à la fois intéressées et désintéressées selon les sociétés et les sphères d'activité considérées. Il y a lieu d'analyser comment s'est constituée historiquement cette vision utilitariste de l'homme.

Abandonnant l'anthropologie rationaliste qui en fonde la possibilité pour les utilitaristes, les sciences sociales doivent accepter de renoncer à leur ambition de dégager des vérités universelles. La modestie de leur projet selon le M.A.U.S.S. renvoie davantage à une perspective weberienne de la science.

2.4 R. Sennett et le constructivisme

Un certain nombre de thèmes présents dans l'œuvre de R. Sennett sont proches de préoccupations identifiées par Y. Bonny [2004] comme relevant du post-modernisme (*cf.* introduction et conlusion du chapitre 4) : sa critique du fonctionnalisme moderniste en architecture et sa proposition d'intégrer l'art dans la vie urbaine, l'importance donnée au corps dans la ville, sa visée éthique d'une rencontre de l'Autre. Sa proximité avec le penseur M. Foucault (initialement, le projet d'écriture de ce qui deviendra « Flesh and stone » avait été conçu avec lui) incite au rapprochement avec la nébuleuse post-moderne.

D'un point de vue épistémologique, on rapprochera R. Sennett de la perspective constructiviste, bien qu'il ne s'en revendique pas explicitement lui-même. Ce paradigme a été systématisé entre autres par P. Berger et T. Luckmann, disciples de A. Schütz (1899-1959), sociologue autrichien ayant dû émigrer aux États-Unis en 1939. A. Schütz était lui-même un disciple de E. Husserl, philosophe phénoménologue et de M. Weber.

Les faits retenus

Le courant constructiviste est soucieux de rendre compte à la fois de l'objectivité du monde social (existant extérieurement aux consciences individuelles et exerçant une contrainte sur elles) et de sa « subjectivité » (au sens weberien, c'est-à-dire étant le produit de l'action des individus, l'interprétation qu'ils en font étant pertinente pour l'analyse). Dans cette perspective (en particulier dans son élaboration par P. Berger et T. Luckmann), on conçoit les liens entre les regards objectiviste et subjectiviste sur le monde social comme une dialectique. L'individu est donc à la fois le produit et le producteur du monde social.

On retrouve chez R. Sennett cette même façon de considérer à la fois le versant objectif de la réalité (au sens durkheimien du terme) lorsqu'il analyse les caractéristiques de la ville et de l'identité contemporaine et le versant subjectif (au sens weberien d'action individuelle) lorsqu'il montre le processus par lequel le monde objectif a été produit, l'importance de la signification culturelle donnée à l'autre et au monde extérieur, les possibilités de transformation de la ville et du rapport que l'on a à l'altérité. Il prend donc à la fois en considération la possibilité pour les hommes de produire matériellement le monde qui est le leur mais aussi les significations qu'ils y attachent.

Il faut veiller à ne pas confondre la distinction, factuelle, établie par R. Sennett entre l'espace extérieur (celui de la ville en particulier) et l'espace intérieur (celui du moi) avec la distinction conceptuelle entre les deux approches, « objectiviste » (au sens durkheimien) et « subjectiviste » (au sens weberien).

Autrement dit, les deux espaces distingués par R. Sennett peuvent aussi bien donner lieu à une lecture objectiviste (soulignant par exemple comment ces espaces sont le produit d'une histoire longue sur laquelle les individus ont peu de prise et qui les façonnent) qu'à une approche subjectiviste (mettant en évidence ce qui peut être modifié au sein de chacun de ces espaces et le rôle que joue « l'interprétation » dans les marges de manœuvre accessibles à l'individu).

Rapport aux faits

On peut de ce point de vue mettre en évidence la proximité de R. Sennett et de l'épistémologie weberienne. Le point de vue constructiviste sur la connaissance est très clair : la connaissance est une production sociale qui intègre toujours nécessairement le point de vue singulier de ses auteurs sur le monde. Elle est une forme particulière d'objectivation qui ne peut être analysée en dehors du monde social dont elle est le produit et qu'elle contribue à produire.

La sociologie doit se concevoir comme une science humaine, traitant l'homme en tant que tel (et non comme objet), c'est-à-dire doté d'une liberté relative, vivant dans un monde constitué par la signification intersubjective qui en est donnée. On retrouve ici l'objectif de compréhension de l'homme et du monde, supposant une proximité entre le chercheur et ce qu'il observe. En ce qui concerne R. Sennett, on voit bien comment son expérience de la ville et du rapport à l'autre fait partie du matériau empirique pris en compte pour l'analyse du monde contemporain. Non pas au sens où l'introspection suffirait, mais en ce qu'elle témoigne d'une connivence entre le sujet observateur et le sujet observé, de leur appartenance au même monde humain, gage d'une possibilité de compréhension.

3 Présentation schématique des rapports entre paradigmes

Pour situer les paradigmes les uns par rapport aux autres et relativement à la polarisation inaugurée par E. Durkheim et M. Weber, on a repris la distinction entre deux critères centraux de la définition du paradigme qui nous a guidé tout au long de notre étude : les faits retenus par les chercheurs comme devant faire l'objet du travail scientifique et la manière de concevoir ce travail (rapport aux faits).

Tableau 5.1 Présentation schématique des rapports entre les paradigmes étudiés

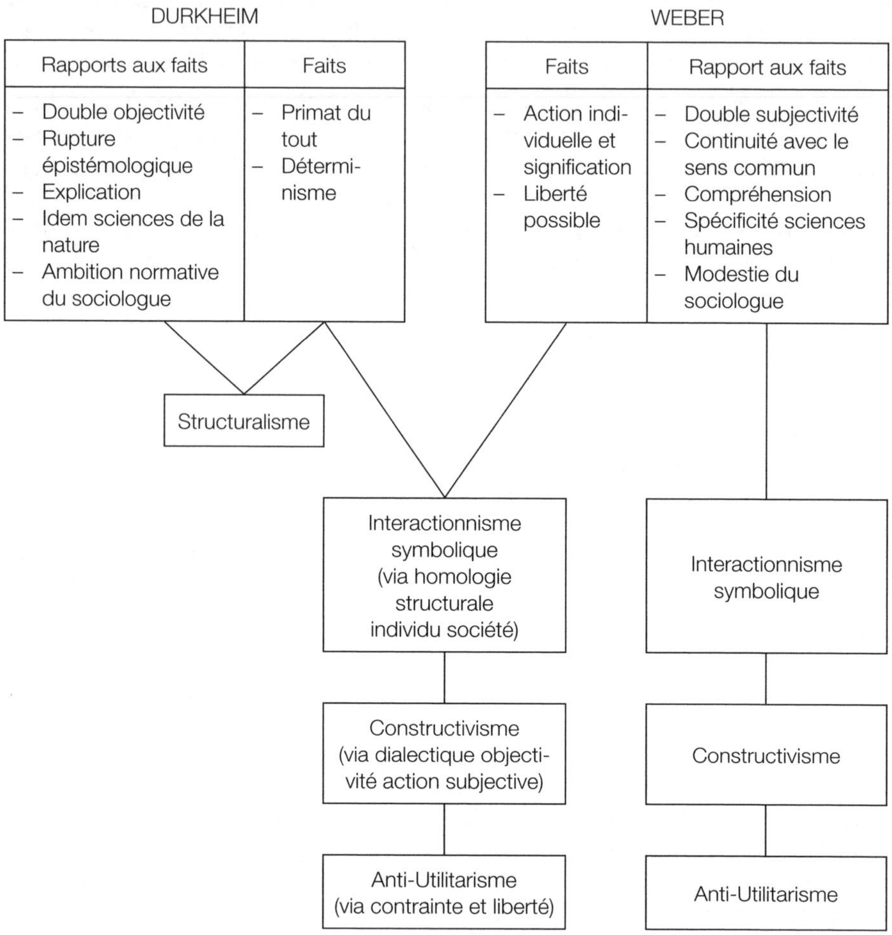

Le schéma fait apparaître une convergence entre les paradigmes du point de vue des faits retenus et du rapport entretenu par le sociologue à ceux-ci, à l'exception du structuralisme.

Du point de vue du rapport aux faits, on observe ainsi une tendance des paradigmes étudiés à se penser dans une perspective épistémologique weberienne. Cette tendance, contredite uniquement par le structuralisme, se confirme pour l'ensemble du champ sociologique étudié. Autrement dit, la plupart des sociologues aujourd'hui conçoivent leur discipline comme une construction intellectuelle (non un fidèle reflet du réel), ne pouvant faire disparaître ses auteurs derrière une pseudo-objectivité ou neutralité, apportant une vérité toujours redevable à son contexte d'émergence, la vérité n'étant pas cachée aux acteurs, mais partielle et limitée (et dès lors, à construire par le chercheur).

De même en ce qui concerne les faits dont la sociologie a à rendre compte, on trouve une convergence de plusieurs paradigmes vers des tentatives – diverses – d'articulation entre l'action individuelle et la contrainte collective, la liberté et le déterminisme, l'intérêt et le désintérêt, la raison et les affects, la subjectivité et l'objectivité.

Cette tendance de la sociologie contemporaine à prendre en considération la diversité des facettes de l'individu et du monde à connaître – des faits – et à s'inscrire dans une conception modeste du savoir comme déploiement du sens la situe bien en harmonie avec le post-modernisme (*cf.* introduction chapitre 4), attentive à la multiplicité et critique par rapport à toute position arrogante de la science. De ce point de vue, le structuralisme, en ce qu'il est plus proche de la logique durkheimienne, apparaît davantage coïncider avec la vision moderniste du savoir.

Conclusions générales

En achevant cet ouvrage introduisant à la sociologie, nous allons réinterroger son projet en repartant une dernière fois des six auteurs étudiés. Trois questions baliseront ce dernier parcours: comment préciser l'objet de la sociologie lequel se trouve à l'articulation de l'individu et du social (1)? Comment le penser dans sa contribution à une définition d'une action juste dans le monde (2)? Comment l'évaluer dans sa capacité à rendre compte du contexte de la modernité avancée (3)?

1 Visions de l'homme et du social

On l'a dit dès l'introduction de ce livre: «l'individu et la société» sont au fond deux idées limites que la sociologie choisit de ne pas penser l'une sans l'autre.

En reprenant nos auteurs, on va pouvoir montrer le caractère indissociable de la pensée de l'individu et du social chez les sociologues au point que certains préfèrent considérer que l'objet de la sociologie n'est ni l'individu ni le social mais leurs relations, les liens qui les constituent l'un par l'autre.

Si chez **P. Bourdieu**, l'individu est défini par sa position dans le social, c'est parce qu'est donnée à celui-ci une force très contraignante – mais on pourrait aussi bien le dire inversement: si la structure prend un telle place, c'est qu'à l'action individuelle n'est conférée qu'une marge de manœuvre très étroite. À l'inverse, chez **E. Goffman**, si l'individu peut être un stratège, disposant d'une possibilité de mise en scène du moi dans l'interaction, c'est parce que les règles qui sont l'émanation du social ne portent que sur les apparences, laissant la place pour un individu joueur, voire cynique. Chez **F. Tönnies et M. Weber**, mais chez **J.T. Godbout et R. Sennett** de la même manière, chaque logique sociale se distingue des autres par un type de lien à autrui et indissociablement par un profil d'individu. Ainsi le portrait de l'homme sensible aux valeurs spirituelles, à la compréhension, prêt à se fondre dans un projet commun va correspondre trait pour trait au monde de la *Gemeinschaft*, alors que parler de l'homme intéressé, calculateur et rationnel, c'est dire en même temps que l'on se situe dans une société de type *Gesellschaft* (F. Tönnies). De la même manière, chez M. Weber, avec le processus de rationalisation qui caractérise la modernité, l'homme devient essentiellement un être intéressé, utilisant sa raison non pour délibérer des finalités poursuivies mais pour calculer les moyens les plus efficaces. Chez J.T. Godbout, il y a autant de figures de l'individu que de logiques d'échange : l'homme de la logique marchande est calculateur et intéressé, l'homme de la logique étatique fonctionne dans la perspective impersonnelle définie par la loi, l'homme de la logique du don sait se montrer intéressé et désintéressé, être libre tout en acceptant les contraintes associées aux liens forts. Le monde contemporain produit, selon R. Sennett, des individus narcissiques cherchant refuge dans des communautés destructrices.

Chez tous les sociologues étudiés, l'homme peut être considéré comme une parcelle du tout social, donc à l'image de ce que l'on pourra dire de ce tout ; mais on pourrait dire tout aussi bien ; le social prendra la forme que lui donnent les individus qui le constituent.

C'est ainsi que dans notre première partie, en nous préoccupant de définir l'identité individuelle, nous avons débouché chez chaque auteur sur une conception du social ; et voulant dans la seconde caractériser des liens sociaux, des manières différentes de faire société, nous avons découvert des profils distincts d'individus.

2 Une portée éthique

En commençant cet ouvrage, on a proposé de situer comme horizon possible du savoir la transformation de soi dont la finalité serait une action droite dans le monde.

Les sociologues étudiés invitent-ils à l'action ? S'ils ne le font pas explicitement, y incitent-ils ? Avec P. Bourdieu et E. Goffman, on est plutôt dans le second cas de figure, où il n'y a pas d'élaboration explicite du type d'action souhaitable bien que chacun puisse s'approprier cette sociologie en vue de l'action. La position de **P. Bourdieu** est étonnante : alors qu'au cœur de son système théorique, le déterminisme semble à ce point présent que la seule marge de liberté réside dans la prise de conscience des déterminations, P. Bourdieu lui-même s'est engagé très activement, dans les dix dernières années de sa vie au moins, en vue de transformer le monde social, contestant en l'occurrence son caractère néo-libéral. Cet engagement a été lu par certains comme une sorte de démenti du déterminisme de son propre système théorique – à quoi bon agir pour changer le monde si le pouvoir des dominants et des structures sociales est si prégnant? –, par d'autres comme l'indice du caractère excessif de la lecture commune de l'œuvre comme étant déterministe.

Indépendamment de l'engagement de P. Bourdieu, son œuvre a été souvent utilisée par des acteurs sociaux pour agir sur le système scolaire et plus largement, culturel, tentant de réduire les effets de la domination réelle et symbolique des catégories supérieures. Mais elle l'a été aussi par des acteurs du monde marchand (issus des secteurs du marketing, de la publicité) pour anticiper plus finement les goûts spécifiques de chaque catégorie sociale et mieux cibler à partir de là les caractéristiques des produits et leur stratégie commerciale. L'œuvre de P. Bourdieu a pu ainsi être utilisée avec des visées opposées, les unes cherchant à réduire l'exclusion des groupes les plus faibles, les autres à accroître les bénéfices des plus forts. Les premières sont très sûrement plus proches de l'élan qui était celui de P. Bourdieu. En amont de toute visée d'action sur le monde, cette œuvre a aussi été utilisée en cherchant une articulation avec la psychanalyse comme moyen de connaissance et de transformation de soi (par exemple dans le travail de sociologie clinique de V. de Gaulejac ou le récit de vie tel que l'envisage M. Legrand).

E. Goffman n'a pas eu de discours clair sur le type d'action dans le monde que pourrait servir sa sociologie. Le ton décalé si pas cynique de certains passages a sans doute contribué à ce qu'il soit considéré par d'aucuns (entre autres R. Sennett) comme ne suscitant pas l'action. Pourtant, son œuvre a été utilisée de façon active par ceux qui ont contesté l'enfermement des malades mentaux et le type de traitements subis en institution. Plus généralement, elle offre une contribution appréciable à toute action soucieuse de notre responsabilité individuelle et collective à reconnaître l'humanité de tous par le respect des règles et la garantie des ressources indispensables à leur mise en œuvre. L'affirmation de cette responsabilité peut devenir un défi éthique lorsque l'on est face aux individus les plus faibles (de par le handicap, le grand âge, la maladie, la condition socio-culturelle...).

E. Goffman nous permet de travailler de façon nuancée l'importance du respect des règles de l'interaction, en sachant reconnaître les situations limites où sans plus avoir accès à leur respect, l'individu doit néanmoins pouvoir compter sur la reconnaissance par autrui de sa pleine appartenance à la communauté humaine.

Chez les 4 auteurs étudiés pour leur contribution à une théorie du lien social (2e partie), l'action politique et éthique est plus explicitement présente.

F. Tönnies a espéré et contribué au développement d'un monde d'associations et de mutuelles où des travailleurs se soumettraient volontairement aux valeurs choisies ensemble (d'égalité, de solidarité), coordonnés par un État moderne (idéalement à l'échelon mondial).

M. Weber cherche, dans les domaines de la science et de la politique pour ce qui le concerne, comment trouver la voie permettant de rendre raison à la fois aux valeurs multiples, en tension les unes par rapport aux autres et à un engagement responsable (selon les critères de la raison instrumentale).

J.T. Godbout et R. Sennett fondent leur conception de l'action éthique sur l'ouverture à autrui : par le don aux proches et aux inconnus pour le premier, une façon d'habiter soucieuse de la rencontre avec l'autre dans sa différence pour le second, il s'agit chez tous les deux de fonder l'action sur une façon de considérer l'autre comme utile à ma vie personnelle, indispensable pour l'enrichir (au sens non matériel du terme).

Ce qui les distingue de leurs grands prédécesseurs, c'est leur capacité à reconnaître l'existence d'une éthique propre au monde individualiste, là où F. Tönnies et M. Weber associaient davantage celui-ci à une érosion des valeurs.

L'enjeu pour eux n'est donc plus de redonner vie à des valeurs qui auraient perdu de leur vigueur mais d'éviter les pièges (refus des contraintes, enfermement narcissique) que recèlent les valeurs individualistes auxquelles ils sont eux-mêmes sensibles. Ainsi, R. Sennett apprécie la quête spirituelle des individus contemporains ; il veille à ce qu'elle ne s'appauvrisse pas en enfermement dans le monde clos de l'intimité.

La possibilité de s'approprier les théories sociologiques pour contribuer à la conception d'une action juste dans le monde témoigne de ce que ces théories ne signifient en rien le total conditionnement de l'individu par le social. La sociologie nous montre celui-ci à la fois comme une contrainte mais aussi comme une ressource rendant l'action possible. En éclairant les liens complexes et évolutifs qui unissent l'individu au social, la sociologie peut stimuler notre désir d'agir sur le monde et nous aider à définir quelle action a du sens, pour notre vie et celle d'autrui. À choisir quelle vision de l'homme accompli orientera notre parcours.

3 Les conceptions de l'individu/la société et la modernité avancée

Les différentes visions de l'individu et de la société mises au jour sont-elles toutes aussi pertinentes pour penser dans le contexte de la société avancée ? Pour aborder cette question, on peut s'aider des réflexions de Y. Bonny [*op. cit.*, pp. 17-24] concernant les critiques contemporaines faites aux concepts sociologiques d'individu et de société.

En ce qui concerne l'individu, il considère que les façons de définir son identité en lien étroit avec une appartenance collective assignée (c'est-à-dire non choisie, s'imposant à lui) ne correspond plus aux caractéristiques du monde contemporain, à la fois pour des raisons théoriques et empiriques. Théoriquement, ces conceptions reposeraient sur une vision trop intégrée de la vie sociale alors que se développent des modèles représentant la société en réseaux à tout le moins composée d'une multiplicité de logiques. Empiriquement, on observerait une individualisation des trajectoires ne permettant pas de réduire l'individu à une place dans l'espace social ou l'appartenance à une communauté.

Si l'on veut bien suivre Y. Bonny dans sa critique, il est clair que la théorie de l'identité de P. Bourdieu (que cite d'ailleurs Y. Bonny à titre d'exemple) correspond à celle-ci puisqu'à travers l'habitus, c'est bien sa personnalité qui est conditionnée par sa position dans l'espace social. Au contraire, E. Goffman correspond davantage à une vision contemporaine de l'individu, engagé dans une multiplicité d'interactions différentes, aucune en particulier n'étant à même de le définir.

On avait conclu le chapitre précédent en montrant comment l'épistémologie de P. Bourdieu renvoyait davantage à une vision moderniste de la science, sûre de la vérité absolue qu'elle dégage ; on observe ici que le contenu même de sa théorie ne permet pas de rendre compte de façon spécifique des derniers développements de la modernité avancée. Tout en appartenant à la même génération, P. Bourdieu et E. Goffman ne proposent pas des visions de l'individu aussi en prise l'une que l'autre avec les réalités et la culture de la modernité avancée.

Si l'on veut situer les sociologues étudiés dans la seconde partie en fonction de leur pertinence pour connaître la modernité avancée, c'est sans doute F. Tönnies qui, associant de façon forte un type d'homme à un type de monde (*Gemeinschaft* ou *Gesellschaft*), doit être le plus retravaillé. M. Weber, son contemporain, est néanmoins plus proche de la sensibilité contemporaine dans la mesure où plusieurs logiques (en termes d'action ou de type de domination) peuvent coexister, laissant plus de marge de manœuvre à l'individu.

En ce qui concerne la conception de la société, Y. Bonny note le souci des chercheurs contemporains de prendre en compte la multiplicité des systèmes sociaux, des réseaux d'acteurs partiels, contre la vision classique d'une société intégrée, avec un acteur centralisé (l'État-Nation).

On sent bien ici comment J.T. Godbout, en développant trois logiques différentes, ayant chacune une légitimité partielle – même si lui privilégie celle du don –, développant certaines critiques à l'égard de la logique étatique, entre bien, de ce point de vue, dans la logique d'une modernité avancée. R. Sennett lui aussi voit la société contemporaine comme combinant à tout le moins deux logiques, celle d'une *Gesellschaft* impersonnelle et d'une *Gemeinschaft* destructrice. Même en ce qui concerne cette logique, il ne s'agit pas d'une identité qui s'imposerait à l'individu du fait de sa naissance, mais d'un choix que fait celui-ci de se réfugier dans un monde clos dont il contribue à définir lui-même les contours.

Dans tout notre parcours allant de l'identité au lien social est bien apparue la façon dont, pour la sociologie, on ne peut se connaître sans connaître le monde ni connaître le monde sans se connaître soi, tant, pour elle, la société et l'individu se constituent l'un par l'autre. Dès son origine et aujourd'hui encore, la sociologie tente de nous éclairer sur les transformations du monde qui est le nôtre et sur notre place dans celui-ci, permettant à ceux qui en conçoivent le projet d'orienter de façon plus juste leur action dans le monde.

Présentation des photographes

Berenice Abbott (1898-1991), née à Springfield (Ohio) découvre New York en 1918. Elle y vit de petits boulots et fréquente l'avant-garde artistique.

En 1921, elle arrive à Paris et commence la photo en devenant assistante dans l'atelier de Man Ray (1925), puis en créant son propre atelier. Elle se passionne pour le travail du photographe E. Atget dont le souci de garder la mémoire du vieux Paris qui disparaît inspirera son itinéraire. Revenant à New York en 1929, elle fixe les images de sa ville sans cesse changeante, voulant en saisir l'esprit et en conserver les traces. Ce projet, «Changing New York» (dont est issu la photo reproduite), est publié sous forme de livre en 1939 et fait l'objet d'expositions à partir de 1930.

B. Abbott enseigne (entre autres avec Lisette Model, présentée ci-après) à la New school for Social Research de New York.

À partir de la fin des années 1940 jusqu'à la fin des années 1960, elle se passionne pour la photographie des phénomènes étudiés par la science (lumière, ondes, magnétisme).

Gabriele Basilico (1944), architecte de formation, a pour champ de recherche photographique la ville et le paysage industriel.

Au départ de Milan (sa ville natale et de résidence) dont il a photographié les sites industriels, il s'intéresse à d'autres villes pour y repérer des traits semblables, une culture commune (sans nier leur spécificité). Il s'est intéressé aux centres historiques pour leur superposition de différentes traces temporelles mais aussi aux espaces frontières, aux limites de la ville, où différents types de bâtiments se mêlent pour former une nouvelle esthétique du paysage. Son regard éveille notre attention aux nouvelles formes architecturales, structures de l'espace, signes urbains (panneaux routiers, mobilier urbain, publicité...).

Son souci de nous aider à affûter notre perception de la ville, son goût pour la découverte des nouvelles formes urbaines, sa contribution à une meilleure compréhension de notre rapport à la réalité urbaine peuvent être rapprochés de cette «conscience de l'œil» que R. Sennett appelle de ses vœux. Les photos reproduites sont tirées de «Nelle altre città», Art-photografica e ricerca, Udine, 1997.

Raymond Depardon (1942) naît dans une famille paysanne. Sans formation, il entre dans un studio de photographie comme aide, puis se lance comme photographe, d'abord en tant que photojournaliste (de la fin des années 1950 au milieu des années 1970), ensuite en adoptant une approche documentaire plus personnelle, racontant le monde en se racontant lui-même, mêlant textes autobiographiques et images. À partir des années 1980, il devient également cinéaste, essentiellement mais pas uniquement de documentaires. Son travail d'inspiration humaniste porte sur des lieux et des situations très variées: New York, l'Afrique, la Roumanie, le Vietnam, les problèmes du monde paysan (en revenant dans sa région natale), l'enfance abandonnée, les urgences, les hôpitaux psychiatriques. C'est sur cette dernière thématique qu'est centré «San Clemente» (Centre National de la photographie, Paris, 1975), dont est issu l'essentiel des photographies reproduites.

François Hers est né à Bruxelles en 1943 et travaille à Paris depuis 1968. Il est présenté ici pour son travail avec Sophie Ristelhueber dans les logements sociaux belges des années 1970 («Intérieurs», éd. des Archives de l'architecture moderne, 1981), résultat d'une commande publique. Dans ce cadre, F. Hers a visité plus de 150 logements, photographiant chaque pièce, s'intéressant à la manière dont les habitants s'étaient approprié l'espace, sans que jamais ils n'y figurent.

Il a été par ailleurs le directeur artistique de l'importante mission photographique de la Datar («Délégation à l'aménagement du territoire et à l'action régionale», 1983-1989). Cette mission, qui a rassemblé quatre des photographes présentés ici (en plus de F. Hers, G. Basilico, L. Depardon, et S. Ristelhueber) avait parmi ses objectifs de travailler le regard des Français face à leur territoire, veillant à laisser une grande liberté artistique à chaque photographe envoyé sur le terrain.

Daniel Michiels naît à Bruxelles en 1952, ville qu'il quitte à 26 ans pour s'installer en Ardennes qui devient, avec ses habitants, le sujet quasi exclusif de ses photographies. Les photos reproduites sont issues de «Ardenne restante», La lettre volée, coll. «Vu d'ici», Bruxelles, 2001.

Lisette Model (1901-1983) naît à Vienne qu'elle quitte en 1938 pour la France avec son mari juif d'origine russe. À Nice, elle photographie, sur la promenade des anglais, les gens riches, avec un regard acerbe. S'installant à New York un an plus tard, elle photographiera, sans plus de concessions, la pauvreté et toutes les formes de rupture de la société. Elle explore à New York le Lower East Side, s'intéresse à ceux qui y vivent, s'attachant aux plus pauvres de ses habitants.

Ses personnages, occupant tout le cadre, souvent monumentaux, ont une présence à couper le souffle.

L'essentiel des photos qui l'ont fait connaître (dont : « la baigneuse de Coney Island » reproduite au 1er chapitre) date des années 1930 et 1940. Ce travail peut être situé au sein de la mouvance de la « Street photography » à laquelle appartient aussi Garry Winogrand (présenté ci-après).

Elle sera également une enseignante exceptionnelle à la New School for Social Research (New York) entre autres avec Berenice Abbott (présentée ci-dessus).

Chantal Noël (1955) est née à Florenville et effectue des études de dessin et de photographie à Bruxelles. Les photos présentées dans cet ouvrage ont été prises de la fin des années 1970 au début des années 1990, lors d'un travail consacré aux *Grandes familles* belges (éd. Le Cri, Bruxelles, 1994). Son regard est particulièrement sensible à la dimension intemporelle de l'existence aristocratique.

Bill Owens (1938, San Jose, California) s'est fait connaître en publiant en 1973 *Suburbia* (dont sont issues toutes les photos reproduites, Fotofolio, 1999), où il décrit la vie des familles américaines des classes moyennes de la banlieue de Livermore (Amadan Valley, California).

Engagé en 1968 comme photographe par le « Livermore Independant », il est en contact fréquent avec la banlieue de la ville, qui attire de plus en plus les membres de la classe moyenne. Peu à peu se dessine le projet de décrire ce « rêve » de banlieue et ce qu'il y a derrière. Il laisse des annonces dans le journal local, proposant aux gens de la banlieue de se laisser photographier dans le cadre de son projet. Pendant un an, en 1972, il va passer tous ses dimanches dans la banlieue de Livermore, pour y capter le quotidien et ses « événements » (anniversaires, Noël...).

Les commentaires dont il accompagne certaines photos reprennent ce que les individus photographiés ont dit spontanément au moment de la prise, ou les commentaires qu'ils en ont fait lorsque le photographe est revenu leur montrer les photos.

Bien qu'ayant connu un certain succès au moment de la sortie de *Suburbia*, Bill Owens a dû abandonner la photographie professionnelle après deux autres livres, ne pouvant vivre de cette activité. Après avoir été brasseur (ayant 3 pubs en Californie), il n'a pu reprendre la photographie que récemment (avec un nouveau projet : « Leisure : Americans at play ») suite à la réédition de *Suburbia* (1999) et une nouvelle exposition au Musée d'Art de San José.

Sophie Ristelhueber (1949) vit et travaille à Paris. Elle est présentée ici dans un de ses premiers travaux avec François Hers («Intérieurs», éd. des Archives de l'architecture moderne, 1981) portant sur l'habitat en logements sociaux en Belgique dans les années 1970. Pour ce travail, elle a d'abord habité 15 jours dans une famille, puis fait des visites plus ponctuelles, entre autres à partir des contacts pris par F. Hers pour ses visites d'intérieur. De ces différentes approches est issue une centaine de portraits en noir et blanc de personnes arrêtées au milieu de leur décor quotidien.

À partir des années 1980, elle se rend sur des lieux de conflits (Beyrouth, Arménie, Bosnie, Koweït, Iraq, Cisjordanie) non pour travailler dans l'éphémère du reportage mais pour s'interroger sur les traces laissées par l'homme à la surface de la terre et des corps.

August Sander (1876-1964), grand photographe allemand, développe à partir de 1920 dans *Les hommes du XXe siècle* (dont sont extraites toutes les photos reproduites) un projet très particulier, considéré comme son grand œuvre : proposer un portrait de sa société à partir de photographies d'individus incarnant les caractéristiques essentielles de leur groupe professionnel ou de leur classe sociale.

Selon C. Schreier (dans le catalogue de l'exposition August Sander, Société des expositions du Palais des Beaux-Arts de Bruxelles, 1995, pp. 1-6), par son travail, A. Sander considère qu'il y a une identité entre la personne et sa position dans le cosmos social. Le temps y est comme suspendu, donnant à ses portraits, très mis en scène, un caractère intemporel.

Garry Winogrand (1928-1984) est un des maîtres de la «Street photography» américaine. Pendant presque 30 ans, piéton lui-même, il découvre par la photographie la vie urbaine, dans sa banalité et sa complexité, dans les lieux publics. Son sujet est la rue qu'il observe comme un théâtre : sans prétendre rien dire de l'intimité des individus, de ce que seraient leurs émotions, il montre ce qui se donne à voir via l'appareil photographique. Ses photos sont des découvertes, liées à l'instant et au hasard qui produira ou non une image intéressante. Il a produit un nombre considérable de photos (plus de 100.000), laissant de nombreux films non développés au moment de sa mort.

Durant les années 1950, il gagne sa vie comme photojournaliste en travaillant pour des magazines ; dans les années 1960, la publicité lui permet de poursuivre son travail personnel. Trois bourses Guggenheim, une certaine reconnaissance et quelques activités d'enseignement lui permettront ensuite de se consacrer plus exclusivement à son projet.

Les photos reproduites ici sont extraites du livre ayant accompagné la rétrospective Winogrand organisée par le MOMA en 1988 à New York (*Winogrand. Figments from the real world*, Szarkowski, MOMA, 1988).

Glossaire

Action rationnelle par rapport à des valeurs : type de rationalité soucieuse avant tout du respect des valeurs choisies qui peut aller jusqu'à la non-prise en compte des conséquences de l'action (M. Weber).

Action rationnelle par rapport à un but/action instrumentale : type de rationalité focalisée sur la recherche des moyens efficaces permettant d'atteindre une finalité donnée, non interrogée comme telle (M. Weber).

Anti-utilitarisme : systématisé par le M.A.U.S.S. (Mouvement Anti-utilitariste en Sciences Sociales), ce paradigme entend prendre en compte les manières d'être à la fois intéressées et désintéressées des individus suivant des combinaisons variables selon les sociétés et les sphères d'activité considérées, critiquant en cela la vision utilitariste de l'humain.

Bureaucratie : pour M. Weber, il s'agit d'une forme d'organisation du travail visant l'efficacité par la spécialisation des fonctions, la dépersonnalisation et la formalisation du pouvoir.

Capital : tout type de ressource (économique, culturelle, sociale…) pouvant être utile aux agents sociaux dans un champ déterminé (P. Bourdieu).

Communauté (Gemeinschaft) : F. Tönnies la définit comme une modalité du vivre-ensemble supposant une soumission de l'individu au groupe, au projet et aux valeurs communes auxquelles celui-ci adhère. Il s'agit d'une union des semblables, souvent hostiles à tout qui est extérieur au groupe.

Communauté destructrice : forme de lien social propre à la société contemporaine selon R. Sennett, unissant des individus semblables (par le positionnement social, culturel, religieux...), valorisant l'être commun au détriment de l'action collective, tendant à exclure, voire à détruire l'autre dans la mesure où il est différent.

Constructivisme: paradigme visant la prise en compte sur un mode dialectique de l'objectivité des faits (ce en quoi ils s'imposent à nous) et de notre contribution à leur production et à leur interprétation (selon la perspective systématisée par P. Berger et Th. Luckmann).

Domination charismatique: forme de domination reposant sur la reconnaissance par les adeptes des qualités exceptionnelles du chef, lui permettant d'imposer sa vision sans devoir respecter les lois; forme transitoire entre la tradition et la modernité ou forme d'opposition à la logique rationnelle légale (M. Weber).

Domination rationnelle légale: forme de domination impersonnelle, tirant sa légitimité d'une règle devant laquelle tous sont égaux et appliquée au moyen d'une machine judiciaire et administrative, v. bureaucratie (M. Weber).

Domination traditionnelle: forme de domination tirant sa légitimité de la conformité à une règle sacrée, conférant une dignité personnelle au détenteur du pouvoir (M. Weber).

Don: logique d'échange d'abord identifiée par M. Mauss, puis reprise pour comprendre les sociétés contemporaines par le M.A.U.S.S., qui fonctionne selon un cycle à trois temps (donner, recevoir, rendre) afin de créer ou d'entretenir le lien social.

Épistémologie: branche de la philosophie qui interroge le savoir/la science dans ses modalités et sa validité, ses spécificités selon les disciplines.

Éthique: étude des principes guidant l'action des individus dans la mesure où un choix est possible.

Évolutionnisme: courant dominant l'anthropologie du XIXe siècle et considérant que l'espèce humaine ne faisant qu'une, chaque société suit la même évolution, allant de l'état «primitif» jusqu'au modèle de la société occidentale. Dans cette logique aujourd'hui tout à fait remise en question, les sociétés occidentales sont présentées comme le point d'aboutissement du mouvement, les sociétés non européennes comme des témoins de stades antérieurs du monde occidental.

Face : valeur sociale positive attribuée à un individu par les autres interactants en fonction de la ligne de conduite qu'il est supposé avoir adoptée pendant l'interaction (E. Goffman).

Fait social total : M. Mauss le définit comme un fait où s'expriment de multiples institutions (religieuse, économique, politique...) et par lequel tout le système social se mobilise.

Habitus : principe générateur de pratiques dans tous les domaines de l'action et système de classement, conditionnant la perception du monde et des gens, et orientant vers les positions sociales les plus proches (P. Bourdieu).

Holisme méthodologique : choix épistémologique qui consiste à privilégier l'étude de la totalité – en l'occurrence le social – plutôt que ses parties, à savoir chaque individu (*cf.* individualisme méthodologique).

Idéaltype : correspond à la manière dont M. Weber analyse le statut des concepts construits en science humaine ; ceux-ci sont le fruit d'une sélection des traits du phénomène à étudier permettant de mieux le comprendre en se concentrant sur ce qui en constitue l'essentiel.

Idéologie de l'intimité : système d'idées très présent dans le monde contemporain (R. Sennett) selon lequel les relations intimes sont seules valorisées, apparaissant même comme les seules à être «vraies» ; se connaître devient une fin en soi, les rapports sociaux et politiques n'étant appréciés qu'à l'aune de catégories psychologiques.

Individualisme méthodologique : choix épistémologique qui consiste à prendre pour unité d'analyse l'individu et son action (et non le tout social, *cf.* holisme méthodologique).

Interaction : ensemble des comportements verbaux et non verbaux, intentionnels ou non, ayant lieu lors d'une présence conjointe et en vertu de cette présence conjointe d'au moins deux individus (E. Goffman).

Interactionnisme : paradigme prenant pour unité d'observation et d'analyse l'interaction en face à face, et permettant de comprendre les interprétations qu'en font les individus dans le cadre des règles de l'interaction (dans l'approche qu'en retient E. Goffman).

Modernité : dans le contexte particulier de cet ouvrage, elle est identifée par trois phénomènes majeurs : la révolution démocratique, la révolution industrielle et l'expansion coloniale. La sociologie s'est formée dans un effort d'en comprendre la nature. Pour les sociologues retenus (M. Weber et F. Tönnies), l'observation et l'analyse de la modernité sont centrées sur la fin du XIXe – début du XXe s.

Modernité avancée : nouvelle inflexion de la modernité qui, à partir du milieu des années 1970, se caractérise par une globalisation des économies, un recul des interventions de l'État et une radicalisation de l'individualisme (ses valeurs se diffusant dans tous les domaines, avec une tendance au désengagement des collectifs – au moins sous leur forme héritée de la modernité, en particulier partis, syndicats et classes sociales).

Narcissisme : au sens où l'entend R. Sennett, il s'agit d'une caractéristique que tend à développer l'individu contemporain, l'amenant à se désintéresser du monde extérieur dans la mesure où il ne lui renvoie pas son image ou ne lui parle pas de ses problèmes personnels. L'individu se focalise alors sur l'être plutôt que le faire, désinvestissant en particulier l'action collective impersonnelle.

Neutralisation des différences : tendance de l'urbaniste à rendre inapparentes les singularités de l'espace physique (dénivelés, cours d'eau...) et les différences sociales (classes sociales, groupes nationaux...), produisant un espace froid, impersonnel, limitant les occasions de rencontres avec autrui (R. Sennett).

Néo-libéralisme : à partir du milieu des années 1970, les idées libérales connaissent une reprise au sein des sociétés occidentales, s'articulant autour d'une contestation de la régulation des marchés par l'État et de son rôle au niveau de la protection sociale (via les mécanismes de la sécurité sociale). Ces idées seront incarnées dans les années 1980 par des dirigeants politiques comme R. Reagan (USA) ou M. Thatcher (R.U.).

Normatif : qualifie un point de vue qui évalue le réel à partir d'une norme disant l'idéal, se distinguant d'une description du réel.

Pangermanisme : mouvement politique né au XIXe s. et qui se développa au XXe s. dans le contexte d'une Allemagne en pleine expansion économique. Il visait le regroupement sous un même État de toutes les populations d'origine allemande.

Paradigme : selon T. Kuhn, consensus existant au sein d'une communauté scientifique à propos de la manière de voir le monde (des faits à étudier) et de le connaître (du rapport aux faits, de la méthode à développer).

Post-modernisme : courant philosophique et artistique contestant les valeurs associées à la modernité (rationalisme, scientisme) et à la civilisation industrielle.

Pouvoir symbolique : pouvoir associé à un fort capital symbolique et permettant à ceux qui le détiennent de faire passer pour neutres, objectives des catégories de perception renforçant l'ordre établi qui, en l'occurrence, les avantagent (P. Bourdieu).

Rationalisation : processus dans lequel est engagé, selon M. Weber, la société occidentale, qui consiste en la domination progressive d'une forme de rationalité – instrumentale – sur toutes les sphères de l'existence.

Société (Gesellschaft) : F. Tönnies la définit comme une modalité du vivre-ensemble reposant sur la poursuite de l'intérêt individuel, justifiant seul le lien à autrui. Une rationalité matérialiste et calculatrice l'oriente, qui rend possible un certain universalisme.

Structuralisme : paradigme selon lequel les faits à prendre en compte sont les structures inconscientes (se définissant par les relations existant entre les éléments), et visant la mise au jour de lois sociales, dans une prétention à dire une vérité universelle.

Structure : ensemble de relations existant entre les parties qui la composent, ces relations étant constitutives et non chaque partie prise isolément (v. structuralisme).

Utilitarisme : paradigme très présent en science économique, mais également dans les autres sciences humaines, selon lequel les individus déterminent leur action en fonction de leur intérêt, celui-ci étant calculable (selon la critique qu'en fait le M.A.U.S.S.).

Bibliographie

ACCARDO, A., *Initiation à la sociologie. L'illusionnisme social. Une lecture de P. Bourdieu*, Bordeaux, Le Mascaut, 1991, 210 p.

ADAIR-TOTEFF, C, «Ferdinand Tönnies: Utopian visionary», *Sociological Theory*, march 1995, 13:1, pp. 58-65.

ARON, R., *La sociologie allemande contemporaine*, Paris, PUF, 1981, 147 p.

ARON, R., *Les étapes de la pensée sociologique*, Paris, Gallimard, 1991, 663 p., coll. «tel».

ATTIAS-DONFUT, C., *Les solidarités entre générations. Vieillesse, famille, état,* Paris, Nathan, 1995, 352 p.

ATTIAS-DONFUT, C., SEGALEN, M., *Grands-parents. La famille à travers les générations*, Paris, Odile Jacob, 1998, 330 p.

ATTIAS-DONFUT, C., «Va-t-on vers une guerre des générations?» in *Longévité et qualité de vie: défis et enjeux,* JASMIN C. et BUTLER R. (dir.), Le Plessis-Robinson, Institut Synthélabo, 1999, pp. 265-280.

ATTIAS-DONFUT, C., LAPIERRE, N., SEGALEN, M., *Le nouvel esprit de famille*, Paris, Odile Jacob, 2002, 294 p.

BATESON, G. *et al.* (Présentés par Y. WINKIN), *La nouvelle communication*, Paris, Seuil, 1981, 371 p., coll. Point.

BECK, U., *La société du risque,* Paris, Aubier, 2001.

BERGER, P. et LUCKMANN, T., *La construction sociale de la réalité*, Paris, Méridiens-Klincksieck, 1986, 288 p., coll. «Sociétés».

BERKING, H., *Sociology* of *giving*, London, Sage, 1999, 165 p.

BERTHELOT, J.M., *L'intelligence du social*, Paris, PUF, 1990, 249 p., Sociologie d'aujourd'hui.

BERTHELOT, J.M., *La construction de la sociologie*, Paris, PUF, 1991, 127 p., coll. Que sais-je?

BLYTON, P., BACON, N., «Job insecurity: A review of measurement, consequences and implications», *Human relations*, 2001, 54:9, pp. 1223-1248.

BOLTANSKI, L., CHIAPELLO, E., *Le nouvel esprit du capitalisme*, Paris, Gallimard, 1999.

BONNER, K., «Reflexivity, Sociology and the Rural Urban distinction», *The canadian review of sociology and anthropology*, 1998, 35: 2, pp.165-189.

BONNEWITZ, P., *Premières leçons sur la sociologie de P. Bourdieu*, Paris, PUF, 1997, 122 p., Collection Major Bac.

BONNY, Y., *Sociologie du temps présent. Modernité avancée ou post-modernité*, Paris, Armand Colin, 2004, 248 p.

BOURDIEU, P., *La distinction. Critique sociale du jugement*, Paris, Éd. de Minuit, 1979, 760 p., Le sens commun.

BOURDIEU, P., *Questions de sociologie*, Paris, Éd. de Minuit, 1980, 268p.

BOURDIEU, P., *Choses dites*, Paris, Éd. de Minuit, 1987, 229 p., Le sens commun.

BOURDIEU, P., avec Loïc J.D. WACQUANT, *Réponses*, Paris, Seuil, 1992, 268 p., Libre Examen.

BOURDIEU, P., *Méditations pascaliennes*, Paris, Seuil, Liber, 1997, 316p.

BOURDIEU, P., «Regards croisés sur l'anthropologie de P. Bourdieu», *Actes de la recherche en sciences sociales*, Déc. 2003, n° spécial, n° 150.

BOURDIEU, P., *Esquisse pour une auto-analyse,* Paris, Raisons d'agir, 2004, 142 p.

BOUVERESSE, J., *Bourdieu, savant et politique,* Marseille, Agove, Banc d'essai, 2003,179p.

BOUVERESSE, J., ROCHE, D. (dir.), *La liberté par la connaissance. Pierre Bourdieu (1930-2002),* Paris, O. Jacob, 2004, 344 p.

BRANAMAN, A., «E. Goffman's social theory», in C.LEMMERT et A. BRANAMAN (dir.), *The E. Goffman reader*, Cambridge, Blackwell, 1997, pp.45-80.

BRETON, S., (dir), *Qu'est-ce qu'un corps?,* Paris, Musée du Quai Branly, 2006.

CAILLÉ, A., *Splendeurs et misères des sciences sociales*, Genève, Paris, Librairie Droz, 1986, 411 p.

CAILLÉ, A., *Don, intérêt et désintéressement. Bourdieu, Mauss, Platon et quelques autres*, Paris, La Découverte, M.A.U.S.S., 1994, 304 p., coll. Recherches.

CAILLÉ, A., in «Une seule solution, l'association? Socio-économie du fait associatif», Paris, La Découverte, M.A.U.S.S., 1er semestre 1998, pp.73-83, *La revue du M.A.U.S.S.,* n° 11.

CAILLÉ, A., *Anthropologie du don. Le tiers paradigme*, Paris, Desclée de Brouwer, 2000, 277 p., Sociologie économique.

CHAN, A., GARRICK, J., «Organization Theory in Turbulent Times: The Traces of Foucault's Ethics», *Organization*, 2002, 9:4, pp.683-701.

CHAUVEL, L., «Le retour des classes sociales», *Revue de l'OFCE*, 2001, pp. 315-331, n° 79.

CHAUVEL, L., «Mobilité, monogamie et permanence des frontières sociales», *Revue de l'OFCE*, 2001, n° 79, pp. 338-359.

CHAUVEL, L., «L'école et la déstabilisation des classes moyennes», *Éducation et sociétés*, 2004, n° 14, pp. 101-115.

CHAUVEL, L., «La fin des classes sociales est-elle une prophétie auto-réalisatrice?» in CHOPART, N. et MARTIN, C. (dir.), *Que reste-t-il des classes sociales?*, Rennes, éd. de l'ENSP, 2004, pp. 79-98.

CHAUVEL, L., «Les nouvelles générations devant la panne prolongée de l'ascenseur social», *Revue de l'OCFE*, 2006, n° 9, pp. 35-50.

CHAUVEL, L., *Les classes moyennes à la dérive*, Paris, Seuil, 2006, 108 p.

CHAUVIERE, M., GODBOUT, J. (dir.), *Les usagers entre marché et citoyenneté*, Paris, L'Harmattan, 1992, 332 p., Logiques sociales.

CHERTOK, L., STENGERS, I., *Le cœur et la raison*, Paris, Payot, 1989, 283 p., Sciences de l'homme.

CHOPART, N. et MARTIN, C. (dir.), *Que reste-t-il des classes sociales?*, Rennes, éd. de l'ENSP, 2004, 297 p.

COLLOQUE DE ROYAUMONT, *Sur l'individu*, Paris, Seuil, 1987, 122 p.

CORCUFF P., *Les nouvelles sociologies*, Paris, Nathan université, 1995, 126 p.

CORCUFF P., *La société de verre: pour une éthique de la fragilité*, Paris, Armand Colin, 2002, 269 p.

DEGENNE, A., FORSÉ, M., *Les réseaux sociaux*, Paris, Armand Colin, 1994, 288 p.

DELACROIX, C., DOSSE, F., «Les sciences sociales au tournant», *Libération*, 10 mars 1993, p. 6.

DISSELKAMP, A., *La sociologie et l'oubli du monde*, Bruxelles, éd. de l'ULB, 2008, 189 p.

DOSSE, F., *Histoire du structuralisme*, Paris, La Découverte, 1992, 2 tomes, 488 p., 587 p.

DUBAR, C., *La crise des identités*, Paris, PUF, 2000, 239 p., Le sens du social.

DUMONT, L., *Essais sur l'individualisme: une perspective anthropologique sur l'idéologie moderne*, Paris, Seuil, 1983.

DUMONT, L., «Individualisme "apolitique": la "Kultur" dans les considérations de Thomas Mann», in colloque de Royaumont, *Sur l'individu*, Paris, Seuil, 1987, pp. 38-53.

DURKHEIM, E., *Les règles de la méthode sociologique*, Paris, Flammarion, 1984 (1re éd.: 1895), 254 p., Champs.

EISENSTADT, S., «La modernité multiple comme défi à la sociologie», *la Revue du M.A.U.S.S., Une théorie sociologique générale est-elle pensable? De la science sociale*, 2004, pp. 189-204.

FINE, G.A., SMITH, G.W. (dir), *Erving Goffman*, London/Thousand Oaks/ New Delhi, Sage, 2000, Sage masters of modern social thought.
FREUND, J., *Sociologie de Max Weber*, Paris, PUF, 1966, 256 p., coll. «Sociologie».
GANE, N., *Max Weber and postmodern theory. Rationalization versus Re-enchantment*, Palgrave, New York, MacMillan, 2004, 194 p.
GAUCHET, M., «Changement de paradigme en sciences sociales?», *Le débat,* mai-août 1988, n° 50, pp. 165-170.
GAULEJAC de, V., *Névrose de classe*, Paris, Hommes et groupes éditeurs, 1987, 304 p.
GODBOUT, J.T. (en collaboration avec A. Caillé), *L'esprit du don*, Paris, La Découverte, 1992, 344 p., textes à l'appui, série anthropologie.
GODBOUT, J.T., *Le don, la dette et l'identité*, Paris, La Découverte, M.A.U.S.S., 2000, 190 p.
GODBOUT, J.T., HENAFF, M., «Controverse sur le don», *Esprit*, février 2003, pp. 155-167.
GODBOUT, J.T., *Ce qui circule entre nous,* Paris, Seuil, 2007, 394 p.
GODELIER, M., *L'énigme du don,* Paris, Fayard, 1997, 315 p.
GOFFMAN, E., *La mise en scène de la vie quotidienne. 1. La présentation de soi,* Paris, Éd. de Minuit, 1973, 251 p.
GOFFMAN, E., *La mise en scène de la vie quotidienne. 2. Les relations en public*, Paris, Éd. de Minuit, 1973.
GOFFMAN, E., *Les rites d'interaction*, Paris, Éd. de Minuit, 1974, 230 p.
GOFFMAN, E. (Textes présentés par Y. WINKIN), *Les moments et leurs hommes*, Paris, Seuil, Éd. de Minuit, 1988, 252 p.
GOFFMAN, E., *Behavior in Public Places: Notes on the Social Organization of Gatherings*, Glencoe, The Free Press, 1963.
GOFFMAN, E., *Façons de parler*, Paris, Éd. de Minuit, 1987, 277 p.
GRÖNLUND, B., «The Civitas of Seeing and the Design of Cities – on the urbanism of Richard Sennett», Urban Design Department at the School of Architecture in Copenhagen, Spring 1997, http://hjem.get2net.dk/grolund.
GRONOW, J., «The element of irrationality: Max Weber's Diagnosis of Modern culture», *Acta sociologica*, 1988, 31: 4, pp. 319-331.
HANNERZ, V., *Explorer la ville*, Paris, Éd. de Minuit, 1983.
HEINICH, N., *Pourquoi Bourdieu?*, Paris, Gallimard, 2007, 185 p.
HEWA, S., HETHERINGTON, R.W., «Specialists without spirit: crisis in the nursing profession», *Journal of medical ethics*, 1990, n° 16, pp. 179-184.
HILLIER, S., «Rationalism, bureaucracy, and the Organization of the Health services: Max Weber's contribution to understanding modern health care systems», *Sociological theory and medical sociology*, Scambler, G. (ed.), London and New York, Tavistock Publications, 1987, pp. 194-220.

HIRSCHHORN, M., COENEN-HUTHER, J. (dir.), *Durkheim, Weber: vers la fin des malentendus*, Paris, L'harmattan, 1994, 239 p., coll. Logiques sociales.

JOSEPH, I., *ErvingGoffman et la microsociologie*, Paris, PUF, 1998, 124p., Philosophies.

KAESLER, D., *Max Weber. Sa vie, son œuvre, son influence*, Paris, Fayard, 1996, 300 p.

KARSENTI, B., *Marcel Mauss. Le fait social total*, Paris, PUF, 1994, 128p., Philosophie.

KAUFMANN, J.Cl., *La trame de la vie conjugale, analyse du couple par son linge,* Paris, Nathan, 1992, coll. Essais et recherches.

KOOLHAAS, R, *Harvard project in the city*, Bordeaux, Barcelone, Actar, 2000.

La REVUE DU M.A.U.S.S., *L'obligation de donner. La découverte sociologique capitale de Marcel Mauss,* Paris, La Découverte, 8, 2e semestre 1996.

La REVUE DU M.A.U.S.S., *Une théorie sociologique générale est-elle pensable? De la science sociale.,* Paris, La Découverte, second semestre 2004.

LAHIRE, B., *Le travail sociologique de P. Bourdieu*, Paris, La Découverte, 1999.

LAHIRE, B., *La culture des individus,* Paris, La Découverte, 2004.

LAPLANTINE, F., *Je, nous et les autres*, Paris, Le Pommier, 1999, 152 p.

LAROCHELLE, G., «État et idéologie du bénévolat au Québec: les enjeux dans un contexte néo-libéral», *Recherches sociologiques de Louvain*, 1992, vol. XXIII, n° 3, pp. 69-89.

LEGRAND, M., *L'approche biographique*, Marseille, Paris, Hommes et perspectives, 1993, 301 p.

LÉVI-STRAUSS, C., *Les structures élémentaires de la parenté,* Paris, PUF, 1949.

LÖWITH, K., *Max Weber et Karl Marx,* Paris, Payot, 2009 (1933), 188p.

MAIGRET, E., MACÉ, E. (dir.), *Penser les médiacultures,* Paris, Armand Colin, 2005, 186p.

MARTUCCELLI, D., *Sociologies de la modernité*, Paris, Gallimard, 1999, Folio, Essais.

MAUSS, M., *Sociologie et anthropologie,* Paris, PUF, 1983 (1953), 482p., Quadrige.

MICHALET, C., *Qu'est-ce que la mondialisation?,* Paris, La Découverte, 2002, 220p.

MIGUELEZ, R., *L'émergence de le sociologie*, Montréal, Les Presses de l'université d'Ottawa, 1993, 175 p.

NISBET, R.A., *La tradition sociologique*, Paris, PUF, 1984, 409 p., coll. «Sociologie».

NIZET, J., RIGAUX, N., *La sociologie de Erving Goffman*, Paris, La Découverte, 2005, 121 p., coll. Repères.

OGIEN, A., «La décomposition du sujet», in I. JOSEPH (dir.), *Le parler frais d'E. Goffman*, Paris, Éd. de Minuit, 1989, pp. 100-109.

PINÇON, M., PINÇON-CHARLOT, M., «La grande bourgeoisie: une classe très organisée», in CHOPART, N. et MARTIN, C. (dir.), *Que reste-t-il des classes sociales?*, Rennes, éd. de l'ENSP, 2004, pp. 65-75.

PULCINI, E., «Assujetties au don, sujets de don. Réflexions sur le don et le sujet féminin», *Revue du M.A.U.S.S.*, n° 25, 1er semestre 05, pp. 325-338.

RAYNAUD, Ph., *Max Weber et les dilemmes de la raison moderne*, Paris, PUF, 1987, 217 p., Quadrige.

RECHERCHES SOCIOLOGIQUES, *Échanges autour du don*, XXXIV: 3, 2003.

RIGAUX, N., «Des individus dans la ville» in M. JOUBERT (dir.), *Santé mentale, ville et violence*, Paris, Erès, 2003, pp. 265-286.

SAID, E., *Culture et impérialisme,* Paris, Fayard, Le monde diplomatique, 2000, 558 p.

SANCHEZ-MAZAS, M., TSAHAPP, F. (dir.), *La rationalisation des métiers du social*, in Les politiques sociales, n° 1 et 2, Bruxelles, 2010, 140 p.

SCHEFF, T.J., «Shame of the social Bond: A Sociological Theory», *Sociological Theory*, 2000, vol. 18, n° 1, pp. 84-99.

SENNETT, R., «Two on the Aisle», 1973, pp. 320-328, in Fine G.A. et Smith, G.H.W. (dirs), *Erving Goffman,* London/Thousand Oaks/New Delhi, 2000.

SENNETT, R., *Les tyrannies de l'intimité*, Paris, Seuil, 1979, 283 p.

SENNETT, R., *La ville à vue d'œil, Urbanisme et société*, Paris, Plon, 1992, 314 p.

SENNETT, R., *Flesh and Stone. The body and the city in Western Civilization*, New York, London, W.W. Norton and Cy, 1996, 431 p.

SIMON, P.J., *Histoire de la sociologie*, PUF fondamental, Paris, 1991, 524 p.

STAFFORD, W., «Ferdinand Tönnies on gender, women and the family», *History of Political Thaught*, 1995, 14:3, pp. 391-415.

STAFFORD, W., «Community and civil society», *History and Political Thaught*, 2002, 23:4, pp. 699-700.

TAROT, C., *Sociologie et anthropologie de Marcel Mauss,* Paris, La Découverte, 2003, 123 p., Repères.

TAYLOR, C. *Les sources du moi. La formation de l'identité moderne*, Paris, Seuil, 1998, 712 p., La couleur des idées.

TAYLOR, C., *Le malaise de la modernité*, Paris, Cerf, 2002 (1re éd. EN, 1991), 125 p.

TÖNNIES, F., «Communauté et société», Paris, Retz-C.E.R.L., 1977 (1re éd.: 1887), pp. 125-127 et 168-169.

VANDENBERGHE, F., *Une histoire critique de la sociologie allemande. Tome I: Marx, Simmel, Weber, Lukacs*, Paris, La Découverte, M.A.U.S.S., 1997, 290 p.

VAN CAMPENHOUDT, L., *Introduction à l'analyse des phénomènes sociaux*, Paris, Dunod, 2001.

VERDRAGER, P., *Ce que les savants pensent de nous et pourquoi ils ont tort*, Paris, La Découverte/Les empêcheurs de penser en rond, 2010, 238p.

VIBERT, S., «La communauté est-elle au service du don?», *Revue du M.A.U.S.S.*, 1er semestre 05, n° 25, pp. 339-365.

VIGARELLO, G., «Système de sports, sports concurrents», pp. 183-191, in P. ENCREVÉ et M. LAGRAVE, *Travailler avec P. Bourdieu*, Paris, Flammarion, 2005, Champs.

WAGNER, P., *Liberté et discipline. Les deux crises de la modernité*, Paris, Métailié, 1996, 326 p.

WEBER, M., *Essais sur la théorie de la science*, Paris, Plon, Presse Pocket, 1992 (1re éd. 1904), 478 p., coll. Agora.

WEBER, M., *L'éthique protestante et l'esprit du capitalisme*, Paris, Plon, 1964 (1re éd. 1920), 323 p.

WEBER, M., *Économie et société»*. Tome premier. Les catégories de la sociologie. Tome 2. L'organisation et les puissances de la société dans leurs rapports avec l'économie, Paris, Plon, 1995 (1re éd. 1922), coll. Agora.

WHIMSTER, S., LASH, S. (dirs), *Max Weber. Rationality and Modernity*, London, Allen and Unwin, 1986, 394 p.

WINKIN, Y., «Présentation générale. Erving Goffman: portrait du sociologue en jeune homme», in Goffman, E., 1988 (*op. cit.*).

ZUKIN, S., «The conscience of the eye. The design and social life (...)», *International journal of urban and regional research*, 1992, 16:3, pp. 489-495.

Webographie

Sociolog.be : http://www.sociolog.be

Site d'exercices en sociologie initié par N. Rigaux vers lequel renvoie dans cet ouvrage le sigle ♣.

À partir des annuaires suivants, on peut accéder à une série de sites centrés sur les différents sociologues étudiés et des données portant sur des thèmes spécifiques (inégalités, villes, immigrations...).

Socio site : http://www.pscw.uvr.nl/sociosite

Site très complet réalisé par l'Institut des Sciences sociales de l'université d'Amsterdam, ouvrant, à partir de 24 rubriques, à un nombre très important de sites intéressants en sciences sociales.

Socio pôle : http://www.iresco.fr/ressources/sociopole/socio.inter

Site concernant les ressources francophones en sociologie réalisé par l'Iresco et donnant accès à une série de banques de données en sciences sociales.

Les signets de la Bibliothèque nationale de France : http://signets.bnf.fr

À partir de la rubrique « Sciences sociales : sociologie », ce site répertorie un ensemble important de ressources en ligne.

Site de la bibliothèque publique d'information, Centre Pompidou : http://www.bpi.fr/11/sociologie.html

Comme à partir du site précédent, on accède à un répertoire important de ressources en ligne.

Index

T

U

V

W

Table des illustrations et des exercices

Table des matières